JN174733

現代形而上学入門

柏端達也
kashiwabata tatsuya

An Introduction to Contemporary Metaphysics

keiso shobo

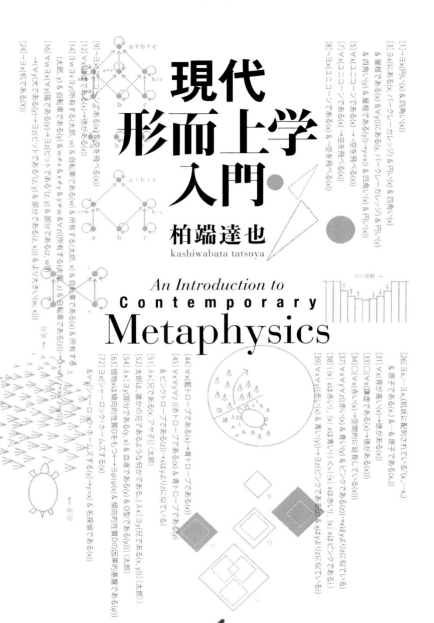

はしがき

まず、本書のテーマと構成を簡単に述べ、読み方の示唆を行なっておきたい。本書は、形而上学に属するいくつかのトピックを、五つの章で論じたものである。最も大きく分けるなら、第一章と第二章と第五章のテーマが「存在」であり、第三章と第四章のテーマが「性質」である。もうすこし細別すれば、第一章は「存在」と「非存在」の問題について概観する章であり、参考書的な記述も含んでいる。同様に第三章は「性質」をめぐる諸問題について概観する章であり、やはり参考書的な記述を含んでいる。対照的に、残りの章は、より個別的なトピックを扱った章である。第二章は「穴」について、第四章は「価値」について、第五章は「フィクション」について論じている。第二章と第四章は、導入的な説明を前半に含むが、章全体としては第一章や第三章で導入した枠組みが具体的な問題にどのように適用できるかを見てもらうことに重きが置かれている。第五章はやや異質であり、フィクションや架空物をめぐる問題領域が、大方の予想に反して、形而上学が扱うべきトピックを大きく越え出るのではないかということを示唆するものである。すなわち、問題が形而上学者の手を離れていく境界線を示すための章になっている。

「穴」、「価値」、「フィクション」を取りあげることについてここでさらに補足説明をしておこう。誰もがもつ哲学的な感覚をすこし働かせれば、それらが問題含みのテーマであることに気づくはずだ。穴は、どこそこにあったり、ありすぎて穴だらけだと言われたりするような何かである。だが他方で、あるべき何かの欠如こそが穴の本質だとも言える。穴は存在と非存在のはざまに揺蕩っているように見える。価値は、あくまでそれを享受する者にとっての価値であり、人間の存在に依存している。しかし他方で価値は、物に備わっており、われわれがそれに気づかなかったりそれを発見したりするものである。価値は主観と客観の両方に、いずれとも言いきれない仕方でまたがっているように見える。フィクションは架空の何かに関わっている。架空物は存在しない。ところがフィクションはまさに、存在しないはずのその何かについてさまざまなことを語ったものであるように見える。以上のようなテーマをめぐって、矛盾した、両義的な語りを重ねることで、独特の雰囲気を醸し出すのもおそらく一興ではあろう。ひょっとしたら「哲学」にそのようなイメージを抱かれているかもしれない。だが私自身は、そうした言語的カーニバルからは距離を置き、平日に事務作業をするような仕方で事柄を整理していくことのほうを好む。本書では穴や価値やフィクションやその他のテーマについて、できるだけ整合的で見やすい地図を描くことをめざしたい。

そもそも「形而上学」とは何かが分からないと言われるかもしれない。それについてはまず第一章で、あるいは本書の全体を通して、示されることになると期待している。ただ一点、本書が形而上学の問題に対して、いわゆる分析哲学のアプローチをとっていることを断っておくのがよいだろう。二十一世紀に入り十数年が経過したいま、形而上学と分析哲学の相性が悪いと思っている人はまさかいないと思うが、念のために述べると、分析哲学が形而上学を排斥していたというのは都市伝説である。または不幸なプロパガンダである。（これについて私は七年ほど前に日本哲学会の学会誌に論文を書いたことがある。）歴史的な経緯はさておき、今日「分析哲学」は、家族的に類似した雑多な道具立ての集合体のための名称にすぎない。何かと闘う党派の名前ではない。

というわけで、本書は普通の、開かれた哲学書である。それぞれの問いについてすでに自分自身で考え抜いたことのある者のみが読むことを許された秘教書ではない。哲学に興味のある人が適切な速度で読むならばきっと理解可能である。ただし、ゼロからの入門書というわけではないので、予備知識があったほうが楽しく読めると言えるような箇所はたしかにある。本書において説明が省かれている部分については、対応する良い参考文献が他にあるはずなので、必要に応じてそれらにあたってほしい。それらへの示唆はできるかぎり行なったつもりである。

読み方としては第一章から順に読んでいくのがもちろん無難である。とはいえ、第一段落に示したように、各章のテーマは比較的独立しているので、読者の関心に従っていくつかの章を先に読むこともできなくはない。そのために必要な内部参照もできるかぎり提示したつもりである。ただし第二章は、第一章をまず読んでから読んだほうがおそらく理解しやすいし、第四章も、まず第三章を読んでからのほうが理解しやすいと思う。

現代形而上学入門　目次

第一章　何が存在するのかという問い

1　存在論から始まる問い

形而上学とは一つの重要な意味において存在論のことである。それゆえ存在論の話から本書を始めようと思う。異論はあるだろう。存在論的でない「形而上学」や形而上学的でない「存在論」があっていいはずだ。いずれの語もその一致に抗えるだけの豊かな内包をもっている。しかし、今日日本語で書かれたおそらく最も分かりやすい形而上学の――私の考えるまさに「形而上学」の――入門書の書き出しにある一文は次のようなものである。すなわち、「誤解を恐れずに単純化して言えば、形而上学が研究対象とするのは、この世界の基礎的なあり方である」。さらにそれは「ここで言う世界とは、地球上に存在する事物だけでなく、おおよそ存在するあらゆるものを含む全体のことである」と続く[1]。この特徴づけに基本的に私も賛成したい。

世界は存在する事物から構成されている。いかにも。そしてそれは次のように表現してもよいだろう。世界は存在者であふれていると。「存在者」という言い方は大げさに響くかもしれないが、私はその語を、存在するあらゆるものを一般に表す言葉として使う。

話が抽象的なので、どういうことなのか身近なところから確認したいと思う。自分の部屋に入っていくとする。部屋の中は物であふれている（とくに私の部屋は散らかっている）。机の上を見てほしい。机も一つの物体であるが、その上にはさまざまな物が乗っている。何枚もの紙、封筒、本、ペン、クリップ、輪ゴム、あるいは無数の埃、なぜか干涸びたミカンの皮の破片まである。それらはすべてこの部屋の中に在る。もちろん私自身も、この部屋にいま存在する物の一つである。「人物」と言うくらいだから、この文脈で人を物の仲間に数えあげることに何の問題もない。いずれにしても「存在するもの」と言われて最初に思い浮かぶのは、こうした中間サイズの日常的な物体たちであろう。

この部屋にほかに存在者はいないだろうか。まず、もっと小さな、目に見えない物が在る。空気を構成する個々の分子などがそれである。ただし、空気の存在を微粒子の存在として語るにはちょっとした科学の知識が必要であるから、この答えはすでに身近でも素朴でもない。実際、このあたりから問いと答えが素朴でなくなってくる。たとえば、存在するあらゆるものを世界が「含む」のだとして、そのための容れ物は必要ないのだろうか。われわれは無数の事物を識別している。識別は、一つには、ここにこれが在り、あそこにあれが在るという仕方で行なっているように思われる。すなわち、容れ物にあたる何かに相対的にさまざまな事物が位置づけられているように見える。あるいは、識別は性質の違いによってなされていると思われるかもしれない。これは黒いが、あれは黒くないといったぐあいにである。だとすれば、性質なるものがこの世界の構成要素として必要にならないのだろうか。私の机は黒い。汚れて黒いわけではなく、材質由来のきれいな黒である。典型的な黒さがここにある。目の前には、机のほかに、黒さというものが在るということだろうか。たしかにわれわれの言語には「黒い」という形容詞だけでなく「黒さ」という名詞が用意されている。それを文字通りに受けとってよいのか。ややこしく考えはじめるといろいろな疑問が生じてくる。ほかにもたとえば、物体が世界の直接的な構成要素なのかどうかについて問うことができよう。つまりむしろ、事態や命題または出来事といったものが世界を直接構成しているのだと考えたくなるかもしれない。

結局のところ、以上は、世界のあり方について最も一般的かつ体系的な記述を与えるという課題へとつながる疑問だと言うことができる。もちろんそのさい形式的な共通性や整合性に目をやることも重要だから、それは、広い意味での論理学の課題であるとも言える。

部屋の外に出よう。形而上学の対象が「地球上に存在する事物だけでない」とはどういう意味だろうか。地球上に存在しないといっても、その筆頭にあげるべき事物は、ブラックホールや一二六番元素ではない。形而上学者たちが第一に気にするのは、たとえばこの世界に対する数の2の位置づけなどである。数学的対象としての2は、もし存在するとしても、地球上にあったり地球外にあったりはしないのではないか。2が在るのはむしろ1と3の間であろう。にもかかわらず2は、もし存在するならば、この世界の構成に関与していると言いたくなる。とすれば、数はいったいどのような仕方で世界のあり方に関わりうるのだろうか。

あるいは、現在のフランス国王やシャーロック・ホームズを、形而上学者たちは話題にするかもしれない。それらが研究の「対象」かどうかを問題にするはずだ。現フランス国王やホームズはむしろ、たかだか存在しうるにすぎないか、存在するかのように語られるにすぎないと第一には思われる。すなわちそれらは重要な意味において存在しないのである。しかしそれらもまた、あるいはそうしたものこそ、形而上学者たちの関心の的であることは、冒頭に引いた件の入門書の後続の記述が鮮明に示している。形而上学における存在論的な問いは非存在についての問いを含むのである。存在しないものがなぜ重要かというと、形而上学にあっては「存在」の意味そのものが問題となるからである。

形而上学の問題は哲学の問題にほかならない。存在と非存在の境界が、あるいは、語られることと存在することとのあいだの関係が、重要なのだ。一般的なカテゴリーとして何が存在し、何が存在しないかは、まちがいなくこの世界の基礎的なあり方をめぐる問いの中心を構成する。そのさいに形而上学者は、それ自身疑われることのない特定の操作的基準に従って、狙った存在者を発見しようと努力するわけではない。そのような努力はもちろん人類がこれまでもしてきたし、これからもしつづけるであろう有益な試みではある。だがそれはどちらかといえば別の分野の方法論の話である。[2] そもそも、シャーロック・ホームズを見つけるためにわれわれはどのような手続きを踏めばよいのか。[3] 対比的に述べるなら、哲学の課題は、何がどのような意味で存在し、何がどのような意味で存在しないかを、できるかぎり明瞭に語ることである。そして、それもまた人類が昔からやってきたことである。

第一章ではそうした営みのうち、比較的現代に近いところから始まる流れの一つを中心に見ていこうと思う。そして章の後半では、そうした流れをより大きな構図のもとで描いてみたいと思う。

2 不在者のリスト

存在についての形而上学的な問いは非存在についての問いを含む。そしてそれは哲学者にとって重要な問いの側面を形成する。そこで、この第2節では、あえて非存在をめぐる議論の側から問題圏へと入ることにしたい。とはいえ、すぐに感じられると思うが、何が無いのかという問いの形にはどこかわれわれを当惑させるところがある。

「何が無いのか」という問いに存在論的に答えることは実際むずかしい。眉間に皺をよせて「無」と答えるならば、それはもはや悪い意味での禅問答である。無が無い。だからどうしたと言うのだ。もちろん常識的にこの問いの意味するところは明瞭である。日常会話においてその問いは「あと何が足りないのか」とほぼ同義である。つまりそこでは、その場にないけれどもどこかにあるはずの物の名前をあげることが要求されている。その場合、無いものとは「欠席者」に等しい。欠席者は肝心なときに別の場所にいる存在者である。だが、考えられるかぎりの全体から〝欠席〟することは可能だろうか。もし定義上「宇宙」が外部をもたないのであれば、宇宙を留守にしてどこかへ行くことは不可能だと思われる。宇宙の全体の中に無いものはほんとうに無いのである。(4)

ところが、哲学者は、これまでさまざまな種類の非存在について語ってきた。その系譜のすべてを見渡すことはできないので、以下では、リストの形でそのごく一部をあげるにとどめたい。すなわち、哲学者たちによって存在が否定されたり疑問視されたりしたことのあるいくつかのカテゴリーのリストである。

a. 矛盾物(バークレーカレッジの四角い円屋根)
b. 架空物(ユニコーン、シャーロック・ホームズ)
c. 単に可能的なもの(現在のフランス国王、全長2メートルのトンボ)
d. 理想物(完全に摩擦の無い平面、無限の演算能力をもつ信念主体)
e. 死者(ソクラテス、私の祖母)
f. 普遍者(黒さ、謙虚さ、猫性)
g. 抽象者(2、数、クラス)

いずれも、前節の例で言えば、部屋の中で最初に見つけることがなさそうな曲者ぞろいである。リストの各項目にはそれぞれ議論の文脈がある。すべてがいつもいっしょに論じられるわけではもちろんない。さまざまな用途をもつ商品が並べられたスーパーマーケットの陳列棚を想像していただきたい。そこには雑多な種類のものが並べられているが、並べ方には多かれ少なかれ店側の意図が反映される。私は、おおむねリストを下るほどにその擁護者――つまりそれを世界の真の構成要素と見なす人々――が増えていくような順で並べたつもりである。リスト筆頭のaは「非存在者」の代表格《チャンピオン》である。矛盾物の存在を否定せずに他の何かの存在を否定することは困難だろう。逆にgの抽象者は、人によっては、それなしですませることが無謀にすら思えるかもしれない。抽象的な対象にいっさい言及することなくたとえばどうやって数学の命題を語ればよいのか。

リストの並びは歴史的順序を無視している。古くからおなじみなのはfの普遍者であろう。（「普遍者」は日常会話ではおなじみでないが、伝統的に、存在者の一種と捉えられた性質を意味する。個別的な机が黒いのは、黒さと呼ぶべき一般的なものが在り、それがそこに現われているからだと考えるならば、黒さはまさに普遍者の一種である。）普遍者が、存在を否定されないまでも「第二実体」という残念な地位を与えられたのは、紀元前の話である。(5) リストのすぐ前のeはそれと対照的だ。死者たちがスーパーマーケットに侵入してきたのはつい最近のことである。たしかに別の議論の文脈で死者の不在が前提とされることは古代からあった。「死が訪れたときわれわれはもはや存在しない」というのは、死がわれわれと無関係であることを導くための有名な論証の前提の一つであった。(6) だが、その前提を認めつつ、死者の名前を口にしつづけることが、「シャーロック・ホームズ」の名前を口にする場合と類比的な問題を生じさせるという観点は、私の知るかぎり、斬新なものであり、それが明示的に定式化されるには近年の論者の登場を待つ必要があったと思う[7]。

リストは包括的ではない。ほかにもたとえば、個々の議論の文脈で、物体の切り離されていない真部分、諸部分から成る全体、任意の諸部分から成る全体、具体的な出来事、状態、過程、曖昧な対象、世界の全体、あるいは、穴、影、虹、境界といったものが、その存在自体を議論の対象にされてきた[8]。

リストは相互排他的でもない。一例をあげれば、単に可能的な普遍者はcとfの両方の項に該当する。そして、そのような単に可能的な（つまり異世界的《エイリアン》な）普遍者の存在を認める哲学者がいる一方で、現実に例化されている普遍者（およびそれらの合成による普遍者）の存在しか認めない哲学者もいる[9]。

各項目は下位分類が可能であり、下位のそれぞれについて理論的に異なった扱いがなされうる。たとえば架空物でも、固有名によって名指されているように見えるものと一般名によって表現されているように見えるものとの区別や、作者がいるものとそうでないものとの区別などがとうぜんありうる。また、見知りのあった死者とそうでない死者とでは理論的な扱いに差が設けられるかもしれない。

注釈が長くなってしまった。私が強調したいのは以下の二点である。まず、(1)すでに指摘したように、この短いリストでさえ非常に雑多な種類のものを含んでいて、それぞれに固有の議論の文脈がある。そして、(2)それにもかかわらず、今日では、ほとんどいずれにも共通するあるルールに則って、議論の決着が付けられようとしている、または、すくなくとも見解の優劣が判断されているように見える。この第二の点については——そしてその背景にある二十世紀以降非常に一般的になった手法については——後続の節で説明したいと思う。

3 意味の問題

前節の最初にあげた困難さ、すなわち「何が無いのか」という問いに答えることの困難さに話を戻そう。問題はシンプルだが根本的である。非存在者にまつわるそもそもの困難は、ウィラード・ヴァン・オーマン・クワインが彼の有名な論文で強調したように、意味論の問いとして簡潔に表現することができる。すなわちそれは、「X」の指示対象が存在しないにもかかわらず、どうして名詞「X」を含む文を有意味なものと見なせるのか、という問いである。問題は根本的である。Xの非存在はいまの問いの前提でもあった。Xの非存在を表現するおそらく最も単純な文は「Xは存在しない」である。その文はもちろん有意味でなければならない。あきらかにわれわれは、たとえばYがではなく、Xが存在しないと主張しているのだ。だが、「Xは存在しない」もまた「X」を含む文の一つにほかならない。この文の有意味性すらわれわれには説明できないということなのだろうか。もしそうなら、ある特定の名をもつ対象が実在するか否かの論争すら、有意味になしえなくなるのではないか。(10)

いまのような根本的な（あるいは回りくどい）仕方で問題を表現する必要はなかったかもしれない。素朴なところから再確認しよう。

まず、言語は、特異な存在である。いや、存在者としては、言語は単なる模様や音声であろう。つまり紙に付着した黒鉛であったり空気の振動であったりにすぎない。しかしそれは「意味」をもっている。

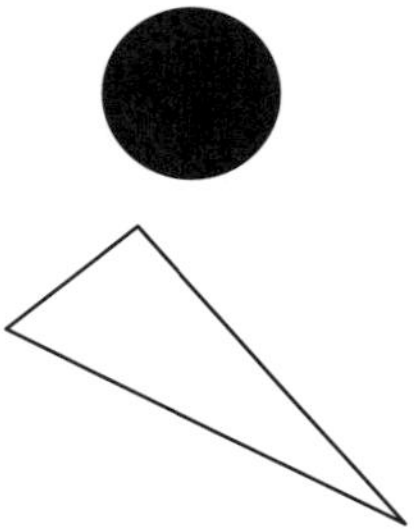

図 1–1

特異なのはここである。言葉には意味がある。「意味」をどのようなものと考えるにせよ、明白なことは、言語（たとえば文）には意味があり、さらに、多くの場合その部分（たとえば単語）がまた意味をもつということである。しかも両者は独立ではなく、第一には前者が後者に依存しているように感じられる。小難しいことを言いたいわけではない。素朴な体験として、一つの単語の意味が分からないので文全体が何を言っているのか分からないといったことは誰にでもあるはずだ。分かる分からないといった認知の話をする必要もじつはない。たとえば図1－1について、「白い三角の上に黒い円がある」と言うことは正しい。というのも、図1－1は、白い三角の上に黒い円があるような図だからだ。「黒い円の上に白い三角がある」と言うのは正しくない。なぜなら、図1－1の黒い円と白い三角のあいだに、そのような関係は成立していないからである。さて、図1－1について「白い三角の上に白い円がある」と言うことも正しくない。それは図1－1に白い円が存在しないからである。ところで「白い円」の意味するところは明確だろう。たとえばわれわれは、その意味を把握するために、図1－1の上の黒い円を眺めつつ、それが下の三角と同じように白抜きになったところをイメージすることができる。あるいはまた、実際に白い円を指し示すことさえできる。それらはすぐ近くにたくさん実在するだろう（このページの句点や半濁点を見よ）。まるで、図1－1以外の場所――心の中であれ、ページの上の離れた箇所であれ――に存在する白い円のおかげで、図1－1についての「白い三角の上に白い円はない」という文が有意味になっているかのようである。
「この動物園にペンギンはいない」といった文についても同じように考えることができる。ペンギンはほかの動物園にいくらでもいる。問題は、「この動物園にユニコーンはいない」のような文である。あなたや私が実際に動物園を訪れてそのように言ったとする。「ユニコーン」に触れたその発話も、有意味な、真実を述べたものだと言いたくないだろうか。あるいは、ユニコーンについてはもっと多くの真実を語りうるとさえ言われるかもしれない。たとえば「ユニコーンは空を飛べない」という文は、有意味であるばかりか、「ユニコーンは空を飛べる」よりはるかに正しいものにすくなくとも一見して感じられるだろう。ユニコーンなどどこにもいないのに、いったいどういう事情で前者の文だけが正しくなりうるのだろうか。(11)

問題への対処法は大きく分けて二つある。一つは、すでにほのめかしたある意味自然なやり方である。日常のやりとりにおいて「無いもの」とは多くの場合どこかほかの場所にあるもののことを意味する。それをこの文脈にも適用するのである。つまり、たとえばユニコーンは、「心の中」であれ、「可能世界」であれ、とにかく現実とは区別される独特の領域に棲まう何かなのである。そこにあるそれらやそれらのあり方のおかげで、「ユニコーン」を含むいくつかの文が有意味かつ真になるというわけである。ちょうど別の場所で確かめられる白い円のおかげで、図1-1について「白い円」の話をすることが理解可能になるように。

もう一つの対処法は、「ユニコーン」を含む文を、ユニコーンに対する指示を含まない文へとパラフレーズするやり方である。つまり、存在しないとされる「X」なるものへの指示を含まない――Xそのものによって真となるのではない――文へと、書き換えるのである。もともとの文の理解可能性は、適切に書き換えられた文の理解可能性によって保証される。私の考えでは、この後者のアプローチが、すぐれて二十世紀的なアプローチである。

前者の方針はおそらく最初に思いつかれるものであろう。というのもそれは、「無いもの」についてのわれわれの自然な語り方に基づいているからである。しかし、話を進めるうちにその自然さの感覚は失われていくにちがいない。より多くのことを説明するために、可能世界や観念などの理論的構成物は、ますます複雑化し、活躍の場を増していくからである。個別的な批判も出てくるだろう。たとえば、もし「ユニコーン」がユニコーン的観念のことにほかならないのだとしたら、なぜ「ペンギン」はペンギン的観念を意味しないのか。飛べないのはペンギンであってペンギン的観念ではない。観念は飛んだり飛ばなかったりしない（すくなくとも通常の意味では）。ならば、飛べないユニコーンについても同じことが言えないのか[12]。また、可能世界は可能世界で、矛盾物を持てあますかもしれない。理由は単純であり、矛盾物はそもそも存在が可能でないからである。だが可能世界に訴える論者たちはもちろん、「矛盾物は存在しない」という文をも有意味に語りたかったはずだ[13]。

もうすこしだけ第一のアプローチに沿って考えてみたい。存在するものを表していないように見える語句を有意味にするため、より直接的に、たとえば〝意味の世界〟のようなものに訴える論者がいるかもしれない。彼らによれば、「円い四角」も、実在する意味を表している。なぜなら、部分を成す「円い」や「四角」は意味をもち、しかもそれらが語句全体の意味を決定しているからだ（たとえば「人間そしてある」などの、真に無意味な語の並びと比較してほしい）。「円い四角」全体に一つの統一的な意味が対応するからこそ、その語句のあてはまる対象が存在しえないことをわれわれは理解できる。ここでなされているのは「意味」の実在と「対象」の実在の区別である(14)。

理論的には、たとえば「凹型の四角」にも対応する意味が実在するのかといった疑問が生じるであろう。実在する個々の凹四角形のほかにである。そうだとして、そのとき意味の世界の住人たちは何をやっているのだろうか。彼らの暮らしぶりはどうなのか。つまり、凹型の四角である対象は二つの三角に分割でき、また凹型であるという性質や、四角であるという性質をもつが、「凹型の四角」の意味はそうなのだろうか。もしそうなら、同様に、「円い四角」の一つの意味も、それは円く、かつ四角であるということになる。円いことが四角でないことを意味するとすれば、これは矛盾そのものだ。たいへんなことである。矛盾を認めるのは、矛盾物の統一的な意味を認めるのとはわけがちがう。逆に、「凹型の四角」であれ「円い四角」であれ、それらの意味は、そうした実質的で豊かな性質をいっさいもたないと言うのであれば（なぜならそれらは対象ではないのだから）、意味の世界の果たす役割に疑問が生じるであろう。そのとき、意味の世界の導入は、「円い四角は存在しない」という文の有意味性を、説明するのではなく、単に大仰な仕方で宣言しているにすぎないように思われる。

4　パラフレーズという手法

パラフレーズの手法が意味の問題にどう答えるかを見てみよう。その手法は、矛盾物の扱いに、とくに威力を発揮するように見える。たとえば「円い四角は存在しない」は、

［1］　¬∃x(円い(x) & 四角い(x))

のように書き換えられる。歴史的経緯や思想史的背景またはその他の理由から、パラフレーズされる先の言語は、右のような一階述語論理の言葉、すなわち一階の量化言語である。（［1］をもしあえて読みあげるとすれば次のような感じになる。「以下のような条件を満たすxは存在しない。すなわち、xは円い。しかもxは四角い。」）[15]［1］に「円い四角」のような名詞句は登場しない。そこには束縛された変項を伴う述語が並んでいるだけである。要点の一つは、日常表現における名詞句が、論理の言葉における述語（「円い(…)」と「四角い(…)」）によって分析されているという点である。

［1］は人工的に見えるかもしれない。だがそこに示されている形式は見かけほど不自然なものではない。「好きな鋏角類は?」と尋ねられて、「そんなものはない」とあなたが答えたとしよう。そのときあなたは、「好きな鋏角類」の統一的意味なるものをまず認識することによって問いを理解し、次に対

象においては好ましさと鋏角類性が両立しないことを確認してから、いまの答えを返しただろうか。私はむしろ次のように考えている気がする。この世界にはさまざまなものがあり、そのうちのいくつかは「好き」なものたちである。またいくつかは「鋏角類だ」と言えるものたちである。そして両者のグループは重ならない。こちらはもちろん、より［1］の形式の線に沿った考え方であろう[16]。

名詞句には特定の一つの対象を指すためのものがあり、「バークレーカレッジの四角い円屋根」も、すくなくとも意図としてはその種のものであるだろう[17]。それゆえ

［2］バークレーカレッジの四角い円屋根は、四角く、かつ円い。

をもし肯定したとすれば（たしかに［2］は、同じ形容詞の限定用法から叙述用法を引き出しているだけであり、とても安全な推論を表現したものに見える）、特定の一つの対象について矛盾を主張したことになるように思われる。ところが［2］は、もし

［3］∃x(にある(x, バークレーカレッジ) & 円い(x) & 四角い(x) & 屋根である(x) & ∀y((にある(y, バークレーカレッジ) & 円い(y) & 四角い(y) & 屋根である(y))→ y = x)) & 四角い(x)) & 円い(x))

とパラフレーズされるならば、普通の偽なる文として解釈できる。偽であるのはもちろん［3］であがっているすべての条件を満たすものが見つけられないからである。[18] これは、「そのφなるものはφである」という外形をもつ日常文が、［3］のような仕方でパラフレーズされるかぎり、論理的真理を表す文ではないということを意味している。つまり、意外にも、その形の文をわれわれはつねには肯定しなくてもよいということである。

架空物についてはどうだろうか。［4］は［5］のように書き換えられるだろう。

［4］ユニコーンは空を飛べない。

［5］∀x(ユニコーンである(x)→¬空を飛べる(x))

［5］は真である。ユニコーンであるという条件を満たすものが世界の中にないため、［5］の前件はつねに偽となるからである。［4］に真理を帰せられる点は好都合と思えるかもしれない。が、それはすこし気が早い。というのも、次の［6］もまた、同様に［7］へと書き換えられ、真と見なせるからである。

［6］ユニコーンは空を飛べる。

［7］∀x(ユニコーンである(x)→空を飛べる(x))

ユニコーンは空を飛べるということでいいのだろうか。いや。われわれはここで落ち着いて［7］の式に従うべきだろう。［7］の同値変形である

［8］¬∃x(ユニコーンである(x) & ¬空を飛べる(x))

を見れば、［7］の趣旨は、空を飛べないユニコーンが存在しないということであることが分かる。そしてそれはけっして、空を飛べるユニコーンなら存在するということをほのめかしてはいない。というのも、［8］は、［5］の同値変形である

［9］¬∃x(ユニコーンである(x) & 空を飛べる(x))

とも両立し、それらを合わせると結局のところ、

［10］空を飛ぼうが飛ぶまいがユニコーンなんてものはいない。

ということにすぎないからである。これは［8］と［9］の連言の自然な読みくだし方の一つである。

したがって、［4］が［5］によって真となるのも、どこか特別な場所にいるユニコーンたちがもつ（そこでひたすら地を駆けているといった）性質のおかげなのではなく、空を飛べるユニコーンがいるという事実はないということのおかげなのである。

ここまで不自然なところはないと思う。ただ、それでも［4］が［6］より断然正しく感じられるという点は、説明されずに残っているのだが。なお、架空物を指示する固有名や単称名辞に見える語を含む文についても、以上とよく似た形の議論が展開できるだろう(19)。

矛盾物や架空物についてはほとんどすべての人が、全面的に、または何らかの重要な意味で、それらが存在しないことを認めるにちがいない。パラフレーズを用いた手法は、いずれのカテゴリーの非存在をも有意味に語る仕方を与えるように思われる。

パラフレーズによるアプローチが真に興味深いのは、話がそこで止まらないところである。つまり次に、普遍者もまた、同じ発想に従ってある意味消去されてしまう。たしかに日常言語は「謙虚さ」や「美徳」といった名詞を含んでおり、

［11］謙虚さは美徳である。

といった有意味で理解可能な文を作ることができる。実際こうした文を口にすることもあるだろう。［11］は、謙虚さや美徳といった普遍者についての（普遍者のカテゴリーに属する存在者についての）文なの

だろうか。だが、それも

［12］ ∀x（謙虚である（x）→ 徳がある（x））

へとパラフレーズするならば、普遍者への指示は、日常的な表現がもつ見せかけとして片づけられる。ここでも、最初の言語における名詞が述語による形式へと分析される。述語は個体の上を走る変項「x」を伴っており、その「x」は量化子によって束縛されている。ようするに、この主張において必要とされている存在者は個体のみである。この方針は、唯名論者——普遍者の存在を認めない人たち——を満足させることだろう。

抽象者も例外ではない。前述のクワインは一時期、ネルソン・グッドマンとともに、数や集合といった抽象者への指示なしですませることを試みていた。それは明確に唯名論的な世界観に基づくものであった[20]。このプログラムがどれだけ有望かの見立てについては、二人のあいだでほどなく温度差が生じることになる。ともあれこれは非常に挑戦的なプログラムである。

とはいえ、数への直接的な言及をせずに

［13］ 太郎が所有する自転車はちょうど3台である。

のような文を量化言語で表すやり方などは、比較的よく知られているだろう。すなわち、

[14] ∃w ∃x ∃y(所有する(太郎, w) & 自転車である(w) & 所有する(太郎, x) & 自転車である(x) & 所有する(太郎, y) & 自転車である(y) & w≠x & x≠y & y≠w & ∀z(所有する(太郎, z) & 自転車である(z))→(z = w ∨ z = x ∨ z = y)))[21]

として[13]を理解するやり方である。しかし技術的な巧妙さをより多く鑑賞できるのは

[15] 犬より猫のほうが数が多い。

などへの対処においてである。単純化のため犬や猫がそもそもいないケースは除外しよう。すると[15]は、グッドマンとクワインに従えば、

[16] ∀w ∃x(∀y(猫である(y)→∃z(ビットである^2(z, y) & 部分である(z, w)))→(∀y(犬である(y)→∃z(ビットである^2(z, y) & 部分である(z, x))) & より大きい(w, x)))

のようにパラフレーズされる。ここで「犬である(x)」、「猫である(x)」、および、xがyの部分である

ことを表す「部分である(x, y)」、xがyより大きいことを表す「より大きい(x, y)」は、比較的おなじみの原始述語と考えてよい。見慣れないのは「ビットである^2(x, y)」である。それは、あらゆる犬か猫のうちの最も小さな個体と正確に同じ大きさであることを表す単項述語の「ビットである(x)」を用いて、「ビットである(x) & 部分である(x, y)」として定義される。（図1-2を見てほしい。実線で囲まれた黒い正方形が犬、白い正方形が猫を表す。三匹と二匹で、犬より猫の数が多い。このとき、Bが最も小さく、それがビットの大きさになる。破線で囲まれた正方形はビットの例——しかも犬のビットや猫のビットの例——である。もちろんそれらはBと同じ形でなくてもよい。正方形のみで図を描くのは単に見やすさのためである。どんな形であれ、犬か猫の最小の個体と同じ大きさであるようなものが「ビット」なのである。大きな犬や猫はとうぜん無数のビットを含んでいる。さて、ここで、どの猫のビットをも部分として含むような物体は、最低でもビット三つぶんの大きさになるだろう。BのビットとCのビットとDのビットのそれぞれ一つずつから成る物体——それ自体一つの散在的物体である——がそのような物体のうちの最小のものだからである。他方、どの犬のビットも含む物体のなかには、それより小さい、ビット二つぶんの大きさのものが存在する。）

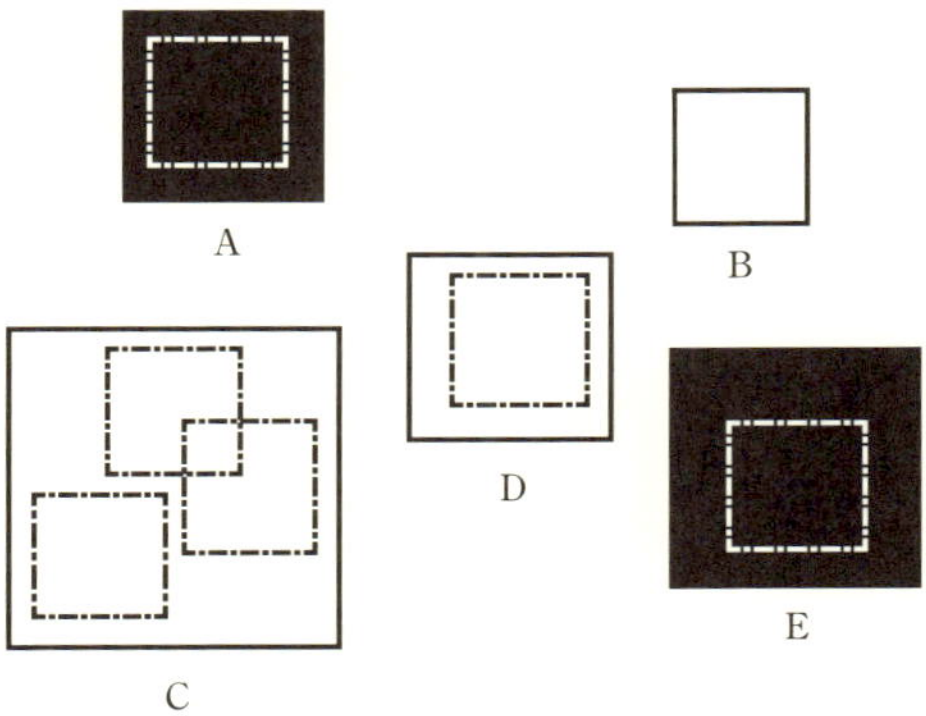

図 1-2

簡単に言えばこれは、具体的な個物のあいだの大小関係として、数の多少を理解する戦略である。[22]

さて、ここまできて［1］を顧みれば、［16］においては自然さや単純さが犠牲になっていると感じられるにちがいない。また、アプローチの一般性に懸念を抱かれるかもしれない。とくに後者は当然な懸念である。日常的に有意味かつ真と見なしたいあらゆる文に対して、このアプローチは対応できるのだろうか。統一的な方針でもって臨むことができるのだろうか。[23] そもそもこのアプローチを（たとえば冒頭のリストの）どこまで適用するのがよいのだろうか。いくつかの疑問を確認したところで次に進みたい。

5　言語の二重性

パラフレーズの手法に基づくこの第二のアプローチは、私の考えでは、二十世紀以降の形而上学の重要な側面を象徴している。そのアプローチの特徴を三点にまとめると以下のようになる。(1)まずそれは、説明されるべき第一の（日常的な）言語の文の有意味性を、パラフレーズによって明らかになる構造に従って、説明しようとする。つまり、どのような条件で、何によって、当該の文が真となるか（偽となるか）を系統的に明らかにすることにより、その文に真偽性を付与しようとしている。これは第3節で取りあげた「意味の問題」に対する一つの良い解答であろう。だが、(2)このアプローチには副作用、副産物がある。パラフレーズの過程でしばしば、日常言語などにおける名詞句の見かけの指示が解消されてしまうのである。これはもちろんパラフレーズ先に、存在論的に軽量級の言語を採用しているからである。いずれにしても、見かけの指示の解消は、「存在者」の還元あるいは削減を意味するだろう(24)。それゆえ、(3)パラフレーズの手法は、とくに普遍者や抽象者の問題に適用されたとき、唯名論的プログラムとの高い親和性を示す。

歴史的な流れにも言及しておこう。一つの転機はバートランド・ラッセルにあったと言える。飯田隆は、量化言語の導入がラッセル自身にとって「革命」だったことを指摘している(25)。ただ、その革命はラッセルの内部にとどまらなかった。それはある発想をもたらした。すなわち、見かけによってわれわれを欺く日常言語の背後には、世界のありようをより正確かつ系統的に反映する論理構造が控えており、それを明るみに出すことによって、意味論ばかりか存在論の問題の解明にまで貢献することができる。こうした発想とそれに基づく手法は、前掲のクワインなどの活躍もあり、二十世紀に急速に一般化していく。基本となる観念は次の三つである。第一に、自然言語とそれより完全な言語——飯田の表現を借りれば「論理的に完全な言語（LPL）」——との対比、第二に、前者から後者へのパラフレーズ（もしくは翻訳(26)）、そして第三に、その結果もたらされる存在者の還元、削減または消去である(27)。

一つの見解が一般化するということは、かならずしも、それが支配的になりそれに対する批判が見られなくなるということではない。むしろ多くの場合、批判し甲斐のある〝標準〟としての地位を獲得することを意味する。前節の最後にあげた「懸念」を思い出してほしい。それらの懸念は主として二つの脈略において出されうるだろう。

一つはこうした手法そのものに対する根底的な批判の脈略においてである。たとえば、論理学の真理は日常言語の主張の〝真理性〟をそもそも保証しないと言われるかもしれない。したがって、パラフレーズは期待されるような機能を果たさない、と。そのように考える場合、「真理」の概念そのものが、より文脈相対的な意味論のもとで再解釈されなければならないであろう。(28) あるいは、さらに外枠からの指摘として、クワイン的なアプローチは、存在論の議論の可能性や形而上学者の仕事を不当に狭めているという批判がある。クワイン的なアプローチでは、存在者のありようそのものについての探求はなされず、ただ量化言語への翻訳作業を通じて「何があるのか」についての平板なリストが作成されるだけだというのである。(29)

哲学においては土俵の外側からなされる根底的な批判ほど人気を博する傾向にある。だが本章では、もう一つの、より内側でなされるタイプのクワイン批判に目を向けたいと思う。

本節の第一段落の論点(3)として、パラフレーズを用いる手法が現代の唯名論者にとって有力なツールになりうるという点を確認した。注目すべきは、今日、唯名論に（そしてクワインに）反対する陣営の論者たち、すなわち普遍者を擁護する実在論の側の論者たちも、パラフレーズの手法自体はある意味是認しているという点である。実在論者たちもまた、普遍者への指示のパラフレーズによる消去の失敗が、ただちに唯名論者にとってダメージになると考えている。つまり、逆から言えば、唯名論者によるパラフレーズの成功が普遍者の消去につながることを認めているのである。よって、普遍実在論者たちは、唯名論者がパラフレーズに困るような文を探し出してきて彼らに突きつける。

たとえば「赤は青よりもピンクに似ている」はそのような有名な例文である。その文は普遍者の存在を前提にしてはじめて意味が与えられる（よって普遍者なしではすませられない）と実在論者たちは主張するのである。たしかにこの文の真理を、もっぱら、赤い個物と青い個物とピンクの個物のあいだの関係によって説明することは難しい。赤い個物は一般に青い個物よりもピンクの個物に似ているわけではない。赤いベテルギウスは、ジャックの部屋にいるピンクの象よりも、むしろ青いシリウスに似ているだろう。これは、唯名論者たちへの有効な攻撃になりそうである。そうなると唯名論者たちは、次のターンで、最初に思いついたのとは異なる、普遍者を前提にしないパラフレーズ方法を考案しなければならない。

ルールは、何らかのカテゴリーの存在者をそっくり排除したい唯名論者のような人々からすれば、「見かけの指示のあらゆる事例をパラフレーズによって消去できないかぎり自説の防御は完了しない」というものになる。このゲームは唯名論の側のハンデが大きすぎるように見えるかもしれない。しかし、「同じように有意味性が説明できるなら道具立ての少ない理論が良いに決まっている」という、オッカムの名前と結びつけられがちなもう一つのルールが、批判者たちにも共有されているならば、パラフレーズ案の再提示はそのまま彼らに対する反撃として機能する。議論を制約するものはもちろんほかにもあるだろう。だが、現代のいわゆる「普遍論争」において、以上のルールに則った攻防がなされていることはまちがいない。

一般に「ルール」が設定されることは、たとえそれが明文化されていなくても、良いことである。

ルールの共有は、相互的な批判の可能性を高め、主張を単なる信条告白にさせない効果があるからである。また、具体的に重要な帰結としては、前々段落のようなルールの普及により、普遍論争からある種の認識論的な雰囲気が一掃されたということがあげられる。たとえば、「普遍は音声や風にすぎない」と主張したとしよう。「人間の心の中にしかない」でもよい。このような唯名論的または反実在論的説明において、十分な説明力を確保しようとすれば、いずれ「音声」や「風」や「概念」から成るそれなりに豊かな領域を想定せざるをえなくなるはずである。しかし同時に、普遍者の実在論を拒否しつづけたいのであれば、それらの領域の実在性を、何らかの方法で格下げしなければならない。領域の人為性や認識依存性を強調することが、それに対するおそらく最も自然でありそうな方策だろう。「普遍」は、人為的で、認識依存的であるがゆえに、世界の側にあるとは言えないという理屈である。

他方、現代の唯名論者たちは、もっと周到な仕方で普遍者を消去する。それは問題を言語間のパラフレーズ可能性の問題へと変換したことのおかげである。この議論状況は、普遍者をもある重責から解放することになった。すなわち、世界の分節化や諸事物の自然な分類において普遍者が単独で担わされてきた重責からである。たとえば今日では「自然なクラス」もまた同様の仕事をなしうると多くの論者が見なすようになっている。つまり『パイドロス』の有名な言葉を借りれば、今日では唯名論者でさえ、普遍の助けなしに自然を「本来の分節に従って切り分ける」のである。(30)

まとめると、上述のような二十世紀的なアプローチを背景で特徴づけているのは、「言語の二重性」とでも呼ぶべき一つのアイデアであると言うことができる。ここでちょっと観念史的な語り方をしてみたい。まず、二つの言語がある。一つは日常の言語などであり、これはいろいろな点で完全でない。もう一つはより理想的な理論の言語である。両者はともにこの世界を記述する。またもちろん両者は無関係ではなく、典型的には、文単位での対応づけがなされているか、なされうると考えられている。対応づけとは、本節の最初の段落の論点(1)としてあげたような関係である。よって両者の関係は非対称的である。二つの言語のあいだの非対称性は、論点(1)のなかにも、あるいは飯田による記述のなかにも示唆されているが、ほかにもさまざまな具体的あり方が考えられるだろう。ただ、いずれにしてもそれらは、非常に広い意味での実在性に関わる非対称性である。つまり第二の言語は、理想言語ではあるが、たとえばかつての普遍言語のように、そこにおいて個別言語の垣根を越えることなどが（言語混乱以前の理想郷に戻ることなどが）めざされていることはない[31]。

他方でわれわれ現代人は、この言語の二重性についてすでに十分な直観的理解をもっていると言える。たとえばわれわれはモニターの前で次のような報告を日常的に行なうだろう。

[17] 洞窟の最深部に行って宝箱を見つけたけれど、中には薬草しか入っていなかった。

こうした報告は真実を述べるものである。けっして比喩を口にしているわけではない。私は事実宝箱を開けてたいしたことのないアイテムをゲットしたのである。だがこのように語り、それを耳にするとき、われわれが「洞窟」や「宝箱」や「薬草」にある点で全面的な実在性を付与していないこともたしかである。［17］がほんとうはコンピュータの状態やそれを構成する何かについて語ったものだということを、われわれはみな承知している。「宝箱を開けた」ことによってリアルに変わったのは、セーブデータやそれを実現しているハードウェアの物理的状態であることを、われわれは（すくなくとも大人は）知っている。もちろん具体的にコンピュータのどこがどのように変わったかについては通常まったく知らないまま、おそらくわれわれは［17］のように語らざるをえないだろう。［17］はたしかに真実を語る言語に属している。ただし実在性の点でそれより「完全」な言語があることも承知している。もしプログラムの動作等について詳しければ、［17］をそうした完全な言語のなかのある表現へと対応づけることも可能ではあるだろう。

もっとも、すでに見たパラフレーズの手法が、［17］の例をめぐる状況と完全に重なると言いたいわけではない。そうではなく、言語の二重性という観念そのものは、かなり広い適用範囲をもつものであり、また、すでにある程度おなじみのものであるという点を確認したかっただけである。

言語の二重性の観念は、広い範囲に、あまり意識されることなく、バリエーションを伴って浸透している。そのためそれはさまざまな混同の原因にもなりうる。言語の二重性はたしかにパラフレーズの手法をも特徴づけるのだが、正確な特徴づけを得るには、まさにその観念によって特徴づけられるものの分類と整理が必要となる。以降の節で私は、すこし視野を広げて、現代の存在論的な主張のいくつかを、言語の二重性という観点から捉えなおしてみようと思う。その作業は、今日便利に使われている「消去」や「還元」の語の多義性に、われわれの注意を向けさせる効果ももつはずである。

6　日常物体と常識形而上学

言語の二重性の構図は、パラフレーズの手法のみを特徴づけるわけではない。それは、日常の明白な理解と科学的な理解とのあいだの対立[32]や、ロデリック・チザムの言う市井の人々のルーズな用法と哲学者による厳密な用法との区別[33]にもあてはまる。例をあげよう。ポール・チャーチランドは、心の哲学の文脈で次のように主張している。

消去的唯物論とは、心理的現象に関するわれわれの常識的な考え方が一つの根本的に誤った理論を構成しており、その理論の基礎的な欠陥ゆえに、その原理のみならず存在論もまた、完成された神経科学によって円滑に還元されるよりはむしろ最終的には置換されるだろうというテーゼである。神経科学が完成した暁には、われわれの相互理解、そして内観までもがその概念枠組みによって再構成されるかもしれない。われわれは、この神経科学の理論はそれが取って代わる常識心理学よりもはるかに強力で、物理科学一般とより実質的な統合をなすだろうと期待できる。[34]

これは、信念や欲求といったわれわれの常識的な心の概念が、誤りを含むものとして将来的には放棄されるだろうという予言である。この予言がもし正しければ、神経科学の理論の言語は、今日われわれが自分たちの心について語っていると見なしている文の大部分を、真実を語る文として保存することはない。むしろ前者の理論に照らして後者の日常的語りは明確に偽と判定されることになるだろう。二つの言語の関係は対称的ではない。理論的な言語のほうが、他の科学との統合性において勝っており、またおそらく、記述の詳細さや説明の十全性、包括性や体系性、あるいはその語彙を用いた予測可能性等についても優れていると考えられている。とはいえ、ここにおいて前節の話とすこし状況が違っていることに気づくだろう。つまり、二つの言語のあいだに想定されている関係が、チャーチランドの主張におけるものとパラフレーズの手法におけるものとでは、すこし異なっているのである。ともに非対称的であるというところまでは同じだが、日常言語の扱いに関して、両者は微妙に異なっているのだ。

心の哲学においては、ほかに、心理的現象のタイプは物理的事象のタイプへと何らかの法則的な説明によってむしろ還元されるだろうとする立場[35]や、そこまで強い主張はせず、ただ個々の心的出来事が何らかの個別的な物的出来事に存在論的に還元されることのみを主張する立場がある。それらは心身同一説の二つのバリエーションである。そしていずれも、心的な言語と物理的な言語の二重性を前提とした議論を展開している。後者の、より弱い同一説の主張として、ドナルド・デイヴィドソンの非法則論的一元論は有名である。

すべての出来事は物的であると主張する点において、非法則論的一元論は唯物論に似ているが、それは、心的現象に対してわれわれは純粋に物理的な説明を与えることができるという、唯物論にとって本質的に重要であると考えられている主張を拒否する。すなわち、非法則論的一元論は、すべての出来事は物的であると主張する一方で、すべての出来事が心的であるわけではないという可能性を認めるという点においてのみ、存在論的偏りを示すのである。(36)

一点注意してほしいのだが、デイヴィドソンはここで「唯物論」の語を強い意味で使っている。彼はそれを、あらゆる事柄に関して物理的な説明を与える理論として考えているのである。本書では「唯物論」の名を、より限定的に、われわれのこの世界は基本的に物質のみから成るという存在論的な主張を指すために使いたい。したがって、非法則論的一元論の主張の存在論的な部分（「すべての出来事は物的である」）は、本書の用語法では唯物論的である。

デイヴィドソンはさらに、存在論的な偏りだけでなく、物理的言語の心的言語に対する優位性をも主張している。（ここで心的言語とは、正確には、心的語彙を本質的に含む言語のことであり、物理的言語とは、物的語彙のみから成る言語のことである。）デイヴィドソンはその非対称性を次のように説明する。

> 私がここで叙述している立場においては心理・物理学的法則が存在するということは否定されるが、それは、心的特徴はある意味において物的特徴に依存する、あるいは付随するという見解とは整合的である。そのような付随（supervenience）は、あらゆる物的側面において類似しているにもかかわらずある心的側面において異なる二つの出来事というのは存在しえないということ、あるいは、いかな

る対象もある物的側面において変化することなしには心的側面において変化することはできないということ、を意味するものと理解することができるかもしれない(37)。

すなわち心の哲学をめぐるこうした立場のなかにも、広い意味では、件の二重性の構図が見てとれるのである。しかもそこでは、これまでに述べてきた他の適用例とはまた異なる関係性が、二つの言語のあいだに想定されている。

もちろん、存在論の議論の文脈でもこの構図のバリエーションを確認することができる。たとえばラッセル゠クワインとは異なる系譜に属するであろう哲学者のタデウス・コタルビンスキは、一九三五年の論文のなかで次のように述べ、抽象者の存在を否定している。

〔……〕たとえば「ある特定の依存関係が、特定の事物といっしょになって、機械を構成している」とか、「人々は事実を記述する」とか、「煽動はその目的を達成した」とかいったことを、真実として語ることは不可能である。もしそれらに含まれた語句が、事物についての発話のなかの同音語と同じ意味で使われているのなら、そうしたことを真理として口にすることはできない。つまり、もしそれらに含まれている語句が、たとえば「ある特定の軸棒が、特定の小さな歯車といっしょになって、機械を構成している」や「人々は事物を記述する」や「煽動家は彼の目的を達成した」などの文におけるちょうど同じ音の言葉と、同義的であるというのなら。というのも、最初の例文のすべてに関しては、かりにそれらの発話が真だとすると、ある特定の対象が性質であったり、関係であったり、あるいは事実であったりといったことが、必要条件として含意されてしまうからである(38)。

ここで表明されているのは一種の唯名論的見解である。コタルビンスキによれば、人々がふだん口にする「依存関係」や「事実」や「扇動」といった名詞は、唯一の存在者である(と彼が考える)事物のカテゴリーを指示しない。したがってそれら擬似名辞(onomatoid)を本質的に含む文は真でも有意味でもない。彼の念頭には、擬似名辞が除去された言語と、まだそうなっていない言語とがある。たとえばこれは、前述のクワインの手法と比べてみて、どうだろうか(39)。

以上、二重化された言語という図式が広い意味であてはまる多様な例をいくつか取りあげた。私の目的は一枚の風呂敷の中にそれらをいっしょくたにして包んでしまうことではない。もちろんそうではない。すでに示唆したように、それらのあいだの微妙な区別を強調したいのである。そうすることによって私は、存在論の問題に取り組むさいに今日とりうるいくつかのスタンスを適切に区別できると考えている。

さて、第4節では、唯名論者が抽象者を否定しようとするところまでを見た。じつはここまで話してこなかったが、哲学者たちによって太古から系統的に存在がしばしば疑われてきた曰くつきのカテゴリーがある。それは第2節のリストにはあがっていない。そのカテゴリーとは——意外に思われるかもしれないが——日常の中間サイズの物体である。つまり、机や封筒や輪ゴムといったむしろ第1節の最初に登場したものたち、船や道路、石や山や雲など、ある意味われわれに最もおなじみのものたちである。場合によってはそこに、草木や猫、またはわれわれ自身までもが含まれることがある。なんということか。いったいどうして、それらの物の存在が疑われるのだろうか。

それは、日常的な物体がしばしば哲学者をパラドックスへと誘うからである。哲学者は（論理学者もだが）パラドックスを好む。それゆえ日常の物体はそれだけで注目に値する。もちろん、日常の物体は日常の言語で語られるものなのだから、日常言語が本性上もっている曖昧さや混乱に巻き込まれるのは当然だと指摘されるかもしれない。それはそうなのだが、じつはもう一つポイントがある。哲学者が惹かれるのは、何らかの適切な存在論が、それらのパラドックスのいくつかをいっきょに系統的に解消してくれそうな予感がするからなのだ。事情は概略以下のようなものである。

古くからよく知られたパラドックスの一つに「ソリテス・パラドックス」がある。それは次のようなものである。砂山からたった一つの砂粒を取り除いても砂山であることに変わりはない。そうしてできた新しい砂山もやはり砂山なのだから、そこからさらに一つ砂粒を取り除いても砂山のままである。この手続きは反復可能である。他方、わずか二、三粒の砂はあきらかに砂山ではない。たくさんとはいえ有限個の砂粒から砂山が構成されていることを考えると、以上の話はつじつまが合わない。このパラドキシカルな状況をもうすこし一般的に書くと次のようになる。(1)有限個の要素から成る系列がある。(2)系列は線形的であり両端があり、それぞれの端に対してある述語とその否定があてはまる。(3)系列内の一つの要素からすぐ隣の要素に移ってもその述語の適用は変わらないという規則がある。

このパラドックスを解決する道は複数あるだろう。一つは、述語の適用に関して人為的な線引きをするというものである。構成する砂粒が一定の個数以下になるとたんに砂山でなくなることにするのである。実際われわれは日常的にこれに似たことをやっている。あと二、三人乗れそうでも「十五人で満員です」と断られたりする。別の、もっと玄人好みの解決法としては、述語の適用――「あてはまる」、「〜について真」――の概念を、より精密で複雑なものに改訂する試みがある。これらはいずれも、もっぱら日常言語をより洗練された道具立てで置き換える対処法である。けっこうなことだと思う。しかしさらにドラスティックな対処法があって、それは、前段落の(1)から(3)によって規定されるような系列そのものを拒否する道である。系列には、複数の砂粒から成る山々が並んでいるが、それらの存在を否定するのである。つまり問題を起こしているものをいっきょに消してしまうやり方である。この対処法は存在論的な帰結を含んでいる。またそれはより一般的な問題の文脈で考慮しうる方策でもある。

　テセウスの船、しっぽを失うティブルス、多者の問題……といった日常物体にまつわるパラドックスがほかにもある(40)。それらの多くは非常に古く、最初の二つはソリテス・パラドックス同様、紀元前から論じられてきたものである。より重要な共通点は、それらの多くが「構成の問題」のバリエーションと見なせるという点である。構成の問題とは、どのような諸部分から一つの全体が構成されるのか（されないのか）という存在論的問題である。たとえば「任意の諸部分から一つの全体が構成される」というのも一つの答え方である。その原理はたしかに形式的な簡潔さの美点と一定の理論的な強みを備えている(41)。この問題についてややこしく考えずにすませたい向きには最適だろう。だが何人かの哲学者は、その原理が中間サイズの物体を不自然に増やしすぎると感じる。したがって、どのようなときに諸部分が一つの全体を構成するのかを問うことが一般に存在論の問題になりうるのである。（図１－３はいくつかの解答のパターンである。矢印の先に一つの全体があり、矢印の元にそれを構成する部分がある。いずれも原子が三つの世界の場合である。任意の部分が全体を構成すると考えるのは図の上段のものである。構成に制限をかける立場は中段と下段のものである。中段のものは、些末でない構成関係をいっさい認めない立場であり、メレオロジカルな虚無主義と呼ばれる。下段のものはａとｃのみから成る全体が存在することを認めていない[42]。）そしてまた、目下の文脈でも、全体が構成される仕方に適切な制限をかけることにより、パラドックスを生じさせるものを系統的に消去することができるのである[43]。

私の考えでは、常識心理学《フォークサイコロジー》や常識物理学《フォークフィジックス》とともに、「常識形而上学《フォークメタフィジックス》」と呼びうるものがある。形而上

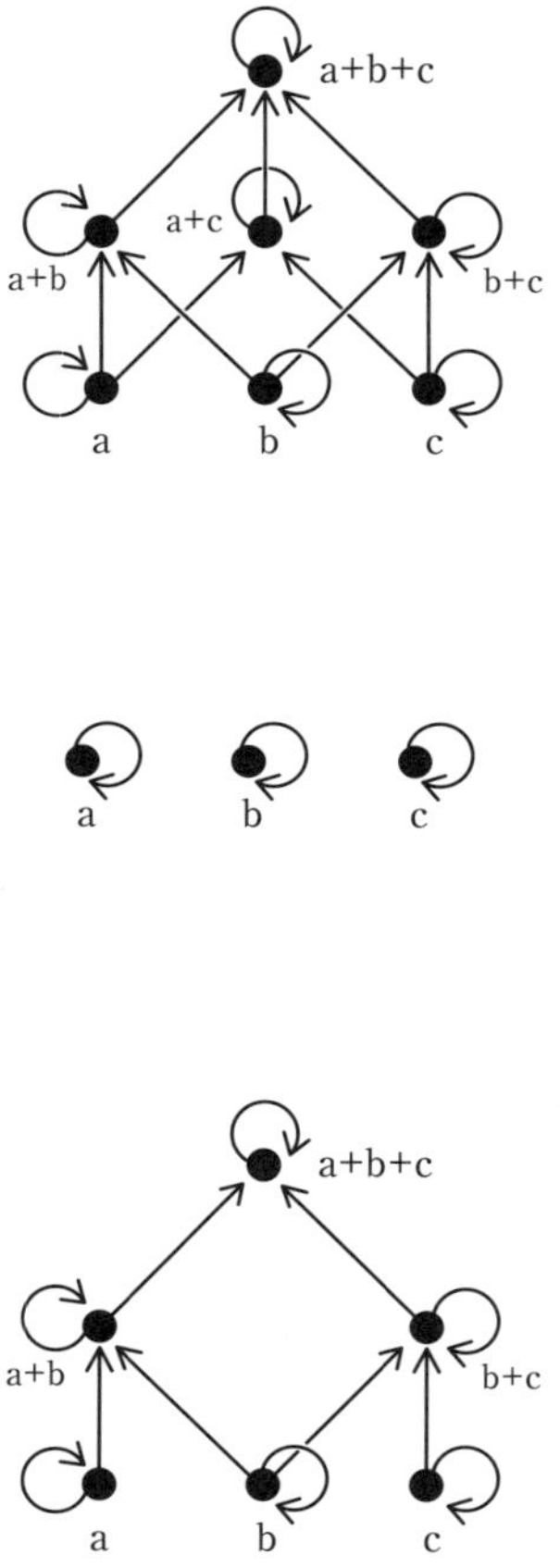

図 1-3

学者たちがかならずしも頼りにならない「直観」と見なしている領域が、それであるかもしれない。矛盾物や架空物については、そうしたものが実在しないという強い感覚をわれわれはもっている。第4節で見た手法は、理論に従ってそれらをきれいさっぱりと消去する方法である（逆にもし、矛盾物や架空物を理論的対象として導入せざるをえないのであれば、われわれは常識に対して相応の負担をかけることになる）。だが興味深いことに、日常的な物体に関しては反転した構図が見られる。つまり、まさしく常識形而上学に属する日常物体の実在性が、驚くべきことに理論によって否定されてしまうといった光景をしばしば目にするのである。そのときに感じられる抵抗は「十五人で満員です」と言われたときに感じる反発などとは別種のものである。それはわれわれの存在論的な直観に基づく反発である。

7 還元・消去・錯誤

二つの言語のあいだの関係についてとりうる複数の考え方を分類して整理することが、私の課題であった。日常的な物体と構成の問題を題材にしてそれを行なおうと思う。というのも、まさにその問題が常識と理論とにまたがるすぐれて形而上学的な問題だからである。

次のような形の疑問が生じることはあるだろう。

［18］目の前の机はほんとうに存在するのだろうか。

幻覚やホログラムが疑われる個別的な状況における問いではなく、理論的かつ系統的な問いとして［18］が発せられたのだとして、それに対する応じ方には複数のものがある。根底的で全面的な懐疑や観念論へと突き進むのは、哲学の一つの定番である。すなわち、

［19］机が存在すると私は信じてきたが、それはいくらでも疑うことができる。すべては夢かもしれないし、私は水槽の中の脳にすぎないかもしれない。そうした可能性を完全に否定する議論はない。

——等々。ただしここでは認識論ではなく存在論的な応答を検討することにしたい。とすれば、自然科学の知識もふまえつつ、ひとまず次のように答えることができるだろう。

［20］科学が教えてくれることには、あらゆる物はじつは百種類程度の原子の組み合せから成っている。われわれが「机」と呼ぶところにあるのは、ほんとうはそうしたたくさんの原子なのだ。

ここからさらに微細で専門的な科学的記述へと進むこともできる。それは好みと必要に応じてやっていただきたい。一点注釈を加えるなら、［20］にはすでにかなりの形而上学的インパクトがあるというこ

とである。私は小学生のころ科学啓蒙書で［20］のような趣旨の説明を読み、たいそうな衝撃を受けた。衝撃があまりにも大きかったので周期表を暗記しようとしたほどである。メレオロジカルな構成という概念もそのときに把握した気がする。

さて、われわれは［20］を経由して、そこから形而上学的なスタンスの細分化へと向かいたいと思う。［20］の続きとしてはすくなくとも次の三つがありうるだろう。

［21］われわれが「机」と呼ぶものは、ある仕方で配列されたたくさんの微粒子の集まりにすぎない。

［22］「机」と呼ぶべきものは存在しない。机の存在を前提にしているかに見える日常文はすべて、微粒子の配列の仕方に関する文へとパラフレーズされるだろう。

［23］「机」と呼ぶべきものは存在しない。机の存在を前提にしている日常文はじつはすべて偽なのだ。

最初のものは同一性による還元である。二番目のものはパラフレーズを用いた消去である。三番目のものは錯誤説的なスタンスである。

順に特徴づけていきたい。まず、［21］の「～にすぎない」は同一性を表現する語の一種である。［21］は、ある一つの机が特定の諸原子の集まりと存在論的に同一だという主張を含んでいる。(44) 心の哲学における前述の二種類の同一説も、［21］の形の主張の仲間と言える。このような形の主張を**同一性による還元**と呼ぶことにしよう。

この考えのもとでは、「この机」や「あの山」は、科学的により詳細に記述しうるある物体のための、日常的で便利なレッテルという扱いを受けることになる。そのかぎりで日常言語における名詞句は、同一性による還元がうまくいったならば、保存されるだろう。よって［18］に対し［21］は肯定的な答えを返していることになる。

とはいえ「〜にすぎない」には非対称的な含みがある。それは「以上のものではない」などの表現と置き換え可能だろう。同一性による還元において、非対称性はある種の存在論的な依存として語られる。机であるかどうかは、そこにある微粒子の配列等に関する事実に尽くされる——「スーパーヴィーン」する——というわけである。机であるという性質を除去するには、それを構成する諸粒子の内在的性質を変えなければならない(45)。他方で、構成する粒子の配列等が変わったからといって、それが机でなくなるとはかぎらない。また、存在論的な偏りも、ここで合わせて主張されるかもしれない。すなわち、すべての机は微粒子の何らかの集まりであるが、微粒子のすべての集まりが机であるとはかぎらないという主張である。机はより局所的で偶然的な存在なのだ。もっぱら以上のような非対称性ゆえに、私はこの関係を(より基礎的な存在である微粒子への、机の)「還元」と形容したい(46)。

同一性による還元において机をはじめとする日常的な物体は消去されない。したがって先述のパラドックスに対し、これは、存在者のリストをドラスティックに改変して解決を与える類いのものではない。ただし、この［21］の路線に沿ったまま、奇妙とも言える方向へと考えを進めることができる。すなわち［21］に準拠しつつ、追加的に「異なる諸部分が同一の全体を構成することはない」といった原理を採用することは可能である。そしてその原理を、時間的に変移する物体にあてはめることにより、テセウスの船やしっぽを失うティブルスの問題に解答を与えることもできなくはない。それは、部分の増減による変化を通じての「同一性」を、いっさい否定する答え方である。そのような方針は、メレオロジカルな本質主義[47]と呼ばれ、ある瞬間の目の前の机の存在を否定しない。しかしそれに従えば、構成する分子が一つでも欠けるやいなや以前と異なる机や船や猫になると結論せざるをえない。われわれは日常的な物体が多くの場合十分長い時間を通じて同一性を保つ（通時的同一性をもつ）と考えているので、これは常識形而上学に対する挑戦的なオプションとなる。

［22］はもちろん本章の第4節で見たものである。日常物体に対してパラフレーズのアプローチはどのようなことをなしうるのだろうか。「机」と呼ぶべきものが存在しないとする［22］の前半部分は、端的に、

［24］　$\neg\exists x$(机である(x))

と表せるだろう。これは、われわれが「机」と呼ぶところを占めるような一つの物体など存在しないということである。そこには複数の原子があるにすぎないというわけだ。ではそのような場合、われわれの常識的な（常識形而上学に基づく）

[25]　机はある。

という主張をどう考えればよいのか。ピーター・ヴァン・インワーゲンなら[25]を(すくなくとも部分的には)次のようにパラフレーズするであろう。(48)

[26]　$\exists x_1 \ldots \exists x_n$(机状に配列されている^n($x_1, \ldots x_n$)＆原子である($x_1$)＆…＆原子である($x_n$))

「机状に配列されている^n(…)」は可変多項的な述語である。とうぜん、日常的な物体に関わる他の述語や関係語も、同様に可変多項的になる。それらはたくさんの原子のあいだの関係を表している。ともかく、[26]の式のなかに、机であるような一つのもの――[24]の式の変項の値になりうるようなもの――に対する量化は見られない。にもかかわらず[26]は[25]の真理性を保証してくれる。

以上のような方針を私は、あらためて**パラフレーズによる消去**と総称したい。(49)そこで机の存在は消去される。つまりわれわれが「この机」と口にしたとしても、机であるような一つの対象が指示されることはない。この点は、同一性による還元において常識的な机の存在が否定されないのとは対照的である。しかしもちろん、パラフレーズによる机の消去を経ても、そのパラフレーズが適切であるかぎり、「机」の語を含む日常文の大部分は期待どおりの真理値を与えられるだろう。(50)

パラフレーズによる中間サイズの物体の消去は、テセウスの船の問題やしっぽを失うティブルスの問題、あるいは多者の問題を解消する。問題をひき起こすような物体がそもそも存在しないからである。[51]ソリテス・パラドックスについてはどうだろうか。たしかに砂山のパラドックスは生じないだろう。砂山が存在しないからである。しかし諸粒子に適用される可変多項的述語の適切さに関連して、ソリテス・パラドックスの変種が生じそうであることにはすぐに気づかれると思う。たとえば［26］の可変多項的述語の「n」に入れてよい値はどのようなものだろうか。一〇の二八乗も一〇の二八乗マイナス一も問題ないだろう（むしろ十分すぎる大きさかもしれない）。だが四はどう考えてもまずい。

常識に対してとりうる態度があと一つある。［23］のようないわば**錯誤説**的なスタンスである。ピーター・アンガーは、目下の議論に関連する文脈で、次のように述べている。

> 広く受けいれられたこの見解〔常識的見解〕によれば、さまざまな日常的物体がこの世界にはある。それらのあるものは人間の作ったものである。たとえば、机や椅子や槍、あるいは一部の「先進」文化圏におけるマドラーやスーザフォンといったものである。またあるものは自然のなかで見いだせるものである。つまり、石や岩や小枝、さらにはタンブルウィードや爪といったものである。私は、以上の物体がどれも存在しないと信じている。そしてそれゆえ、常識的見解はひどい誤りに陥っていると考える。

さらには、

〔……〕「石」や「岩」、「小枝」や「丸太」、「惑星」や「恒星」、「山」や「湖」、「セーター」や「カーディガン」、「望遠鏡」や「顕微鏡」といった名詞は、物体に対しての適用をもたないであろう〔……〕。それらの語を含む単純な肯定文は、意味が現行のとおりであるかぎり、真なる何ごとをもけっして表現しはしない。(52)

アンガーがこのように結論づけるのは、日常概念が導くさまざまなパラドックスを重視した結果である。とりわけ彼はソリテス・パラドックスを問題視している。これは、すでにほのめかしてきた存在論的にドラスティックな解決にほかならない。日常的な物体の存在そのものを系統的に否定し、それに関わる意味論をも放棄して、諸パラドックスを解決するやり方である。そこにおいては、パラフレーズを用いたアプローチと異なり、［25］のような日常文が真とされることはない。

救いのない解決だと思われるかもしれない。しかしアンガーがメレオロジカルな虚無主義の立場をとっているわけではない点には注意されたい。彼の議論は、たとえば直径が四フィート超かつ五フィート未満であるような物理的対象の存在を否定しない。(53) ただそれが椅子であったりすることを拒否するだけである。比較をするなら、この点でアンガーは、無生物に関してメレオロジカルな虚無主義をとるヴァン・インワーゲンより、はるかに豊かな存在論を前提にしうる立場にある。（ヴァン・インワーゲンの無生物に関するメレオロジカルな虚無主義が、広い意味でのソリテス・パラドックスを回避してはいなかったことを思い出されたい。つまりソリテス・パラドックスの解決とメレオロジカルな虚無主義は、ときに誤解されるほど密接な関係にはないのである。)

アンガーの態度は、前節の最初に引いたチャーチランドの考えを彷彿させるかもしれない。たしかに本節で分類した三つのスタンスのうちのどれにチャーチランドがいちばん近いかといえば、アンガーのものにであろう。両者に共通する部分は多い。とはいえ、本節の第三のスタンス一般を積極的に「消去主義」と呼ぶのはためらわれる。錯誤説の支持者はなおも曖昧な態度のままでいることができるからである。すなわち彼らは、常識や既存の体系に属する何かが理論的に偽であると主張しつつ、日常ではそれをすくなくとも信じているようにふるまいつづけるかもしれないからだ。彼らはわれわれの誤りを消去したいわけではないかもしれない。これは巧妙さが要求される立ち位置である。なぜなら状況はムーアのパラドックスのそれに似ているからである。パラドキシカルな状況を緩和する方策はいくつか思いつかれるだろう(たとえば、理論を受けいれることと信じてしまっていることとは違うのだ、あるいは、日常生活の観点からすれば真理性は尊重すべき唯一の美徳ではない……等々)。もちろん私は、「錯誤説」と呼ばれるすべての学説がそのような特徴をもつとは思わない。しかし他方で錯誤説のいくつかがそうした妖しい魅力を備えていることも感じている。というわけで、「錯誤説」を、第三の態度のとり方のためのレッテルに使おう。

8 まとめ

存在論の問いは「何が在るのか」または「何が無いのか」というシンプルな形で表すことができる。そうした問いかけには実質があり、まずは意味の問題としてその困難を把握できるだろう。すなわち、理解可能な文の有意味性を説明するという問題である。本章ではそうした問いに対する現代の重要なアプローチを紹介した。その背景には日常言語批判という、より一般的な傾向が見てとれると思う。いや、批判というのは言いすぎかもしれない。日常言語や常識に対しては、もっと踏み込んだ、真に批判的な態度をとるアプローチ——たとえばチャーチランドのようなもの——がほかにあるからだ。いずれにしても、哲学の問題を言語の問題として捉えなおす二十世紀の動向と、それらのアプローチは無縁ではない。しかし言語の問題として捉えなおすということの意味するところが、けっして単純でも一様でもないこと、そしてそれゆえ平坦な課題をもたらすものでもないことは、本章における駆け足の素描だけからも伝わったのではないかと思う。

注

(1) 鈴木・秋葉・谷川・倉田 [2014], p. 2. 強調は原文。この文は鈴木生郎によるものである。

（2）特定の理論において措定される対象や性質の実在性が、単一または一群の操作的基準に従った手続きによって立証されうるというのは、それ自体、きわめて形而上学的な主張である。そしてもちろん、立証をめざす作業の途中でそのような思弁性を自覚する必要はまったくない。

（3）小説のなかでホームズについて書かれたことを手がかりに、一人の男を捜索すべく現実のロンドンへと向かうことが的外れであるばかりか、可能的なロンドンのなかに彼を捜すこともまた的外れであるとする、考慮すべき議論が存在する（Kripke[1972], pp. 157-8〔邦訳書 p. 187〕; 本書第五章第6節も見られたい）。

（4）これは「何があるのか」という問いに対して「すべて」の一語で答えることの裏返しである。Quine[1948]の有名な書き出しを参照されたい。

（5）アリストテレス『形而上学』、Z巻第13章からの数章を見られたい。

（6）エピクロス「メノイケウス宛の手紙」。

（7）たとえば Yourgrau[1987]; [2000].

（8）これらの専門的な問題に対する日本語で読める文献として（このあと取りあげるものもそうでないものもあるが）ここで、菅沼［2000］,［2011］; 加地［2008］; 飯田［2011］をあげておく。

（9）これらの議論については第三章第3節で見る。

（10）Quine[1948], pp. 21-2〔邦訳書 pp. 1-3〕。

（11）この種の問題に取り組むのに「真偽」の概念は狭すぎると見なす立場が伝統的にある（Strawson[1950]; Austin[1962]）。この問題に対して本書が示唆する解答は第五章第6節を見られたい。

（12）Quine[1948], p. 22〔邦訳書 p. 3〕.

（13）Quine[1948], p. 24〔邦訳書 p. 7〕.

（14）以上の発想と具体例はエトムント・フッサールから（Husserl[1901], p. 312〔邦訳書 p. 119〕）。もっとも、次の段落で問題視するような帰結を私はフッサールに帰するつもりはない。

（15）本書において論理記号は標準的な仕方で使われる。今日、記号論理学はきわめて汎用的なツールであり、哲学もその恩恵に授かっている分野の一つである。さまざまな教科書や解説書が分野ごとに微妙に異なる目的のもとで書かれている。優れた教科書は数多くあるが、ここでは、清水［1984］と戸田山［2000］をあげておく。前者はコンパクトながら十分な入門書であり、ラッセルの「記述」についての要点を押さえた解説がある。後者は逆に束のあるたいへん親切な入門書であり、述語論理の意味論についての丁寧な解説を含む。

（16）われわれは認知に関する理論を手にしたいわけではないので、こうした自然さが決定的に重要ということはない。ただ、［1］の見かけの仰々しさをそう気にする必要はないということである。異論はあるだろうが、私は、［1］に示されるような論理形式は、自然言語に対してかならず規範的な側面をもつと考えている。パラフレーズによって得られる式は、それらが正しいものであるなら、たしかにこの世界の基本的なあり方を記述するだろう。だがもしそれらの式が、われわれの自然言語の実際の使用や、それを背後で司る認知上の処理過程の何らかの形式的記述になっていると主張されるならば、私にはその根拠が分からない。記述されることになる形式や構造がわれわれのうちにすでにあるという見込みは、どうやって手にすればよいのだろうか。他方で、式が規範的な力をもつことは明らかである。論理的に整えられた式では、たとえば、表現すべき事柄のあいだの含意関係が明示されて容易に評価可能になっている。そうした特徴は、とくに混乱を避けたい文脈において、われわれの思考を適切に誘導しうるだろう。ちなみに規範はかならずしも「改訂的」に働くとは限らない。それは「拡張的」または「補強的」であるかもしれない（cf. Crane［2012］と比較されたい：あるいは本章の注26を見られたい）。たとえば記憶術は、われわれの記憶を補強するが、われわれの通常の記憶に取ってかわるようなものではない。それは通常の仕方ではできないようなことを成し遂げるにすぎない。記憶術を手にしたあと、記憶術を必要な文脈でのみ用いつづけることは可能である。

（17）この点は、'the round square cupola on Berkeley College' の定冠詞を強調して訳して「バークレーカレッジの例の四角い円屋根」とでもすると、より分かりやすいかもしれない。

（18）第二、第三連言肢を同時に満たせるものなどないだろう。記述句を含む文のこうした形の分析については、Russell［1905］, p. 491〔邦訳書 p. 71〕、あるいは、Whitehead & Russell［1910］における「$\iota x(\phi(x))$」の文脈的定義（*14.01）を見られたい。

(19) ただし日本語の「シャーロック・ホームズが名探偵であることはない」といった文は複数の解釈を許す。もし次のように解釈したならば、つまり、述語「シャーロック・ホームズする(…)」があてはまる唯一のものが存在し、かつそれは名探偵でないということを述べているものと解釈したならば（本書の第五章第2節でふたたび見るが、ここではクワインに従い、固有名を単純な述語として扱っている）、その文は偽である。そのようなものは存在しないからである。そうではなく、「ことはない」の作用域をもっと広くとり、その述語があてはまる唯一のものが存在しそれが名探偵であるということの全体を否定しているものと解釈したならば、その文は真である。名探偵ホームズは現実には存在しないからである。自然言語のもつこの種の多義性については、ラッセルが説明を行なっている（Russell[1905]. p. 490〔邦訳書 pp. 69-70〕）。ある自然言語の文をどのように理解すべきか、また、その形の自然言語の文をどの程度系統的にパラフレーズできるかといった問題は、存在論から独立した問題圏を形成しうる。その点に注意してほしい。

(20) Goodman & Quine[1947]: グッドマンとクワインは、クラスや性質を自然な仕方で抽象化しようとするさいに生じる諸パラドックスを問題視しつつも、「根本においては、この〔抽象的対象の〕拒否は、より究極的なものに訴えることによって正当化しえない哲学的直観に基づいている」と述べる（*ibid*., p. 105）。なおクワインは、抽象者を拒否するこの立場からのちに撤退している。そして、抽象者を認めることで自分が「唯名論者」でなくなったと宣言する。そのせいでちょっとした用語上の混乱が生じるのだが、それについては第三章で触れる。

(21) Tarski[1941], chap. 20; Quine[1950], pp. 231-2〔邦訳書 p. 259〕.（クワインのテキストでも版ごとに参照頁が異なるが、第Ⅳ部の「数」の章を参照されたい。）

(22) *Ibid*., pp. 109-10. その直前の箇所で彼らは、先祖関係についても、具体的個物とそれらのあいだの部分全体関係によって定義する道を提示している。

(23) これらの懸念に対する私の意見は第三章の第4節で述べることにする。

(24) 'reduction' のことであるとすれば、「還元」でも「削減」でもかまわない。ただ、「存在者の還元」や「存在者の削減」といった言い回しはいささか誤解を招くものであるだろう。というのも、パラフレーズの最後には「そのようなものは最初から無かったのだ」という主張が伴われるはずであり、もしそうなら文字通りには何も減っていないからである。正確には、存在者に対して指示や量化を行なっているような見かけが言語表現上「消去」されたにすぎない。それゆえ私はこの文脈では「消去」の語を使うことを好む。

(25) 飯田［1987］, pp. 176ff. それがラッセルにとってどのように存在論な帰結をもつかについては、とりわけ *ibid.*, p. 182を参照。

(26) 飯田［1987］では「翻訳」の語が選択されている〔飯田自身の口頭での教示によると、この文脈でラッセルに関して「パラフレーズ」の語を使うのは、同一言語内での単なる言い換えを示唆するがゆえにミスリーディングだからである〕。たしかにここで正確にいかなる二者間の関係を想定するかは重要な問題になりうる〔本章の後半でもすこし異なる角度からまさにその問題を論じる〕。一方、クワインの立場はラッセルに近いと思われるが、彼は「パラフレーズ」と「翻訳」のいずれの語をも口にしている。ちなみにクワインの直接的な影響が強いドナルド・デイヴィドソンも両方の語を用いるが、彼の考える「正準表記による新英語」は自然言語に付加された延長部分にほかならない（Davidson[1967a], p. 29〔邦訳書 p. 18〕）。デイヴィドソンにとって論理学の言語は日常言語に取ってかわりうるようなライバルではないからだ。本書では、以上のような曖昧さを含みもたせつつ、主として「パラフレーズ」の語を用いることにする。

(27) ここにおいて、クワインの例の標語「存在するとは変項の値であることだ（To be is to be the value of a variable）」を思い起こすのもよい（Quine[1939], p. 708; Quine[1948], pp. 31-2〔邦訳書 pp. 18-9〕等）。つまり、単にある言語のなかで名詞句によって指示されているように見えるというのではなく、より正式な表現〔正準表記〕、すなわち論理的により完全な言語において変項の値となりうるということが、存在者として真剣に認められているということだとする考え方である。変項の値となりうるということは、すなわち、量化の定義される議論領域に含まれるということである。

(28) Horgan[1986], あるいは、彼や彼の共同研究者による後続の一連の研究（たとえば Horgan & Potrč[2008] など）におけるアプローチを見られたい。

(29) たとえば Schaffer[2009].

(30) プラトン『パイドロス』265D〔邦訳書 p. 134〕。訳語は邦訳書に従う。「自然なクラス」のアイデアについては本書の第三章第5節を見られたい。

(31) 十七世紀を中心としたいわゆる普遍言語運動は、広範囲にわたる、境界のはっきりしない、多様な思想運動の総体である。それゆえもちろん、二十世紀の「論理的に完全な言語」とのあいだに類似性を見つけることはいくらでも可能である。とくに普遍言語の、「哲学言語」や「完全言語」と呼ばれる側面には、多義性や誇張や虚飾の排除という精神において、現代の人工言語としての記号論理学と共通する部分がたしかにある。ウンベルト・エーコが慎重な態度で示唆しているように、現代論理学の始祖たちに普遍言語運動の明示的な影響を見いだすことさえできるかもしれない。あるいは、ジョージ・ブールを経由した「思考の法則」の観念の系譜をそこにたどれるかもしれない。だが、目下の脈絡で私が注目しようとしている二十世紀的アプローチの諸特徴からすれば、そうした類似性は表面的なものにとどまる。重要な違いの一つは、かつての普遍言語運動では自然言語の規約性（恣意性）が問題視されていたことである。規約性は記号の割り当てを恣意的にし、結果として自然言語の個別言語化という混乱をもたらす。そして個別言語の壁は、記号が表すものの（分類学的）構造や特質を必然的に反映した記号のデザインによって、超克が見込まれるというわけである。そのような発想のもとで設計された人工言語の文字や単語は、たしかに、より実在の構造を反映したものであると言えるかもしれない（人類が共通にもつ概念の構造を反映したものだとも同程度に言われうるだろうが）。しかし、たとえば自然言語の文に対応する論理形式という発想や、二種類の言説間の存在論的還元といった発想は、そこからはずいぶん遠いものに私には思われる。それらは、「夢が目標を変えた」（Eco[1993]. 邦訳書 p. 456）というより、異なる動機と背景から生じた別々のアイデア群であると考えられる。（ただし水を「H_2O」に置き換えるような科学的言語は、フランシス・ベーコンやジョン・ウィルキンズの精神に多少合致しているように は見える。）普遍言語運動については、Eco[1993] や Knowlson[1975]、あるいは Rossi[1960]（とくに第7章）といった良い邦訳書を参照することができる。

(32) Sellars[1962].

(33) Chisholm[1976], chap. 3 のとりわけ pp. 92ff.〔邦訳書 pp. 146ff.〕を参照。

(34) Churchland[1981], p. 125. 訳文は邦訳書に従う。

(35) たとえば Smart[1959]; Armstrong[1968]; Kim[1992].

(36) Davidson[1970], p. 214〔邦訳書 p. 273〕. 訳文は邦訳書に従う。

(37) *Ibid.*〔邦訳書 pp. 273-4〕.

(38) Kotarbiński[1935], p. 489.

(39) Kotarbiński[1929], pp. 51ff. すくなくとも、擬似名辞からの解放というコタルビンスキのプログラムに対しては、本章第3節にあげたのとまさに同様の問題が指摘できるだろう（cf. Czerniawski[1998]）。

(40) テセウスの船については、その伝統的なバリエーションも含めて、Chisholm[1976], pp. 89-92〔邦訳書 pp. 141-6〕を参照されたい。しっぽを失うティブルスの問題と多者の問題については柏端[2006]で簡単に解説した。しっぽを失う問題については、Simons[1987], chap. 3; Sider[2001], chap. 5 が詳しい。それが非常に古い問題であることは、Burke[1994]を参照。多者の問題のもともとの議論および詳細は、Geach[1980], pp. 215-6; Unger[1980]; または Lewis[1993]を見られたい。

(41) Leonard & Goodman[1940]; Goodman[1951]. こうして作られる一つの全体は、恣意的な和、恣意的な融合と呼ばれ、とりわけ唯名論者にとっては便利な道具立てである。Goodman & Quine[1947]においても、広大な領域に散在する一つの物体（どの猫のビットも最低一つは部分として含むような物体もその一つである）などが鍵となる役割を果たしている。

(42) 中段の「虚無主義」に対して、上段の立場はメレオロジカルな「普遍主義」、下段は「制限主義」と呼ばれる（van Inwagen[1990], sec. 8; Kriegel[2012], pp. 24-5 の用語）。もちろん、考えうる図式はこの三パターンに尽くされるわけではない。図1－4のような、同一の諸部分による異なる全体の構成も考えられなくはない。「非外延的」と称されるであろうそのような考え方は、たとえば一つの彫像とその構成諸原子の一つの集まりとの関係を語るさいに引き合いに出されるかもしれない。（彫像は構成原子の集まりからできていると言えるが、逆は言えない。「できている」というこの関係は非対称的であり、したがって両者は同一性の関係にないと言いたくなる。この関係をどう説明するかは、構成（composition）の問題とは別の、「組成（constitution）の問題」と呼ぶべき問題である。組成の問題を含む関連の重要問題については、鈴木［2008］を見られたい。）図1-4のように考えた場合、fとgから成る一つの全体dは、構成要素である二者f、g以上のものにならざるをえないであろう。というのも、もしdという全体がf、gという二者に等しいなら、つまりもし構成が同一性の関係にすぎないのなら、dとeが非同一の二者であることのつじつまが合わなくなるからである（eもまた同じf、gから構成されているため）。構成の問題はそれ自体が豊かで複雑な形而上学の問題である。組成の問題もそれに関わりうるだろう。本書ではしかし、簡便のため、図1-3にあげた諸パターンのみを考えることにしたい。

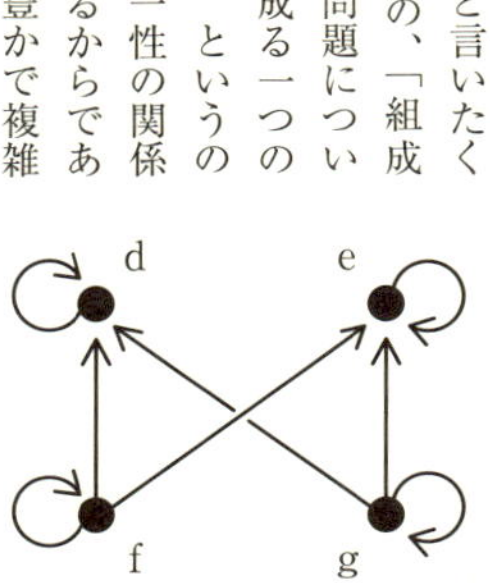

図 1-4

（43）その具体的な方法は、次の節の後半で見る。なお、制限のかけ方による「虚無主義」、「普遍主義」、「制限主義」の三分類は、形而上学の分野において広い応用範囲をもっている。たとえばユーライア・クリーゲルは、構成だけでなく分解に関しても三つの立場の類比物が考えられることを示唆している（Kriegel［2012］, pp. 26-7）。分解とは、一つの全体からその部分を生成する操作のことである。もしもこの世界の全体が真部分をもたない「どろどろねばねばの塊《ブロブ》」のようなものであるとすれば、そのとき真に世界の中に存在する物体はたった一つ、すなわち世界そのもののみということになる（Horgan & Potrč［2000］）。些末な分解（それ自身への「分解」）以外の操作をいっさい認めない考え方である。そのような考え方は虚無主義的な一元論を構成することになる。逆に、世界全体が任意の仕方で際限なく分解できると考えるなら、そのとき世界は原子のない「ずぶずぶの底なし沼《ガンク》」のようなものになる。（'gunk' は Lewis［1991］, p. 20 で導入された用語。ガンクとブロブは正反対の特徴をもつので注意してほしい。）そうした考えは、分解に関する普遍主義的な多元論と呼べるはずである。他方、分解に関する制限主義は原子論に行きつくかもしれない。ただし、原子を含みつつもところどころ底なし沼ができている世界を帰結するような制限主義も考えられよう。（このあたりの形式的諸可能性については Simons［1987］, pp. 41-2 を参照。）ちなみにクリーゲルが問題にしているのは「普遍主義的な一元論」や「制限主義的な一元論」である。ここまでの用語法からすれば奇妙に響くかもしれないが、それは彼が、より広く、存在論的先行性に関する一元論をも考慮しているからである。先行性に関する一元論のもとでは唯一の基礎的存在者が措定される。他の存在者は、もしあるとしても、すべて派生的なものになる。その場合、普遍主義的であったり制限主義的であったりするのは、唯一の基礎的存在者から分解によって他者を派生させるその仕方においてである。存在に関する一元論と存在論的先行性に関する一元論とを区別されたい（後者のアプローチについてはSchaffer[2007]；[2010]等を参照）。存在論的先行性の観念は、次節で見る同一性による還元の文脈でも、お好みなら、持ち出しうるだろう。ただし本書における説明は、未定義的な「先行性」の概念にも「基礎性」の概念にも依拠しない。そうした概念はあまりに〝形而上学的〟なものと私には感じられる。なお、世界一元論については柏端［2012］で論じた。

（44）前節の図1－3にあてはめると、その主張は、われわれの言う「机」が、諸原子の集まり（和）である上段の図のａ＋ｂ＋ｃにほかならないといった主張に相当する（もちろん実際にはたった三つの原子で「机」と呼べるようなものは作れないが）。ここで、すこしこまかな話をすれば、それとは区別されるより強力な同一性の主張も可能である。それは、机という一つの全体、すなわちａ＋ｂ＋ｃが、さらに、最下部に描かれた三つの原子ａ、ｂ、ｃにほかならないという主張である。構成を同一性の関係と見なすこうした考え方は、「同一性としての構成」と呼ばれ、注の42ですでに言及した考え方である。同一性としての構成は、「それらはそれ、それはそれら（They are it, it is them）」（Lewis[1991], p. 83）という簡潔な標語として言い表せる。この考えをめぐってはいくつかの論争があるが、もし採用するなら、われわれは存在論的により強い「同一性による還元」を手にすることになるだろう。

（45）机の例には反論があるにちがいない。机は人工物のカテゴリーに属しているため、たとえばどのような意図で作られたかといった外在的な性質も、机であるかどうかを左右する要因になると主張できるからである。人工物を扱うには、ほんとうはもっと慎重な検討が必要である（鈴木・秋葉・谷川・倉田［2014］の倉田剛による第8章を見られたい）。

（46）デイヴィドソンならここで「還元」という語の使用を避けるはずだと指摘されるかもしれない。彼は非法則論的一元論について「心的出来事と物的出来事の間の相関関係を述べる法則ないし概念的経済によって支持されていないが故に、『還元主義』という名を冠するには値しない」と述べているからである（Davidson[1970], p. 214〔邦訳書p. 273〕）。したがって彼の立場が「非還元的物理主義」と称されるのはもっともではある。しかし、私が本書で「還元」と呼ぶものは、デイヴィドソンがそこで否定している法則論的あるいは説明的な還元ではなく、存在論的な還元である。しかもそれは、本文で定義した程度の、存在論的な語りにおける非対称性を含意するにすぎない（それゆえ本書で微粒子を「より基礎的な存在」と述べるとしても、それは、存在者の領域そのものの階層化や存在者間の基礎づけ関係の確立をめざすゆえではない）。

（47）Chisholm[1976], app. B.

（48）van Inwagen[1990], sec. 11.

（49）まぎらわしさを避けるため、「還元」の語をパラフレーズと結びつけることはいまや控えようと思う。たしかに、見かけの存在者への指示が消去されるわけだから、その意味でパラフレーズは「存在者」を還元——削減と言うべきか——すると言ってもよい（cf. 注24）。現に、先行する節で私はそのような言葉づかいをした。だが、この第7節で述べる「同一性による還元」はそれとは意味が違う。同一性による還元においては、すでに見たように、「机」と呼ばれる物体は消去されない。机のリアリティが少々減じられるということもない。

（50）もちろん誤解はないと思うが、ここで机の消去の話をしているのは、パラフレーズの手法の特徴を説明するためである。特定の存在論を主張するためではない。パラフレーズの手法を採用したら日常物体の存在を否定しなければならないなどということはまったくない。たとえば、第一に家具やその他の中間サイズの物体から成る世界を記述するという目標のもとで、不適当な「存在者」へ見かけの指示を消去するため、パラフレーズの手法を用いることは可能であろう。またさらに、そうして得られた日常物体を、諸粒子の集まりや複数の諸粒子へと還元的に同一視することもありうるだろう。パラフレーズと同一性による還元は、個々の存在論的主張において併用可能である。それらは主義や主張ではなく手法なのである（次に述べる「錯誤説」についても同様である）。

（51）このアプローチのもとでしっぽを失うティブルスの問題に答えるやり方については、van Inwagen[1981]を見られたい。ヴァン・インワーゲンがそこで存在を系統的に否定しているのは、物体の切り離されていない真部分である。つまり、切り離されていないティブルスのしっぽやしっぽ以外の部分である。ただし彼が用いているのは猫の例ではない。また、やはり猫の例を用いてはいないが、Olson［1995］が、van Inwagen［1981］とは異なる論証によって同様の結論に至っている。ヴァン・インワーゲンは、他方で、有機体（生物）がこの世界に存在するとも論じている（cf. van Inwagen[1990]）。一匹の猫の全体は、彼の考えでは存在者にほかならない。よって、彼の立場はメレオロジカルな制限主義（図1－3の下段のタイプ）になる。

（52） Unger[1979], p. 117, p. 148.

（53） *Ibid.*, p. 150.

第二章　個物の境界——穴とアキレス草の話——

1　個物とは何か

物や物体の存在に対してわれわれは強い確信を抱いている。哲学者もそれは同じである。極端な観念論や唯我論でも唱えないかぎり、それらの存在がそっくり否定されることはない。物や物体は非常に広いカテゴリーであり、第一章の最初でそうしたように、人物や微粒子もそこに含めて考えてよいだろう。本書では、そうした広い意味でのいわゆる物や物体を「個物」と呼ぶことにしたい。

前章の最後で、日常的な物体の存在を否定する議論をいくつか見た。二つのバリエーションがあったと思う。また、日常的なサイズの物体は微粒子の集まりにすぎないと主張をすることによって、その存在論的な基礎性を否定する立場も、その前に取りあげた。それらのうちのすくなくともいくつかは常識に挑戦する考え方であった。しかしそれらのいずれもが微粒子の存在を認めていた。どのようなものが想定されるにせよ、前章で見たような形而上学の一般的な議論の文脈において、微粒子は物体の一種である。したがって、どの立場も個物の存在を前提にしているとは言える。

　前章で主として触れた考え方は（すくなくとも当該部分を見るかぎり）唯名論の枠内で展開可能なものばかりである。すなわちそれらは、普遍としての性質という存在者にコミットせずに進められる話から成り立っていた。では、普遍者を認める人々についてはどうだろうか。彼らは、普遍に関する論争の文脈で「実在論者」と呼ばれる。実在論者もまた個物の存在を否定するわけではない。すくなくとも、実在論者であるがゆえに個物の存在を否定しなければならないということはない。もちろん彼らは、真に存在するのは普遍者であり、個物は、特定の時空間に例化した大量の普遍者の束として派生的に定義されるにすぎないとさえ主張するかもしれない。だが、存在論的な基礎性の否定は存在そのものの否定を意味しない。ちょうど微粒子の集まりにすぎない日常物体が、その存在までをも否定されないのと事情は同じである。個物を普遍者の束として説明するアプローチは、もしうまくいけば、同一性による還元をもたらすであろう。

　しかし物や個物とは何であろうか。私はそれについてはこれまで、せいぜいほのめかすのみで、大部分を読者の直観的理解に頼る形で語ってきた。それゆえ以下でもうすこし積極的な特徴づけを行なっておきたい。私の考えでは、個物は、個別性、具体性、物質性という三つの特徴を合わせもつことによって、他のカテゴリーから区別される。

個別性とは簡単に言えば普遍でないことである。普遍とは伝統的な意味での性質のことである。個物は（とにかく何らかの意味で）性質をもつけれども、何かの性質となることはない。性質をもちうるというだけでは、個別的であるのに十分ではない。たとえば、赤さという性質——そのような性質があるとして——は、色であるという性質をもつ[1]。別の言い方をすれば、述定される側の役割しか担わないものが個別者なのである。普遍と個別という伝統的な対比のもとで個物を特徴づけるならば、まずはおそらく以上のようなものになる[2]。

具体性の一つの意味は時空間への位置づけをもつことである。具体性ゆえに、個物は延長し、形をもち、部分をもつことができるようになる。この特徴はまた、同一性概念と組み合わさって個物全般に対して制約をもたらすだろう。すなわち、同一の個物の全体は同じ時間に異なる空間領域を占めることができないといった制約である[3]。たとえば$3+2i$も、ガウス平面上に位置づけられるではないかと言われるかもしれない。たしかに数の$3+2i$は、個別者ではあるかもしれないが、具体的とは言いがたく、むしろきわめて抽象的であるように思われる。ポイントは、具体者が、われわれが存在するような領域にわれわれとともに位置づけられるという点であろう。「時空間」とはそのような領域のことを意味する。ガウス平面はこの世界の構成やその理解において重要な役割を果たすかもしれない。だがわれわれがその上に位置づけられることはない。

物質性とは、その材質を問えることだと言えるだろう。つまり個物は、当該の形の領域を埋める質料という観点から見ることができるのである。質料の概念をより根本的な別の何かでもって特徴づけることは難しい。おそらく本質的な部分は未定義のまま残るであろう。しかし、特定の領域に充填された質料のおかげで、個物は、質量をもち、慣性の法則に従い、程度に応じた透過不可能性を有し、さらには、因果性（相互作用）の関係項の本質的な構成要素となりうると考えられるのである。

以上の特徴づけは概略的なものであるが、それでも、いくつかのタイプの「もの」について、それが個物であるかどうかに関する疑問が生じるであろう。とはいえ、ここで光子やニュートリノを話題にしたいわけではない。たとえばかりにそれらに質量がなかったとしても（実際のところニュートリノには多少あるそうだが）他の物質と何らかの相互作用をするかぎりにおいて、それらをある意味物質と見なすことはできる。つまりわれわれはそれらのものが逆にどのような点で「変わっている」かを語ることができる。以上は、現実世界をどう正しく記述するかという課題の一部であり、その課題の主要な部分は経験的である。右に示した個物の規定はそうした課題に柔軟に関与しうるだろう。同様に、微視的なレベルや巨視的なレベルにおいては、常識からかけ離れた位置づけ概念や空間概念が必要になるかもしれない。だがそうしたこともまた、われわれの存在する時空間が、実際には、中間サイズで通用する常識によって捉えきれない特徴をもつということを示しているにすぎない。実際にどうなっているかは経験的な事柄であり、前段落の特徴づけはそれに対して中立的である。

しかし、個物とは何かをめぐる経験的というよりは概念的な問題が、形而上学者が個物の境界事例と見なしてきたカテゴリーによって、提起されうるだろう。穴や影、境界などが、そうした周縁的な存在者候補——加地大介によれば「ものもどき」——のカテゴリーに属している。もちろん、そこには雑多なものが含まれる。直観的にも、穴は存在というよりはむしろ存在の欠如であるがゆえに周縁的であるのに対し、影はその存在があまりに表面的であるゆえに周縁的であるように思われる。それらはすべて、より明確な何らかの存在者に対して「依存的」なのだと言われるかもしれないが、その言い方は、すでに特定の理論による分析を前提にしている。結論を急ぐことはないだろう。とにかく、それらものもどきたちは、個物の概念の境界付近から形而上学の理論に対して問題を投げかける。この章では、形而上学的議論の一例の紹介を兼ねて、境界事例が投げかけるいくつかの問題を検討してみたい。主として話題に上らせるのは穴である。

2　穴の問題

あなたは苦労して庭に穴を掘った。長径が一メートル半程度の楕円の穴で、深さはそれほどない。内壁に加工を施して水を張り、金魚を入れようと思っている。大きくなりすぎて水槽では飼えなくなった金魚をである。ここまでは平凡な光景の記述である。質問に答えることもたやすい。たとえば、一日がかりであなたは何を作ったのか。穴である。いくつ作ったのか。一つ。どこに作ったのか。自分の家の庭に。どんな穴か。楕円形の浅めの……。この循環ポンプはどこに置くつもりか。穴の左の部分のこのあたりに。

いまのやりとりの文法を素直に受けとるならば、穴は十分に個別的である。通常の個物にあてはまるさまざまな述語があてはまる。形状や大きさだけでなく、あなたの所有物であることや、この一年以内に作られたものであることといった属性などをも、その穴は（たとえばあなたの自転車などと同等の資格で）もっているように見える。また、穴は分類可能である。あなたが作ったのは窪みであり、底がある。どこかに通じるトンネルではない。土中に隠された落とし穴のような空洞でもない(4)。ちょうど一匹の節足動物が鋏角類や甲殻類や昆虫類等のどれかに分類できたりすることと、これは変わらないように思える。そして、穴は時空間にすくなくとも個物並みに明確に位置づけられると考えられる。すなわち穴は具体的である。穴のたとえば左半分を話題にすることもできるだろう。穴が一般にもつ個別性と具体性を考慮すれば、特定の穴を数えることには何の困難も感じられない。自分の家の庭に深さ三〇センチ以上の窪みが正確に三つあるといった主張をすることはとうぜん可能であり、その主張に前章の［14］のような形式を与えることも自然であると思われる。

問題は、穴が圧倒的に物質性を欠いているように見える点である。特定の領域における質料の欠如こそが穴の本質ではないのだろうか。物質性という観点からすれば、穴はむしろ、存在というよりは不在であると思われる。

この問題に対して思いつく答えの一つをまず退けておこう。それは、穴の場所を占める物体を穴そのものと同一視する考え方である。穴を掘った直後そこは空気で満たされていたはずだ。満たしているその空気こそが穴にほかならないというわけである。そのように考えたとき、穴は特別視されず通常の個物として扱われている。非物質的な具体的個別者を認めたくない唯物論者（物質主義者）はこの方針に満足であろう。しかしながら、この理論のもとでは、穴はあまりにも急激に材質を入れ代えるように思われる。あなたが穴に水を張ったとしよう。そのときその穴は、いきなり水分子で構成されるようになり、急に数百キロの重さになったのだろうか。私にはこの状況は「より密度の高い物質が穴に入れられた」と記述するほうがはるかに自然に感じられる。つまり穴とその内容物は分けて語りたいという強い感覚がある。また、ドーナツを容器に入れ、その容器から空気を抜いていったとき、穴は徐々に希薄になり、ついには消滅してしまうのだろうか。やはりそうではなく、常識的には、穴が同じ材質で継ぎ目なく埋められることこそが「消滅」だと言いたいだろう。

一方に、理論があり、維持したいその前提（たとえば唯物論）がある。他方に、「穴」についての日常的な語り方、あるいは常識形而上学がある。課題は両者の関係の調整である。前段落の場合は両者のあいだの齟齬が大きい。齟齬は前々段落に示唆した穴の存在論的特異性に由来している。その特異性は前理論的に把握されるものであろう。とはいえ、穴に対するわれわれの常識的理解に問題があると決まったわけではない。齟齬の原因は特異性を認めない理論の頑さにあるかもしれないからだ。われわれの常識のおそらくどの部分にも変動はありうる。しかし常識には惰性があり、そのどの部分もわれわれの生活に根付いている。常識の改訂は容易ではない。隔たりの大きさを考えると、前段落の理論にとっては、むしろ日常的な「穴」の語の廃止を迫るのが近道となるという話である。

しかし他方で、唯物論者は、より衝突の少ない別の理論を探ることもできるはずだ。常識と理論とのあいだにそれほど齟齬がない場合であれば、たとえば常識的な語り方のある部分を再解釈することによって、隔たりを埋めることができるだろう。逆に、理論の側で定義を複雑にするなどして、常識との接触面を増やすこともできるだろう。いずれにせよそれらの調整作業は主として概念《コンセプチュアル》的なものになる。「穴」に対する新たな実験や観測が決め手となることはない（そこがニュートリノのケースと異なる）。だが一方で常識は、われわれの経験や実践とすでに結びついており、他方で理論は、たとえ形而上学的な理論であっても、他の経験的な理論と連動しうるものだったり、あるいはすくなくとも共存しうるものであったりしなければならないはずである。そこで綱引きが生じる。

3　穴をめぐる諸説

穴をその中に入っている物と同一視する学説は、前者を後者へと存在論的に還元する学説である。そしてそれは日常の言語感覚に対して克服しがたい負担を強いるように思われる。では、穴の存在についての他の説明はないのだろうか。もちろんある。

加地大介は著書『穴と境界――存在論的探究』において、そのタイトルどおり、穴と境界について集中的に論じている(5)。そのような絞られたテーマで書かれた日本語の専門的な哲学書というのはまだ少なく、同書は本章にとっても格好のテキストになる。打ちあければ、加地の『穴と境界』があったから、この章のテーマを穴にしたのである。さて、そこで加地は、私の数えちがいでなければ、穴に関する六つの学説を検討している。すなわち「穴周り説」、「サイト説」、「否定的部分説」、「欠如体説」、「依存的非物質体説」、「依存的形相体説」の六つである。そして最後のものが加地自身の考えである。

「穴周り説」は、デイヴィド・ルイスとステファニー・ルイスの古典的な論文に登場する立場である。(6)この立場では、穴は穴の内壁（hole-lining）と同一視される。ところで、本書では「穴周り」ではなく「内壁」の訳語をあてようと思う。それは内側から眺めるニュアンスを活かしたいのと比較的耳慣れた言葉を使いたいからであるが、基本的には好みの問題である。ルイスたちの説も以降では「内壁説」と呼ぶ。内壁説にも語感上の自然さがある点を指摘しておきたい。たとえば「穴を補強する」と言うときわれわれは内壁の補強を意味する。庭に掘った穴に防水加工を施したとき何をしたかを思い出してほしい。とはいえ他方、穴について、それが「チーズからできている」、「粘土でできている」、「大理石製だ」などと述べるのは不自然に感じられるだろう。ところがもし内壁こそが穴であるとするなら、理論的にはそれらの述語を穴に適用せざるをえない。また、日常的には「穴は内壁に囲まれている」と言ってよいと思うが、この説のもとでそれは、穴が自らに囲まれていることを意味してしまう。常識的な「囲まれている」の語はそのようなことを許さないので、理論の辞書には、穴のみにあてはまる（同一性を表す）「囲まれている」の語を追加しなければならなくなる。(7)内壁説と日常言語の語り方とのあいだにはやはりいくらかの乖離がある。ただし、前節で退けた内容物との同一説ほどの隔たりはないと思う。もちろん、内壁説も唯物論的な学説である。そして「サイト説」もまた同様に唯物論的指向をもつと言える。サイト説において、穴は、内容物と穴を形づける（物質的な）境界との複合体と見なされる。(8)サイト説は、前節で退けた考え方ほど素朴ではないものの、共通する不自然さを抱えることになる。

右の段落の諸学説が直面する常識との齟齬は、加地によれば、物理主義に特有の強引な還元によって主としてもたらされたものである(9)。それらのアプローチに偏りがあるとすれば、それは、穴に関する語りを従来の唯物論の構図にとにかく収めようとしているところであろう。もちろん、別の道として、唯物論に見られるような画一性を諦め、穴の存在論的特異性をそのまま受けいれる理論があってもよいはずだ。

加地があげている残りの説、すなわち「否定的部分説」、「欠如体説」、「依存的非物質体説」、そして彼自身の「依存的形相体説」は、いずれも、欠如や不在という穴の特異な本性を尊重する。それゆえ、それらの学説が、「穴」をめぐる日常言語の特徴的な言い回しを直接説明するように見えるのは、ある意味当然である。たとえば「ぽっかりと空いた」、「虚ろな」といった修飾句も、穴とされるものに対し、特段の再解釈なしに適用可能となるにちがいない。いずれにせよそうした説明課題をそれらの説はうまくこなすとしよう。加地はそこで、諸学説に対して新たな課題を出す。「穴は回転するか」と「穴は移動するか」という二つの問いである。穴に関してはさまざまな存在論的議論がありうるが、本章では、その重要な例として、もっぱらそれら二つの問いに絞って検討することにしたい。

穴が回転するかどうかについて、われわれが前理論的な直観をろくにもっていない点をまず確認したい。穴を塞げ、穴を広げろ、穴が崩れないよう補強せよ……こうした命令において何をしろと言われているのかは明白である。だが、穴を回せと言われたとき、いったい何をすればよいのだろうか。ドーナツそのものを回せばよいのだろうか。穴の中に小さな竜巻を発生させればよいのだろうか。あるいは「無理です」が正解だろうか。「じつはすでに回っているのだ」という答えさえ可能かもしれない[10]。

この種の問いにはどう答えればよいのか。言葉遊びのように一瞬感じられるかもしれないがそうではない。さまざまな側面で配慮すべき諸要素がある。第一に、あたりまえであるが、自らが維持したい理論の整合性は重要である。答えは自分の理論にとってつじつまの合うものでなければならない。第二に、他の、より一般的な哲学や論理学の体系の標準的な部分と衝突しないことが望ましい。科学の知見と明白に衝突することも避けなければならない。配慮すべき第三の要素は、広い文脈での常識的見解との兼ね合いである。たとえば、穴が移動するかどうかについては、「移動」の意味の詳細はどうあれ、多くの人が肯定的に答えたいだろう。ドーナツを片手に家を出れば穴もいっしょについてくるとみんな思うはずだ。ところがもしその一方で、穴の回転に対して否定的な答えを与えたならば、穴について「移動はしても回転はしない」という本性を認めたことになる。そうなるときっといくらかの事情説明を求められるにちがいない。というのも、移動と回転の上には両者を直接的に包摂するカテゴリーがあると感じられるため、その片方のみを許すというのはそれなりに意外な結論だからである。つまり、一つの答え単独では前理論的になんとも言いがたい場合であっても、他の問いに対する答えとの組み合わせを考慮することで、理論の自然さが評価可能になるかもしれないのである。

さて、穴の回転と移動について、先述の六つの立場はそれぞれどのように答えるだろうか。加地の解釈と考察をまとめると表2-1のようになる（穴の「ホスト」とはその穴が空いている物体のことである）。

	穴は回転するか？	穴は移動するか？
内壁説 （D・ルイス＆S・ルイス）	する （内壁だからホストが回れば）	する （内壁だからホストが動けば）
サイト説 （グレノン＆スミス）	する （内容物と境界が回れば）	する （内容物と境界が動けば）
否定的部分説 （D・ホフマン＆リチャーズ）	する （……とすべき？）	する （ホストの一部なのだから）
欠如体説（J・ホフマン＆ローゼンクランツ）	しない （無であるがゆえに）	する （穴の真部分は動かないけれど）
依存的非物質体説 （カサティ＆ヴァルツィ）	しない （ホストの回転は影響せず）	する （……ほんとうにできる？）
依存的形相体説 （加地）	しない （穴の真部分の通時的同一性が問えないので）	する （境界が穴全体の通時的同一性を与えるため）

表 2-1

内壁説をはじめとする唯物論的な学説の答えは、どちらの問いに対しても明確に肯定的である。それは当然で、彼らは、自分たちが穴と見なす物体のふるまいを答えているだけなのだから。問題はそれをわれわれが、穴の回転や移動と見なせるかどうかである。たとえば、第2節で取りあげた考え方のもとでは、池の水全体が渦を巻いて回っているとき穴としての池も「回っている」ことになってしまう。それはさすがに違うだろうと言いたくはないだろうか。[11] それに対し、後ろの三つ立場は、「穴は移動はしても回転はしない」と公式に答えているか、または、答えうると解釈できるものである。前段落の論点をふまえれば、それらへの自然な反応は次のようなものになるだろう。——穴が移動するのは当然だ。穴が回転しないと言うのならそれもよい。だがその「移動するけれど回転しない」という全体の主張はどういう事情によるのか。ちょっと説明してほしい。

ジョシュア・ホフマンとゲイリー・ローゼンクランツの「欠如体説」は、穴という存在の特異性や奇妙さを消去せずむしろ説明しようとする。ホフマンとローゼンクランツによれば、穴は、「欠如体(privation)」と呼ぶべきカテゴリーの下位に属する。「欠如体」は「実体(substance)」とは別のカテゴリーである(彼らの言う「実体」のうちの「物質的対象」が、ちょうど標準的な「個物」として私が括り出そうとしているものに相当する)。欠如体のカテゴリーは、実体のカテゴリーと異なり、依存的である。なぜかというとどの欠如体も、その本性上、欠如体のカテゴリーに属さないものを部分にもつからである。穴の場合、そうした非欠如体的部分とは「場所(place)」のカテゴリーに属するものである。以上の結論を、ホフマンとローゼンクランツは、慎重に検討された「カテゴリーの独立性」に関する定義や「欠如体」の定義から導き出している。[12] ただ、それを次のようにより直観的に述べることもできるだろう。すなわち、物質的な実体のある部分を取り除くと、そこに欠落が生じる。欠落全体は「穴」と呼ばれ、それは具体者のようにふるまう(位置づけができ、形をもち、数えられ……)。ところが奇妙なことに、穴のとくに中央付近(実体との境界から離れたところ)には何もない。そこが何であるかと問われれば、そこはただの空っぽの「空間」や「場所」だとしか答えようがないのだ。

穴の移動についてホフマンとローゼンクランツは(当然のように)可能だと考えている。[13] ただし彼らは、穴が構成部分を頻繁に入れ換える形でしか「移動」しえないことを認める。理由は単純であり、穴を構成する場所は、そもそも移動することが不可能なカテゴリーの存在者だからである。穴全体が別の場所へと動くには新たな場所がその穴を構成するようになる必要があるというわけだ。そして同じ理由で

（とくに真円の）穴の回転は不可能だと結論づけられるであろう。[14] 移動するけれども回転はしない。これが穴に対する欠如体説の答えである。ただ、その「移動」の仕方が独特である。一つの実体であるならば、その全体が動くときすべての部分もいっしょに動くことができる。何かが動くとはそういうことだとさえ言われるかもしれない。しかし穴にはそれができない。ホフマンらは、それができないことがむしろ、欠如体のカテゴリーに属する穴の奇妙な一側面を表していると述べる。[15]

加地は、移動できるが回転できないという穴の特徴を、すくなくとも説明の必要な「不思議かつ不気味」なものと考える。そして、場所の固定性を用いた欠如体説的な説明を「不自然」で、開き直りに近いものと評している。[16] とはいえ加地自身もまた、表２－１にあるように、穴の移動可能性を認めつつ回転可能性を認めない立場をとる。ただし理由づけが異なっている。加地は、穴を構成する場所の固定性を持ち出す代わりに、穴を構成する諸部分の通時的同一性の主張不可能性を、説明の基本に据える。加地の「依存的形相体説」によれば、穴は、完全に「非質料的」な対象である。場所なるものを部分としてもつわけでも、空間なるものを素材として構成されるわけでもない。それゆえ、ある時点の穴のどの部分が次の時点のどの部分に相当するのかを論じることに意味はない。これでは「回転する」と言うことに意味が与えられないというわけである。

他方、依存的形相体説のもとで、穴全体の通時的同一性を語ることはできる。穴全体の通時的同一性は、穴とホストの境界の持続性（とくにその形状の連続性）によって与えられる。境界はホストである物体の表面にほかならない。それはホストの側に属し、穴にとっては外的である。穴にとっては外的な境界が同一性を保ちつつ空間を移動すれば、境界によって通時的同一性を与えられる穴の全体もまた、移動することになるのである。[17]

加地の理論は多くの点でロベルト・カサティとアキーレ・ヴァルツィの「依存的非物質体説」の精神を継承している。たとえばどちらの立場も穴のもつ「充填可能性」という特徴を重視する。充填可能性の概念は、客観的にどこまでを「穴」とするかといった定義の問題に対しても、明確な解答を提案するだろう。さらに、カサティとヴァルツィ、加地は、充填可能性を穴のある種の能力または傾向性と見なす。[18] カサティとヴァルツィは、その傾向性を担わせるために非物質的な素材としての空間を要請した。それに対し加地は、そのようなものはいっさい必要ないと考える。素材としての空間という観念こそが、加地によれば、カサティらの説に欠如体説と同様かそれ以上の困難と不自然さをもたらすものである。[19]

4　アキレス草とアキレス移動

この節では、前節で見た議論に共通するある前提を反省的に検討しようと思う。その前提とは、部分が固定されているにもかかわらず全体が移動するという事態をとにかく不自然なものと見なす観点のことである。以下で私は、そのような事態が一見思われるほど奇妙でも不自然でもないことを示すつもりである。またその事態が、穴の存在論的特異性から直接的にもたらされるものでないことも明らかにしたい。それらの反省は、移動できても回転できないという穴の特徴に対して、新しい適切な観点を与え

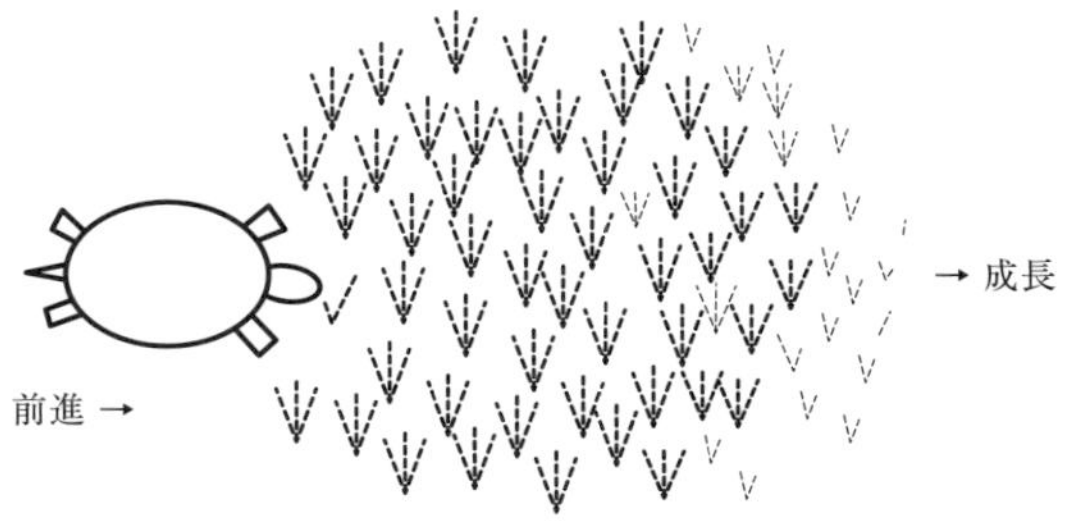

図2-1

てくれるだろう。先回りして言えば、問題はむしろ、穴の非実体性ではなく、「移動」の概念の多様性なのである。

ピーター・フォレストは、「運動は位置変化か」と題された短い論文のなかで、運動と位置変化の違いについて注意を促している[20]。物体の運動がその物体の位置変化を含意しないことはすぐに気づくだろう。完全な球の回転運動（自転）は球そのものの位置変化を伴わない。さらにフォレストは逆方向の含意に対する反例も考えている。つまり、位置変化は運動していることの十分条件にならないというわけである。

図2-1のような、亀に食べられつつある一つの草の茂みを想像してほしい。フォレストはその草を「アキレス草（Achilles-weed）」と呼んでいる。アキレス草は驚くほど急速に地面を這うように成長する。亀がそれを一方の端からゆっくりと食べていく。もう一方の端ではそのアキレス草が、亀に食べられるのと同じ速度で成長していく。けっきょく亀がアキレス草の茂みを庭中追いかけまわしているように見える。だが厳密には——とフォレストは結論するのだが——その茂みは運動していない。成長し、食べられているだけであり、それによって位置を変化させているだけである。アキレス草の「移動」は運動が満たす多くの条件を満たさない。たとえばアキレス草の茂みは文字通り突然止まることができる。突然動き出すこと

もできる。アキレス草の茂み全体の質量と移動速度をかけても意味のある物理量は得られないだろう……等々。そのような動きは典型的な運動と区別したほうがよさそうである。[21] そこで以下では、アキレス草のような仕方で何かが動くことを「アキレス移動」と呼ぶことにしよう。一方、放物線を描いて飛んでいく打球の動きのようなものは、従来どおり「運動」と呼ぼう。アキレス移動とは、ようするに、運動を伴わない純粋な位置変化のことである。この移動概念は哲学者がでっちあげた奇妙な概念ではない。都市や感染区域はまさにこの仕方で移動しうるだろう。電光掲示板を流れる文字もそうである。また、微妙な点はあるものの、一つ一つの波もアキレス移動をしていると考えられる。[22]

注目すべきは、アキレス移動をする物体が、位置変化しない（つまり静止した）部分をもつことである。アキレス草を構成する特定の一枚の葉は、茎と根によって大地に固定されている。アキレス移動は移動体の部分の固定を許容するのである。欠如体説による穴の移動の説明と同型的なものをここに見いだすのは容易であろう。ようするに欠如体説の穴はアキレス移動をしていたのである。[23] あのような移動の仕方は穴に特有のものではない。ホフマンとローゼンクランツの示唆に反して、それは穴の非実体性や存在論的特異性からの直接的な帰結ではないということである。

アキレス移動のもう一つの重要な特徴は、アキレス移動をする対象がアキレス移動をする部分をもつことである。アキレス草の茂みの（進行方向に従った）左半分を考えられたい。その部分もまた茂み全体とともにアキレス移動をしている。穴についても同様である。アキレス移動する穴の左半分もアキレス移動していることになる。つまり、たとえ場所から構成されているとしても、穴の全体が移動したとき、そのすべての真部分が固定されるわけではないのである[24]。

ホフマンらの定義では穴の左半分もまた欠如体である[25]。それゆえ穴の左半分も移動しうるだろう。加地の依存的形相体説のもとではどうだろうか。穴の左半分は、やはり外的な境界をもつ一種の穴（窪み）であり、その境界が同一性を維持するかぎり通時的に同一である。まったく同形の窪みが穴の右半分にもあるが、その境界は左半分を境界づける物体表面とは別の表面であり、二つの窪みが存在論的に紛れることはない。

以上の私の考えが正しければ、それらは加地自身の理論の記述に修正を迫ることになると思われる。比較的マイナーな論点は、（加地の公式の主張に反して）穴の真部分のなかにも通時的同一性を主張できるものがあるという点である。それはもちろん穴の左半分などで、その通時的同一性は、前段落で見たように、ほかならぬ依存的形相体説によって保証される。他方、加地は、通時的同一性を主張できるものが穴の全体のみであるかのように述べているが[26]、それは言いなおす必要があるだろう。正確には、穴には通時的同一性をもたない真部分があると言うべきである。

加地に対するもう一つのおそらくより重要な指摘は、穴の左半分と右半分を考えることによって依存的形相体説のもとでも穴の「回転」に意味を与えられるのではないかというものである。ホストであるドーナツが回転しているとしよう。回転開始時に穴の左半分を境界づけていたドーナツの表面は、ドーナツの回転とともに円運動をする。さらに、穴の通時的同一性が境界の通時的同一性によって与えられるのなら、それにつれて、穴の左半分であったところの窪みも円を描いて回るはずである。穴の右半分についても同様である。してみれば、ドーナツのホストが回転しているとき、その穴の左半分と右半分は、周期的に互いの位置を入れ換えながら円を描いて移動していることになる。これはまさに、自転中の球や円盤等で起こっていることである。それどころか、回転運動を回転する対象の部分の位置変化によって定義しようとしたときの一般的な定義項の記述に、その動きはぴったりあてはまるだろう[27]。つまり、そのような穴の部分の位置変化は、穴の全体が「回転している」と結論づけるには十分であるように思われる。依存的形相体説のもとで穴が回るとするのならそれはそれでかまわないのだが、その結論は加地の記述と矛盾する[28]。

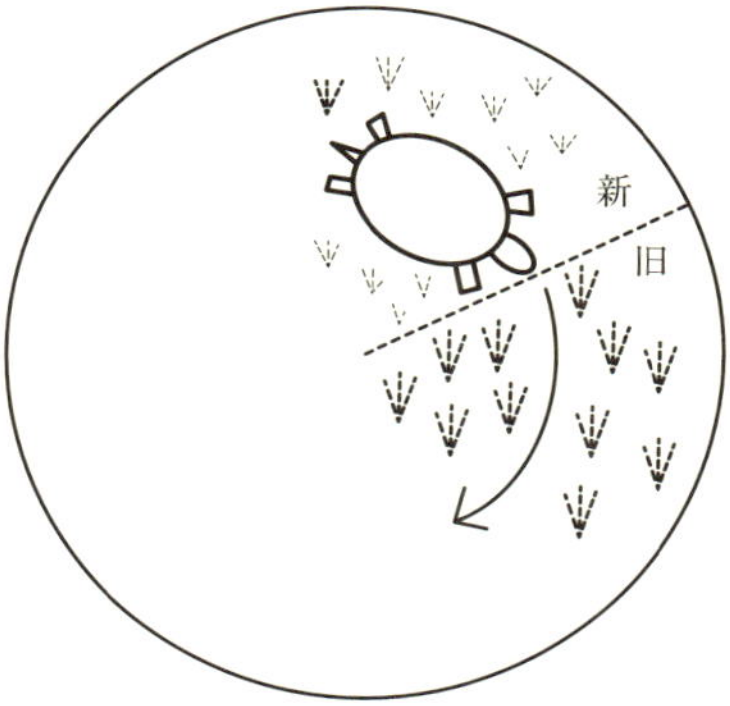

図 2-2

ところでアキレス草の茂みは回転できるだろうか。植木鉢に植えられているならば植木鉢ごと持ち上げて回せばよい。そのときアキレス草は回転運動をするだろう。ほかに、「回転」の仕方はないだろうか。円形のアキレス草の茂みを想像してほしい。そのアキレス草を亀が図２－２のように時計回りに食べていくとしよう。アキレス草の成長は速く、食べている亀のすぐ下で新芽が出はじめる。すると茂みは円形を保ちつつ、新旧の境目だけが時計回りに回っていくことになる。それはつまり、円形の茂みにおいて、アキレス草の比較的新しい部分と古い部分とが、円を描いて互いの位置を入れ換えつつ移動するということである。それらの部分の移動はもちろんアキレス移動である。アキレス草のどの茎も根も地面に固定されている。しかしそのとき、アキレス草の茂み全体はある意味「回転」していると言ってよいのではないか。そのような回転を「アキレス回転」と呼ぶことにしよう。アキレス回転は回転運動ではない。茂みの中に立ってもアキレス回転の渦に足を取られたりはしない。アキレス回転による角運動量を云々することもできない。

穴はアキレス回転をするだろうか。できない、という答え方が可能であると思う。それは穴の諸部分が内在的に区別されえないからである。穴が空間という素材からできているにしても、それらを、アキレス草に対して行なうような——ここは黄緑色の柔らかい葉、ここは深緑色の硬い葉といった——仕方で区別することはできない[29]。穴の構成部分のこの内在的な区別不可能性が、加地が指摘するところの部分の通時的同一性の主張不可能性を帰結するものである。これゆえに、穴はアキレス回転すらできないのだ。穴の存在論的特異性はこの点にこそ表れる[30]。

ここで、アキレス移動をする対象はあまりにも頻繁にその構成部分を入れ換えるので、その対象の通時的同一性自体を一般に疑う人が出てくるかもしれない。そして、それゆえ、何か一つのものの移動の説明にアキレス移動の概念はそもそも適していないという批判を行なうかもしれない。さらに、そのためやはり穴の移動の説明に関しては、ホストに属する境界の通時的同一性に頼る必要があると主張されるかもしれない。しかしながら、穴の境界自体がアキレス移動をするような穴の「移動」も考えられるため、アキレス移動の概念に対するこの形の批判によって、依存的形相体説が有利になることはない[31]。

5 消去主義

ここまでの私は、アキレス草を持ち出すなどして、どちらかといえば欠如体説を擁護しているように映ったかもしれない。だが実際のところ、自分が最も好ましいと思う説について私はまだ何も述べていない。この最後の節では自説をすこし語ろうと思う。

私は唯物論者である。しかも、この世界に必要以上に存在者が増えることを好まない心の狭い人間である。とりわけ挙動不審な対象と、空間を共にすることはできるだけ避けたい(32)。幽霊がじつは知人の変装だったという展開は安心させられるものである。穴をおなじみの物体たとえば内壁や内容物に還元する学説も、それと同様の効果をもっている。しかし、すでに見たように、それらのアプローチには多かれ少なかれわれわれの日常の言語実践に無理を強いる側面がある。私が好むのは、そうした同一性による還元を用いたアプローチではない。私は穴を消去しようと考えている。消去は唯物論者がとりうるもう一つのアプローチである。

穴の存在に言及しているとされる文を、そうではない論理形式の式へとパラフレーズする案は、じつは前述のルイスらの古典的論文で最初に検討されていた案である。すなわち、

[27] そのチーズには穴がある。

といった日常表現を、チーズの穴に対する量化と見なすのではなく、

[28] 穿たれている(そのチーズ)

のように、特定のチーズ（チーズ片は通常の個物である）についての述定と見なすやり方である。つまり、穴という存在者について語っているのではなく、チーズの形について語っていると考えるのである。[33]

彼らの論文に登場する唯物論者はすぐに反論され、この方針を撤回する。そうして内壁説を持ち出すわけである。反論は言語の習得可能性に関係している。穴は、たくさん空いていたり、何かと同じ数だけ空いていたり、一つ空いていたり、二つ空いていたり、三つ空いていたり……する。それら無数の事態のために一つ一つ異なる述語を習得しなければならないというのはまったく現実的でない。それはわれわれの言語ではない（現代では理想的な言語も人間の言語であるべきなのだ）。しかしたとえば「そのチーズには正確に六つの穴がある」を

[29] 六つ穿ちされている(そのチーズ)

とパラフレーズするならば、そこで用いられている述語は、「五つ穿ちされている(…)」とも「七つ穿

ちぎれている(…)」とも異なる原始述語である。とすればわれわれは、無限に異なりうる状況のために、無限個の述語を用意しなければならなくなる。そうした反論である。

ルイスらは、言語の習得可能性要件に関するデイヴィドソンの議論を引き合いに出している。(34) だが、穴の問題に関して直面するのは、日常的に一つと見なされる述語に対して、項の役割や項の数の違いに応じて無限個の述語を割り当てなければならないといった難題ではない。われわれは、抽象的対象としての数を認め、そのための座をもつ二項述語を用いることにより、前段落の諸ケースに統一的に対処できる。その場合、たとえばチーズに六つの穴があることは、［29］ではなく、

［30］穿たれている(そのチーズ,6)

と表現される。「n」が数の上を走る変項であり、穴は数と具体的対象とのあいだの特定の関係として理解されることになるのである。

ルイスたちの論文の筋書きは自然なものである。論文に登場する唯物論者は具体主義者でもあるから だ。件の唯物論者は数という抽象的な対象に頼ることができない。だが私には、ある時期以降のクワインとともに、(35) 妥協をして数のような抽象的対象を認める道がある。それらの対象はここでも不可欠だということかもしれない。もちろんあきらかに、［30］にある述語だけで穴のすべてを表現することはできない。さまざまな穴の形態に対処するため、より洗練された幾何学の概念に基づく複数の述語を準備

する必要がある。[36] また、[30] が、問題のチーズの形のごく一部を特定するものでしかないことも明らかであろう。

一般に、物の形を特定するというのはどのような営みだろうか。プレッツェルの穴が三つであることを確認するとき、[37] われわれは存在者の数を数えているのでないとすれば、何をしているのだろうか。それは、目の前にある小麦粉を焼いた物体を、特定の幾何学的対象と対応づけているのである。たとえば、穴の数が3であるような幾何学的特徴をもつ抽象的対象と対応づけているのである。

穴と違う例で述べよう。目の前に菱形三十面体の白いサイコロが一つあると考えてほしい。それは個物であり、特定の空間領域を占めている。材質はアクリル樹脂だろうか。そのサイコロには三十の面がある。頂点も同じくらいの数あるように見える。とすると辺の数はざっと六十だろう。対角線はもっと多いはずだ。面や頂点、辺、対角線……これらは何であろうか。面は、物体表面の一部であり境界となりうるものだから、加地ならば穴とともに「ものもどき」にカテゴライズするかもしれない。しかし、対角線（物体の内部を通る対角線）とは何ものだろうか。目の前には、アクリル樹脂製のサイコロのほかに、三十枚の面や数百本の対角線が存在するのだろうか。それぞれの対角線の中点はどうだろうか。対角線を三分の一に分割する点は……。存在者の候補たちがいっせいに手を上げはじめているこの光景は、私には、馬鹿げたものに映る。

状況はサイコロに無数の真部分があるというのとは異なる。サイコロの（切り離されていない）真部分は、もし在るとすればそこに在り、たとえばサイコロの体積や重さにそれぞれが具体的に寄与している。

対角線は、重要な意味において、そうした真部分ではない。それらは、非常に細いのではなく、ほんとうに太さをもたないのである。

おなじみの議論をここで展開することもできる。目の前のサイコロは真に菱形三十面体なのではない。よく見るとサイコロの「面」はでこぼこである。「面」どうしはむしろ連続的につながっており、「辺」は太さをもつ。「頂点」はちっとも尖っていない。以上のことを確認するのに、電子顕微鏡どころか、虫眼鏡すら必要ないだろう。ようするに菱形三十面体など現実のどこにもないのだ。

とうぜん、対角線についても同じことが言える。対角線は厳密には目の前のサイコロの中にない。われわれがサイコロの対角線と便宜上見なしているものは、正確には、そのサイコロに対応づけられた菱形三十面体という抽象的対象の特徴に属する何かなのである。実際、対角線を数えるために、目の前のサイコロを割り、目を凝らして線を探す人などいない。むしろ、「このサイコロの内部を通る対角線の数は？」と聞かれたとき、われわれはそのサイコロではなく、菱形三十面体一般について考えるはずだ。たとえば――頂点から他の頂点に引ける線の数を考えればいいのだな。基本的には掛け算でいけそうだ。頂点は三十二ある。というのも、菱形三十面体は、正十二面体の各面に五角錐を乗せた形であるとも、正二十面体の各面に三角錐を乗せた形であるとも取れるのだから。それらの錐のてっぺんが菱形三十面体の頂点である。各頂点から他の三十一の頂点へと線が引ける。なので頂点を結ぶ線の数は、三十一を三十二倍した数の半分だろう。あとはここから表面に出てきている線を除けばよい。まず辺を除外しよう。面が三十、頂点が三十二だから辺は六十だ。面の対角線も除かなければ。三十の菱形はそれぞれ二本の対角線をもつ。だからこれも六十だな……等々。

意識の流れの記述がどれだけ説得的かは定かでないが、右のように対角線について考えているあいだ、アクリル樹脂のいびつな塊のことはほとんど意識に上らなかったはずである。とはいえ、対角線の数を答えたとき、意識に上ったかもしれないメンタルイメージの性質を報告したわけでもない。計算するにあたってはたしかに心の中のイメージのようなものを利用したかもしれない。だが菱形三十面体は、ある重要な意味において、人々の心の中にはない。私のもつ菱形三十面体のイメージは、あなたのもつ菱形三十面体のイメージと異なりうるであろう。そしてそれらはあるときに現われあるときに消えるようなものである。しかし、私にとっての菱形三十面体は永遠にあなたにとっての菱形三十面体にほかならないのである。[38]

目を近づければプレッツェルも表面はでこぼこしている。そこには無数の小さな窪みがある。内部は気泡だらけだろう。だからこそあの食感なのである。もっと微視的に見るならばたくさんのトンネルさえ空いているにちがいない。にもかかわらず具体的な一つのプレッツェルを、何らかの適切な基準のもとで、抽象的な、種数3のハンドル体に対応づけることができる。あくまでその意味でわれわれは、あるプレッツェルについて「穴が三つある」と言えるのである。どのような対応づけが適切かは文脈に依存する。たとえば、ドーナツ形の活性炭にいくつの穴が空いているのかという問いにどう答えるべきかは、とうぜん文脈によって異なるだろう。

私の意見ではわれわれが住むこの具体的な世界に穴は存在しない。

注

（1）色であるというこの高階の（つまり性質がもちうる）性質を、色をもつという性質と区別されたい。後者は個物がもちうる性質である。

（2）以上の特徴づけは伝統的なものである（cf. アリストテレス『命題論』第7章）。もっとも、普遍と個物という伝統的な対立図式の外側で、個別的な性質を考える論者もいる。今日「トロープ」と呼ばれるカテゴリーの存在者を、性質帰属の説明に用いる人々である。述定する側に個別性を見てとるかのようなこのアイデアは、プラトンやアリストテレスにまで遡れると言われる（cf. Mertz[1996], chap.3）。いずれにしてもトロープは、ここで私が行なっている整理法からは逸脱した特徴をもつ。本書における「個別的」の用法とももちろん適合しない。またトロープを中心に考える論者は、述定の役割を担えないことをむしろ「具体的」と形容したりもする（Stout[1923], p. 114）。そして「抽象的」はその反対語として使われる。その意味でならトロープは「抽象的」である。本書の用法といろいろずれているが、それについては次章の第6節で扱う。

（3）対照的に、同一の個物の全体は異なる時間に同じ空間領域を占めることができると主張されるかもしれない。その主張は時間と空間に対するわれわれの常識的理解に沿ったものであろう。われわれは時間と空間を対比的に考える傾向にあるからである。だが、そのような主張ができるのは、個物をもっぱら空間的に延長した三次元的対象と考える場合のみである。もし、個物を時間的にも延長した四次元的対象と考えるなら、同一の個物の全体が同じ空間を異なる時間に占めることはできなくなるだろう。それができるのは、同一の個物の全体ではなく、同一の個物の異なる時間的諸部分である。

（4）窪み、トンネル、空洞という三つの大きな分類とさらにこまかな区別については、Casati & Varzi[1994], pp. 39-41と後続の箇所を見られたい。

（5）加地 [2008].
（6）Lewis & Lewis[1970].
（7）*Ibid.*, p. 208.
（8）加地 [2008], pp. 53-6.
（9）*Ibid.*, pp. 57-8. 還元主義が「穴」にまつわる日常的な語法とのずれの原因であるという加地の指摘は正しいと思う。だが、定義上の「悪循環」はそこには存在しないと私は考える。というのも、彼らはそもそも、穴の存在論的な還元をしようとしているのであって、定義をしようとしているわけではないからだ。例を変えて説明しよう。たとえば、物理的な語彙では定義できない心的語彙があったとする。その場合でも、そうした心的語彙によってはじめて特定されるようなクラスに属するすべての（心的）出来事を、とにかく何らかの物的出来事と存在論的に同一視することは可能である。前章に引いたデイヴィドソンの非法則論的一元論の話を思い出されたい。
（10）「あらゆる穴は自然な状態で回転している」と言い張る人が現われたとして、われわれはその人を論駁できるだろうか。その人物は、あらゆる天体の本来の状態が回転であるように、穴も自然な状態では回っていると考えるのである。穴の回転に関する一致した規準のなさゆえに、その主張に反論することは意外にも困難だろうと予想される。ロイ・ソレンセンは、影の回転の問題をめぐって、その真の困難が、影の回転の認識上の内在的な識別しづらさではなく、その形而上学的な識別不可能性にあることを強調している。「静止した球の影は回転しているのではなく静止している」という常識的な主張に意味を与えるための明確な規準が、見あたらないのである（Sorensen[2008], pp. 77-8）。もっとも、「あらゆる穴は回転している」と主張する人物に対して、われわれは反対に「穴は止まれるのか」と問うことができるだろう。概念的な問題はその人物にも共有されている。
（11）否定的部分説のもとでは、穴の回転や移動が言われるとしても、それは穴の素材である物質が運動するからではない。穴がより大きな物体の真部分であり、その物体全体が回転したり移動したりするからである。否定的部分説によれば、ドーナツの穴はドーナツの文字通り一部分である。ただしドーナツの周辺部分が物質的であるのに対し、中央の穴の部分は非物質的である。ドーナツは物質と非物質の複合体なのである。それゆえ否定的部分説は唯物論的な学説ではない。この学説の利点の一つは、「彼は建物の中にいる」といった日常表現を字義通りに解釈できるようになることである。すなわち建物の内部空間（穴）に位置することが、まさにその建物の中にいることになる。しかし他方で、否定的部分説によっては、いわゆる「二重ペーパーロール問題」の解決が困難になると思われる。あるいは、その困難に対処するため、穴が回転するという主張を撤回しなければならないかもしれない。（以上の論点の詳細は加地［2008］, pp. 58-66 を見られたい。）

(12) Hoffman & Rosenkrantz[1994], pp. 94ff, pp. 116ff. カテゴリーの体系については *ibid.*, chap. 1 を見られたい。

(13) *Ibid.*, p. 118, n. 39.

(14) もちろん回転の中心が円の中心からずれていない場合である。その場合、穴を構成する各部分（それぞれの場所）は、ホストや内容物の回転にかかわらず、全時間を通じて同一であることになる（ホスト自体は移動していないとして）。回転中心がずれていたり穴の形がいびつであったりする場合はそのかぎりではない。星形の穴を考えられたい。真円からはみ出した五つの部分は、構成諸部分を頻繁に入れ換えつつ、円を描いて「移動」しうると主張できるだろう（cf. Sayan[1996], p. 85）。それ全体を「回転」と呼ぶかどうかはまた別の話であるが。ちなみに、欠如体説が穴の回転を否定する理由に対する加地の解釈は、表2-1に示唆したようにこれとひょっとすると異なっているか、あるいは明示的には一つでないように見える（加地［2008］, p. 70, p. 74）。私の考えでは、構成部分である場所の移動不可能性によってその理由を説明することが、欠如体説にとって最も統一的で直接的であると思う。

(15) Hoffman & Rosenkrantz[1994], p. 118, n. 39.

(16) 加地［2008］, p. 92, pp. 71-2. もっとも、後続の箇所で加地は、この不自然さに基づかない欠如体説批判も展開している（*ibid.*, pp. 73-6）。

(17) *Ibid.*, pp. 85-99. 加地の定義によれば、「穴とは、物体の補空間のうち、その物体に外的に連結している充填可能な形状の部分に位置する、非質料的持続体である」（*ibid.*, p. 96）。

(18) 依存的非物質体説については、加地［2008］, pp. 76-85 または Casati & Varzi[1999], chap. 8 を参照。充填可能性については、それを標準的な、あるいはそもそも、傾向性と見なしてよいかに関して異論がありうるだろう。それに

ついては谷川 [2010] を見られたい。

(19) 加地 [2008], p. 86.

(20) Forrest[1984].

(21) 「運動」は物理学の概念を用いればより正確に定義できるかもしれない。ただしフォレストは、「運動」を、運動する物体の部分の「位置変化」によって再定義しようとしている。また、エルディンチ・サヤンは、フォレストの方針に対し、アキレス草の位置変化もまた「運動（motion）」と言うべきだと主張している（Sayan[1996], p. 76）。だが、サヤン自身の目的はともかく、フォレストから汲むべき重要な論点はむしろ、「移動」概念の多義性であると私は考える。

(22) 波の媒質は基本的にその場から移動しないからである。ただし、エネルギーの伝播でもある点が、アキレス移動のなかでは、波の山の移動を特異なものにするかもしれない。それは、一つの山を形成していく媒質の一連の動きが因果連鎖を構成するからであろう。

(23) 穴とアキレス草との類比はいみじくもサヤンが行なっている（Sayan[1996], sec. 3)。

(24) 「すべての真部分」という表現の多義性に注意されたい。その表現は、自然な解釈のもとで、あらゆる分割の仕方を想定して得られる諸部分と、それらの和が全体と一致するような諸部分とのいずれをも意味しうる。たとえば前章の図1‐3の上段に描かれた諸部分のうち、aとbとcだけで「すべての真部分」になると言うのであれば、語は後者の意味で使われている。a＋cとa＋bとb＋cもそれらに加えなければならないと言うのであれば、前者の意味で使われている。本文の「すべての真部分」はもちろん前者の意味である。

(25) Hoffman & Rosenkrantz[1994], p. 117.

(26) 加地 [2008], p. 90.

(27) Forrest[1984], p. 177 を参照。

(28) この段落の議論がホフマンらの欠如体説に対してどのような帰結をもつのかは明瞭ではない。というのも、穴の同一性が境界の同一性にどれほどどのように依存するかに関して、欠如体説は比較的自由であると思われるからだ。

(29) この段落の問いを私は最初あまりに単純に考えていた。そのことに気づかせてくれたのは鈴木生郎である(ただし彼が私の現行の答えに納得するどうかは分からない)。まず、穴のアキレス移動を、より詳細に見てみよう。穴が通過していくある小さな空間領域——「通過点」と呼ぼう——に注目してほしい。穴が通過する直前その領域は密度の高い物質で占められる。穴のホストがまず通るからである。穴が到達したとき、その領域の密度は急に低くなり、その状態がしばらく続く。そしてふたたび高い密度の物質が領域を占めるようになる。ホストの後ろの部分の通過である。穴が通過しているあいだ、問題の領域にアキレス移動を示唆する変化が何も起きないことは普通である。穴を満たす空気などの動きはアキレス移動といくらでも独立でありうる(これは穴の真部分が内在的に区別されないということの帰結である)。アキレス草の移動のケースにおいても、通過点に着目すれば、同様の、ただし高低のパターンの反転した密度変化が観察されよう。通過点における以上のような明確な変化のパターンは、アキレス移動の定義に含まれるのだろうか。アキレス移動の概念を導入するさいに、フォレストは成長し食べられる草に言及し(Forrest[1984], p. 177)、サヤンは媒質(素材)の活性化と不活性化について語っている(Sayan[1996], p. 76)。活性化と不活性化という観点は一般的であり、影や波、電光掲示板上の像などのアキレス移動にも適用できるだろう。そしてもしそれがアキレス移動一般にとって本質的な観点であるなら、アキレス回転についても同様に考えるべきである。だとすれば、構成素材がせいぜい空間そのものでしかない穴は、本文で述べたように、アキレス回転すらできないことになる。穴の内部に設定された「通過点」に、回転を示唆するような変化は何も起こらないからである(アキレス回転をするアキレス草の茂みの内部に設定された通過点で何が起こるかと比べてみてほしい)。また他方で、単に構成素材を次々と入れ換えることによって移動していく(かのように見なされる)領域について、「アキレス移動」の表現を使うことを私は避けたい気がする。猫のブルースの数歩あとに存在する猫型の領域(Lewis[1983a], p. 372〔邦訳書 p. 202〕)の位置変化は、やはりアキレス移動とは区別したいのである。同様に、円形の穴の扇形部分の所有権を回転させたとしても、それを穴の「アキレス回転」とは呼びたくない。

(30) 影の回転についても、類比的な議論が可能だろう(cf. Sayan[1996], p. 87; Sorensen[2008], pp. 90-2)。ただし、影には影の特有の存在論的問題があることもたしかである。たとえば、影には内在的な濃淡がありうるように思われることが、影の回転に対する結論を左右するかもしれない。また、本書では詳しく論じられない別の論点をここであげてよいなら、たとえばあきらかに一つの影は、非連続的な空間に散在しうると考えられる。つまり彫像の一つの影が、テーブルの上と床に分かれてあるといったことが可能である（Casati[2004], p. 42）。それは複数の光源によって彫像の影が二つできているケースとは異なる。これもまた影の特徴である。われわれは散在する単一の穴を考えることができない（複数の穴の和は穴ではなく「穴々」である）。加地は、首尾一貫したことに、影に対してもその輪郭への依存性を重視しているように見える（加地 [2008], p. 94）。しかし、すくなくともいま述べたような影の散在可能性は、輪郭への影の依存性では説明できないはずである。

（31）たとえば、図2-3のように同じ場所に固定されたシリンダーの上下運動によって形成される穴の移動は、その一例であるだろう。あるいは、アキレス草原に穴を空けつつその穴とともに移動していく亀を考えてもよい。ちなみに、加地自身が境界の通時的同一性にとって重要だと考えているのは、境界の素材やその構成部分の同一性よりも、境界の形状の同一性である（cf. 加地 [2008], p. 89）。

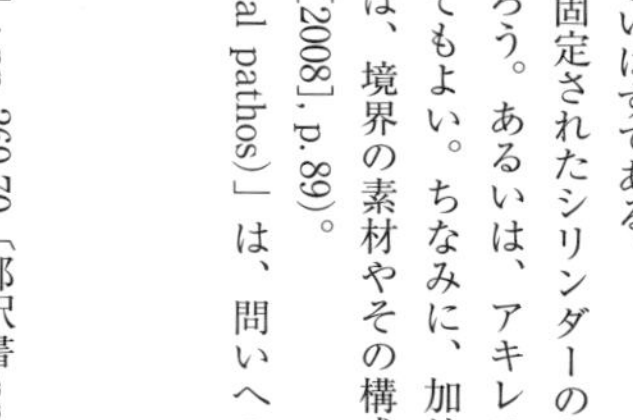

図2-3

（32）こうした「形而上学的情念（metaphysical pathos）」は、問いへの答え方を左右する第四の要素である。

（33）Lewis & Lewis[1970], pp. 206-7.

（34）*Ibid.*, p. 207, n. 2.

（35）Quine[1960], pp. 123-4〔邦訳書 pp. 201-2〕; pp. 269-70〔邦訳書 pp. 448-50〕.

（36）たとえばトンネルの内壁に穴が空き、それが外部へと通じているような場合（開口部が三つあるトンネル）は、いったいいくつ穿たれていると考えるべきだろうか。また、もちろん、穴にはトンネルのほかに窪みや空洞もある。それらが「穿たれている」とは日常言語においても言いにくい。さらに、空洞には球形のものやドーナツ形のもの（つまり開口部のないトンネル）もあるだろう。トポロジーの概念を用いた「穴」の詳細な分類と正確な記述については、Casati & Varzi[1994], chap. 4を見られたい。

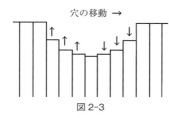

(37) 結び目のところは焼かれて完全にくっついている（プレッツェルノットにはなっていない）としよう。

(38) 菱形三十面体が人間の認識や営みと独立にあたかも永遠に存在するかのように語って話を終えるのは、あまりに一方的で素朴にすぎると言われるかもしれない。たしかにここで私は、抽象的対象、わけても数学的対象の存在という難問に巻き込まれつつあるのだろう。しかし、難問について考えを進めるにしても、そのような自然な語り方をすぐに放棄しなければならないわけではない。たとえば、数学的対象は何らかの形の要請（postulation）を通して量化可能な領域へと導入されるものだと考えるとして、そうした対象が導入時に文字通り「創造」されると考える必要はないし（cf. Fine[2005], pp. 101-7）、また、ある種の要請主義はプラトン主義的実在論と両立するとさえ言えるだろう（cf. Papineau[1993], chap. 6, sec. 5）。

第三章　性質とは何か、なぜ同じものが複数あるのか

1　性質がなぜ形而上学の問題になるのか

性質について、何を問題にすべきだろうか。もちろん、個々の物体が特定のある性質をもつかどうかはつねに問題となる。この机はどれくらいの重さだろうか、このドーナツは甘すぎないだろうか、シナモン入りだろうか……等々。重さ、甘さ、シナモン入りであることなどは「性質」である。われわれはたしかに性質についての問いを日常的に立てている。だが、それら具体的で明瞭な問いを除いたとき、性質について問うべきこととしてどのようなものが残るだろうか。

まず、非常に大きな問いとして、「そもそも性質とは何か」というものが思いつかれるだろう。「そも

そも」系の問いかけを得意とする分野は哲学なので、これはおそらく哲学の問いである。しかし、そうだとしても、哲学のどのような種類の問いなのか。本書のテーマに即してそれを形而上学の問いと見なすことに異論はないと思う。第一章の冒頭で私は、形而上学は存在論としての側面を第一にもつと述べた。ならばその問いは「性質はどのような種類の存在者なのか」と言いなおせるだろうか。いや、それはちょっと急ぎすぎである。性質がそもそも存在者なのかどうかについて、それ以前に疑問をたっぷりとはさめるからである。前章の冒頭では、個物の存在に対してなら、哲学者を含めわれわれは強い確信を自然に抱けるはずだという点を確認した。だが、性質の存在を、常識のレベルで確信するのは容易ではない。

たとえば、黒い物を持ってくるように言われたときどうすればよいのかは誰にでも分かる。それに対し「黒さを持ってこい」という命令文をちゃんと理解することは難しい。一片の石墨を持っていったならば「黒い物ではなく黒さそのものを持ってこい」と怒られそうである。実際、私は石墨を持っていくことによって、黒い物だけでなく、硬い物や、炭素原子から成る物、地球で採れる物をも持っていくことになる。さらに、その石墨は無数にある黒い物のうちの、絶望的に小さな一部にすぎない。それゆえ、「黒さを完全にすっかり持ってこなければならない」とも言われそうである。(1)

以上のことはすべて、黒さやその他の性質が、そもそもこちらに持ってきたりあちらに持っていったりすることのできる備品のようなものではないということを示していると解されるかもしれない。その場合おそらく性質は、個物を識別するために人間が付けるタグのようなものになるのであろう。こうした考えには自然なところがある。われわれはこの物とあの物とを、自らとの位置関係の違いによって区別している。また、この物は黒くて尖っているがあの物はそうでないといった異なるタグ付けが十分になされれば、それらの物体が移動しても再認に困ることはない。喩えを続けるなら、「タグ」は、備品に実際に括り付けられた物理的なタグというより、取り込まれた世界の画像に表示されるヴァーチャルなタグに近いものであろう。それはつまり、世界の側に存在する何かではなく、世界を諸部分に切り分けるためわれわれが用いる目印なのである。(2)

しかしそうではなく次のように言われるかもしれない。黒さを持ってこいという命令に従えないのは、単に性質が個物と異なるカテゴリーの存在者であることを示しているにすぎないのだ、と。そう考えたくなるのにも根拠がないわけではない。根拠の一つはわれわれの言葉のなかにある。自然言語の文に主語−述語構造を見てとるのは簡単である。多くの文が真だったり偽だったりするという考えにも無理はない。そうして、文の真偽についての次のような説明が、比較的すぐに思いつかれることになる。すなわち、文は全体として、主語が表すものと述語が表すものとのあいだの適切な結びつきを主張しており、それらが実際に結びついているとき当該の文は「真」であり、そうでなければ「偽」である。以上の説明は、理論のプロトタイプのようなものにすぎないが、そこにはすでに、述語が表すものが重要な項目として登場している。述語が表すものとしてそこで考えられているのは、存在者としての性質である。すなわちそれは、文の外部に存在し、通常は文や文を発した者と独立に文の真偽を左右する何かであり、まさしく(文が世界についてのものであるなら)世界を構成する何かである。また、主語が、性質を表しているかに見える文もある。そして第一章で触れたように、そのための名詞はわれわれの言語のなかに用意されている。「黒さは色の一種であるが色相をもたない」といった文は十分理解可能であり真理値をもつだろう。この段落に並べた論点は、前段落で示した考えとは逆に、性質が客観的な世界を構成する存在者の一種であるという示唆をわれわれに与えている。

哲学や形而上学において「性質は存在するのか」という問いがなぜ立てられるべきなのかを、ここまでで示したつもりである。普遍論争について耳にしたことのある読者なら——本書でもすでに唯名論者と普遍実在論者の対立の話は断片的にほのめかしているが——その問いが、普遍論争の中核をなしてきた問いと同型のものであることに気づくだろう。もっとも、前段落までで行なった問いの導入は「神」も「イデア」も経由するものではないのだが。いずれにしても「性質とは何か」という最初の大きな問いに答えるには、おそらく、性質の存在をめぐる問いを通過する必要がある。もしくは、後者に答える過程で、前者の大きな問いに答えられることになるだろう。したがってこの章の目的の一つは、性質の存在をめぐる問いへの答え方を概観することである。とはいえその前に、性質の存在に関する類似の問いを区別しておきたい。

第一に、想定されたある特定の性質が存在するのかどうかという問いは、ここで扱う形而上学の問いと区別すべきである。炭素原子から成る分子が特定の構造をもちうるのかといったような種類の問いのことである。性質論的には、その問いはたとえばフラーレンであるという性質が存在するのかどうかという問いと見なせるだろう。そうした問いに答えるのは、しかし、化学者の仕事である(3)。

もう一つ区別してほしいのは、特定の述語に対応する性質が存在するのかどうかという――こちらは形而上学的な――問いである。述語が性質を表すのだとして、述語として用いることのできる表現のすべてに、もっぱらそれに意味を与えるような性質が対応しているのかという問いである。「〜は黒い」、「〜はウミサソリである」、「〜はドーナツ形である」などはよいだろう。性質というものがもしあるとすれば、それらの述語にはきまった性質が対応しそうである。しかし、「〜はウミサソリでない」、「〜は北半球にあるかまたは表面に緑色の毛が生えている」、「〜はそれ自身と同一である」、「〜はそれ自身において例化されない性質である」などについてはどうであろう。[4] それらのすべてに性質が対応するのだろうか。それとも、文法的に適格な述語表現に対して、性質はまばらにしか存在しないのだろうか。[5] 明らかであると思うが、この問いは、性質というカテゴリーの存在者が認められたあとに発せられるべき問いである。また同様に、この世界にユニコーンやウミサソリが（けっして、あるいは、もはや）いないとして、ユニコーンであるという性質やウミサソリであるという性質が、この世界の（そもそも、あるいは、現在）構成要素であるのかといった問いも、もっとあとで発せられるべき種類の問いである。[6]

性質一般に関しては、性質の存在をめぐる問いのほかにも、たとえばどのような性質の種類を区別することができるのか、どのようにしてそれらを定義すればよいのかといった形式的な疑問が生じるはずだ。付帯的な性質と本質的な性質、主観的な性質と客観的な性質、外在的な性質と内在的な性質、時間的な性質と無時間的な性質……等々の区別が、これまでにも性質についてなされてきた。それらの伝統的な区別は、正確にはどのようになされるべきであるのか。どのようなことがそれらの区別によって明らかになるのか。以上のような疑問の一部は、本章ではなく次章で取りあげることにしたい。

2 クラスと融合体

前節の議論にもかかわらず勝手に駒をすこし進めることにして、「性質はどのような種類の存在者なのか」という問いに答えようとしてみよう。性質は、たとえば個物などとは異なるどういった特徴をもつだろうか。本節と続く第3節の目的は、性質が性質として存在するという結論をほのめかすことではなく、「性質」に関する基本的な理解の幅を広げることにある。

第二章の最初に私は、個物が一般に、あるいは典型的に、個別性、具体性、物質性によって特徴づけられると述べた。もちろんほかの特徴づけの仕方もあるだろうが、とりあえずそれらとの対比で話を進めたい。

個別的であることの反対を、「一般的」と言い表すのはおかしくないだろう。前章では個別的であることを、普遍と個別という伝統的な対比のもと、「述定される役割しか担わないこと」として特徴づけた。それに沿うならば、述定するという役割を直接的に担えることが、「一般的」であるということの一つの意味づけとなるはずである。というのも、特定のあれやこれといった、原理的には無数の物に対して一般にあてはまるようなものが述語だからである。そして、述語のもつそのような一般性は、述語が表すべき「性質」なるものの本性に由来していると考えても不自然でない。たとえば「私の机は黒い」、「この石墨の欠片は黒い」、「最後のウミサソリの個体の眼もたぶん黒かっただろう」等々の文における述語「黒い」は、「黒さ」と呼ぶべき一般的な何かを表しているというわけである。

一般性は、実際、性質とは何であるかを語るさいの要である。そして一般性は、性質をめぐるもう一つの大きな問いと関わっている。前述の「そもそも性質とは何か」よりさらに基本的かもしれない問いとである。それは、「なぜ同じものが複数あるのか」という問いである。

あまりに基本的な事柄が問われているため、問題を実感しにくいかもしれない。素朴な例で考えよう。たとえば、私の机と一片の石墨と一匹のウミサソリの眼は別物であり複数の個物であるが、黒いという点では同じである。問題はそのようなことがどうして可能なのかである。この疑問に対し、物体表面の微視的特性の一致や、錐体細胞における同じ興奮パターンなどを持ち出すのは、もちろん何の答えにもならない。それは、問題の場を、同じ黒さから微視的特性の一致や同じ興奮パターンに移しているにすぎない。問題はもっと根本的なものである。われわれがここで問うているのは、黒さの原因ではなく、まさしく「世界の基礎的なあり方」だからである。

「同じ」と「複数」とのあいだには明白な緊張関係がある。別の表現を使えば、それは「一」と「多」という正反対なもののあいだの緊張関係である。一者は、ほんらい緊張関係にあるはずの多者のなかにどうしてこのように広くいきわたることができるのか。[7] これが問題の基本形である。「同じ黒さ」と言うときの「同じ」は、個物の自己同一性のような単純な同一性とは意味するところが異なるのだ、と言われるかもしれない。だが、そのように言うのであれば、なぜ双方の文脈で同じ「同じ」の語が使われるのかを説明しなければならない。それと対照的な答え方は、いずれの文脈でもやはり文字通りの単純な同一性が意味されているというものであろう。黒い机も黒い石墨も黒い眼も文字通り同一の何かを共有しているというわけである。これは「黒さ」と呼ぶべき一つの存在者を示唆する道である。その道は、一般性を、性質という存在者によって直接的に説明する方向を示している。ただし、その方向に進むとなれば、その存在者がどのような仕方で存在しているのかを語る必要に迫られるであろう（兄弟が一台の自転車を共用する仕方とはさすがにどこか異なるはずだから）。とにかく、一般性をどのように体系的に語るかは、性質論にとって基本的な課題の一つとなる。(8)

具体的であることの反対は「抽象的」と表現できよう。第二章では、具体性を、われわれの住む時空間に位置づけられることとして特徴づけた。したがって抽象性は、そうした位置づけをもたないこととして定義できるはずである。理解可能な方向だと思う。もし「数の2はこの世界のどこにあるのか」や「菱形三十面体はいつから存在するのか」といった問いに答えられないとすれば、それは答えを知らないからではなく、問い自体が適切でないからにちがいない。「二つめの入口はどこにあるのか」や「菱形三十面体はいつ発見されたのか」といった問いと比較してほしい。問題は、性質がそのような意味で抽象的かどうかである。たとえば、「黒さはどこにあるのか」と、われわれは適切に問うことができるのだろうか。それともそれはそもそも答えをもたない問いなのか。やはり答えにくく感じられるかもしれないが、これには答えることを試みてよいかもしれない。ちょうど、穴の回転や移動に関する前章の問いかけが、「回転」や「移動」の概念の多様性をわれわれに示してくれたように、この問いも、「位置づけ」の概念について何か教えてくれるところがありそうだからである。

性質を一般的な何かと考えるとき、その何かとして思いつきやすいのは、集合やクラスといったものかもしれない。そのようなものを考えるなら、たとえばタマが猫であるという事実は、タマが猫の集合に属しているということとして説明されるであろう。あるいは、ある石墨片が黒いということは、その石墨が黒いもののクラスのメンバーであることとして説明されるだろう。つまり、集合やクラスへの帰属は性質がもつべき一般性のシンプルだが良い説明となる。集合もクラスも第一には抽象的な対象と見なすことができる。抽象的な対象であるかぎりにおいて、それらがこの世界のどこに存在するのかと問うことは、数の2が存在する場所を問うのと同じくらいナンセンスに聞こえるにちがいない。

「クラス」は適用範囲の広い語である。今日さまざまな脈略で異なる定義を与えられて使われる。ここではそう厳密にではなく緩やかに「集合」のほぼ別名として使っている（これも正統な用法の一つである）。したがって私は、第一には「クラス」の語に抽象的なものという意味あいを込めて使用したいと思う。

徹底した唯名論者であるネルソン・グッドマンの名は、第一章で最初期のクワインの考えを説明したときに引き合いに出した。そのグッドマンは、しかし、「クラス」を具体的で個別的な対象として理解する仕方を示唆している。初期の著作において彼は次のように述べる。

〔……〕クラスをどう定義しようと、二つのクラスが同じメンバーをもつならばそれらは区別されえない。これは明らかだ。クラスはある意味それらが何を含むかによってのみ区別されるのである。だが、唯名論者はそこからさらに一歩進む。すなわち、別々の二つの存在者は同じ内容をけっしてもちえないというのであれば、ある一つのクラス（たとえばユタ州の郡のクラス）が、そのクラスのメンバーをきっかり含む単一の個体（すなわちユタ州全体）と異なるということもない。そしてまたそのクラスは、メンバーがその同じ全体を正確に覆い尽くしているような他のクラス（たとえばユタ州の一エーカーの広さの土地のクラス）のいずれとも、異ならないのである。(9)

このように特徴づけられた「クラス」は、広大な時空領域にわたりときに離散的に存在する一つの大きな個物である。たとえば猫の「クラス」は、あらゆる猫を部分としてもつような時間的にも空間的にも散在しうる一つの物体――「猫融合体」などと呼ばれる――のことを言う。その種の物体は第一章の例にもすでに登場していた（第一章第4節の、あらゆる猫ビットを部分として含む散在物など）。

そのような個物もまた、「～は猫である」という述語の一般性の説明に用いることができる。この猫もあの猫もどの猫も、猫融合体という同一の個物に対し、その「部分である」という同じ（原始的な）関係をもつことになるからである。ただしこの説明は、猫融合体そのものの一般性に依ったものではないとも言える。複数の猫は猫融合体のそれぞれ異なる部分に対応するにすぎないからである。また、そもそも、「～は猫である」という述語の意味を担う存在者として、猫融合体が適切であるかどうかも疑問である。(10) 融合体はむしろ、伝統的な意味での「性質」の存在を否定したい者にとって、性質の不完全な代替物となるようなものであろう。

ともあれ、猫融合体は個別的な対象である。そしてそれは離散的にではあるが特定の時空間を明確に占めている。つまり具体的な対象だ。それはまた猫と同じ材料でできている。ようするに融合体は一つの巨大な個物なのである。

猫の抽象的なクラスと右のような猫融合体との違いは次の例ではっきりするだろう。訪問者に、講義棟、図書館、研究所、運動場、事務棟……等をひととおり案内したあと、「いろいろな施設を見せていただきましたが、しかし肝心の〝大学〟はどこにあるのですか?」と問われたとしよう。これに対してはじつは二つの答え方がある。一つは、英国式の日常言語学派的な冷たい答え方であり、「どこにあるかと問うのはナンセンスです、あなたはカテゴリー錯誤を冒しています、〝大学〟とはある種の機能の名称であって、さまざまな施設を組織する抽象的な仕方のことを言うのです」というものである。これは哲学を学んだ者には有名な答え方である。(11) もう一つは、米国式のよりフレンドリーな唯名論的答え方であり、「どこにって、ここにさ、いままで見てきた施設によって構成される全体が〝大学〟なんだ、まだすべての部分は見ていないけれど……ぜんぶ見るかい?」といったものである。後者の解釈では、質問者は、大学という物のカテゴリーを取り違えてはいない。ただ大きさをちょっと勘違いしていただけだ。

3　普遍者

集合やクラスのような抽象的対象を性質の正体と考える道のほかに、伝統的なある存在者のカテゴリーを考える道がある。そのカテゴリーとは「普遍者」のことである。この特異なカテゴリーについて触れておく必要がある。実際、これまでも普遍者については本書において何度か言及してきた。この節ではあらためて、説明項としての普遍者の特徴的なふるまいを見てみようと思う。

普遍者もまた多くの場合、抽象的な対象と見なされる。それは、しばしば、普遍者がいわば外部から、この具体的な世界の個物のあり方を決めるものだと考えられるからである。そのような、普遍に関するプラトン主義的な考え方は「超越的実在論」または「他世界的な普遍者の説」と呼べるだろう。普遍者が他世界的であるならば、それがこの世界のどこにあるのかを問うことに意味はない。右手で天上を指差すポーズも厳密には適切ではない。「他」世界というのは時空的に遠く離れた場所に位置する世界のことではないのだから。したがって、時空的位置づけの有無という例の特徴づけに照らすなら、普遍者は、明確に抽象的ということになる。

大きく分けて普遍者の実在論にはもう一つのタイプがある。それは、個物の内部で個物のあり方を決める普遍者を考える立場である。そのようなタイプの実在論を、デイヴィド・M・アームストロングにならって「内属的実在論」または「内属的な普遍者の説」と呼ぶことにしたい[12]。抽象性に関して、内属的な普遍者には疑問の余地がある。なぜなら、それぞれの個物の内にこそ存在するものだとするなら、内属的普遍者は、時空間に位置づけをもつように思われるからである。すなわち、それらを内にもつ個物が位置する場所に、普遍者も位置づけられているように思われるのである。この説における普遍者は、すくなくとも時空的位置づけの観点からして〝具体的〟ということになるのであろうか。

内属的普遍者は時空間への位置づけられ方が「特異」であるという点は指摘すべきだろう。普遍者の存在に懐疑的な論者なら、それを「奇妙」とさえ言うかもしれない。たとえばタマはそれだけで完全に猫であり、その意味で、タマに備わっているのは完全な猫性だと言える。一片の石墨に見られるのも、欠けることのない黒さである。猫も黒い個物もこの世界に複数存在することを考慮すれば、これは、同一の普遍者の全体が同時に複数の場所に存在するということを意味する。そしてそのことは、個物の空間的位置づけに関するおなじみの制約から普遍者が自由であることを示している。同一の個物の全体は同時に異なる場所を占めることができない（第二章の第1節で言及したように）。猫融合体のような巨大な領域にまたがる個物を考えたとしても、タマの位置する部分には融合体全体の一部が存在するだけである。ユタ州という個別的対象も、ソルトレイク郡においては、そのあくまで一部が存在しているにすぎない。個物の在り方と著しい対照を見せる普遍者のこの在り方は、まさに普遍者の特異性を表すものだと言われうる。

この特異な在り方を表現するのに使われる専門用語がある。一つは「全体がまるごと在る」や「余すところなく現われている」といったものである（いずれも'wholly present'の訳語のつもりである）。また、個物へのこの現われ方に着目した「複現可能者(repeatable)」という普遍者の別名も作られている。ともあれ、複数の異なる領域にくりかえし自らの姿全体を現わすということ自体に矛盾はない点に注意してほしい。そのような在り方、現われ方はひょっとするとおなじみのものでさえあるかもしれない。というのも、複数の時間領域についてなら、同一の個物が各時間にその全体の姿を現わしていると考えることに、第一に不自然なところはないからである。[13] 昨日の夕食のとき私の目の前に座っていたのは、けっして人の真部分ではなく、まるごと全体としての人物だったはずだ。常識的にまずはそう言いたい。個物と時間領域に関するそうした言い回しを額面どおりに受けとるならば、「複数の領域のそれぞれに全体がまるごと姿を現わす」という記述は、普遍者という(想定された)存在者のカテゴリーにのみあてはまるものではないことが分かる。その述語はより自然な適用領域を、普遍者と関わりなく、すでにもっていると言えるかもしれない。

いずれにしても、複数の空間領域に同時にまるごと存在できる、または余すところなく現われうるのが、普遍者である。「現われる(present)」という語がもつ弾力性のおかげで、その特徴づけは、内属的普遍者だけでなく他世界的な普遍者についてもあてはめ可能であろう。たとえば、知覚されるこの多彩な世界は普遍者の複数化された見え(appearance)によって構成されたものであり、複数の見えのそれぞれはイデア界かどこかに存在する同一の普遍者の直接的な現われであると考えるのである。[14]

以上のように考えられるとき、普遍者には説明力が期待されている。最も単純で直接的な説明はおそらく次のようなものである。普遍者は(他世界的であれ内属的であれ)個物のあり方を規定する。もっと言うと、たとえば、普遍者としての猫性のおかげでタマはまさに猫たりえている。つまり、タマの中に文字通りまるごと存在しているか、もしくは、場所のない世界に猫の範型として存在しタマの中に直接的に現われるかしている「普遍者」なるものによって、タマが猫であるという事実が説明されるというわけである。(15)

同時に全体がいたるところに何らかの意味で存在するという普遍者の特徴は、集合やクラスのカテゴリーから普遍者を区別するのに役立つ。たとえば、クラスのメンバーが個物であるとして、そのうちの一つの個物が位置する時空間に、当のクラスの全体が在るなどとは、いかなる意味でも言えないはずだ。個物とクラスのあいだの関係は、前者の中に後者が「例化」されるというものではなく、前者が後者に「属する」というものである。(16)（一つの個物は、他の任意の個物とともに任意のクラスを形成する。そのような恣意的なクラスがどれもまるごと一つの個物の中に備わっていると考えるのは、利点がなく、馬鹿げていると思われよう。すべての個物は、同じだけ無数のクラスに、些末な仕方で属することになる。たとえばタマは、タマと他のあらゆる猫をメンバーとするクラスに属しているが、タマとあらゆる犬をメンバーとするクラスにも属している。それゆえ、単に何らかのクラスに属するということだけでは、タマが犬ではなく猫であるという事実の説明に十分でないと考えられるかもしれない。普遍者の信奉者はそう考えるにちがいない。そして、普遍者こそが説明の役目を果たしうると主張するだろう。というのも、述語「〜はタマであるかまたは犬である」と異なり、述語「〜は猫である」には対応する普遍者が存在し、その普遍者がタマのうちに在りタマを猫たらしめる当のものなのだとおそらく彼らは考えるからである。(17)）

数段落前の疑問に立ち戻ろう。内属的普遍者は具体的なのだろうか。内属的な普遍者も、自らの姿を個物の中に余すところなく現わすような存在者である。普遍者の現われ方はつねに全体的である。多数の個物における一つの普遍者の現われがその普遍者の部分的現われでないように、一つの普遍者の現われもまた時間的空間的な真部分をもつことはない。たとえば、真っ黒な布の右半分もまた黒さをもっている。一枚の布とその右半分は異なる個体である。その一枚の布に黒さという普遍者が現われていると するなら、その布の右半分にも黒さの普遍者が現われていることになるだろう。だがその場合でも、後者の普遍者が前者の普遍者の真部分であることはけっしてない。両者は同一の普遍者である。これが意味することはつまり、普遍者が具体的なこの世界において延長していないということである。それらは、個物の文字通り内部に位置づけられるとしても、物質が特定の空間を満たすような仕方では位置づけられない[18]。

以上の論点について、内属的な普遍者の実在論を支持するアームストロングは、次のような理解の方向を示唆している。

時空間は普遍者に先立って存在し、その中に普遍者をおき入れることのできる箱のようなものではない。むしろ時空間は、ある種の事態から構成された集合体に他ならず、普遍者は、それら事態を構成する要素である。この意味で、たしかに普遍者は時空間の「うちに」ある。だが、普遍者が時空間のうちにあるのは、もっぱらそれが時空間そのものの構成に貢献しているからであり、それ以上のことではない。[19]

だとすれば話の順番はむしろ、普遍者が具体性の概念を用いて特徴づけられるのではなく、具体性の概念が普遍者を用いて特徴づけられるというものになる。[20]

4　実在論者への挑戦

普遍者の話をもうすこし続けたい。同時にいたるところに全体の姿を現わすということ自体に内的な齟齬はないとしよう（実際ないと私は考えるけれども）。普遍者はもしあるとすればそういうものなのだ。そうすると、「普遍者」というカテゴリーを設けることに関して、どういった批判がありうるだろうか。たとえば、もともとは神のものであったはずの諸特徴をこの世界のさまざまな個物が分有するために、代理人としていくつかの普遍者が必要になるという事態は、神の一性を損なうものだと感じられるかもしれない。理解できない感覚ではないが、本書ではその種の議論は脇に置くとしよう。関連する思想史を調査する私の能力が低すぎるからである。それにおそらくその問題関心はそれほど現代的ではない。

また、根本的なところから代案をぶつけてくるタイプの批判も、検討を後回しにしよう。たとえば、物体が個別に有する個別の質――実在論者なら普遍者の「例化」と言うもの――にこそリアリティを見いだす論者がいる。その感覚も理解できなくはない。具体的なこの世界が知覚可能な世界であるかぎり、われわれの現実を構成するのは第一に知覚されるさまざまな個々の質にほかならないと考えるのは、ある意味自然だからである(21)。そうした直観から出発すれば、性質を第一に普遍的で一般的なものと考える場合とはまったく異なる理論が展開されることになる。そしてそのときにはまた、固有の問題を別建てで扱う必要が生じるだろう。したがって、この代替的理論については、すこしあと、本章第6節でまとめて見る。

普遍者に対するより内在的な批判は、普遍者と個物とのあいだの「例化」や「分有」の関係に対するものである。論点は理論のきわめて基本的な部分に関わっている。実在論者の説明によれば、普遍者は個物によって例化されたり分有されたりする。だが、そのさいの例化や分有といった関係の身分は、どのようなものになるのだろうか。それらもまた二つの項を結ぶまさしく関係なのだから、それゆえ普遍者によって説明すべきではないのだろうか。もしそうなら、その説明はきっと、ある一つの普遍者と特定の個物とのあいだに例化や分有といった関係が例化または分有されているという形のものになるだろう。無限後退がここで始まっていることにすぐ気づくはずだ。普遍者の概念に対するこのタイプの批判は伝統的なものである(22)。普遍者と無限後退をめぐっては他のタイプの問題提起があるが、いずれも本書でそれほど仔細に見ることはしないでおく(23)。

ここまでの章で取りあげた議論と関係があり、そしておそらくより現代的だと思われる批判は、「なしですむ」論法を用いたものである。すなわち第一章でわれわれは、パラフレーズによる消去という手続きが今日一定の流布を見ていることを確認した。それは次のようなものであった。――パラフレーズは二つの言語のあいだで行なわれる。二つの言語は非対称的な関係にあり、一方がより理想的な言語、つまりさまざまな点で総合的に好ましいとされる理論の言語である。存在者とは、その理想的な言語（の正式な表現）において量化の変域に含まれるものにほかならない。そう考えることによってわれわれは、より理想的でない言語における見かけの指示から自由になれる。日常言語であれ、哲学者の言語であれ、対象の指示に関して使用者を惑わしかねないという理由で批判されることがあるが、そうした批判が、より理想的な言語へのパラフレーズ可能性の示唆によってなされるのである[24]。

おさらいを兼ねて、クワインの非常に早い時期の論文から、次の一節を引用しておこう。

> 〔……〕どのようなものであれ抽象的な種類の存在者と称するものについて、その量化を説明してしまう文脈的定義をもし唯名論者が案出できたなら、唯名論者は自らの唯名論を実際には放棄することなく、まるでそのような存在者が存在するかのごとく語ることが正当化されるであろう。そのときそのような存在者は、彼にとっては依然虚構のままである。すなわち、唯名論者が行なうそのような存在者への指示は〔……〕単なる語り方の問題の次元にとどまるわけである[25]。

ここで「文脈的定義」と言われているのはほぼパラフレーズのことだと考えてよい。ただし、注釈的に述べるなら、この箇所で念頭に置かれているのは二つの理論的な言語である。つまりパラフレーズされるのもまた、それなりに統制された用法をもつ（したがって特定の存在者へのコミットメントをもつとすくなくとも見える）哲学者の言語である。

ちなみに日常言語に関して言えば、私は、日常言語に対するパラフレーズを「文脈的定義」と呼ぶことに多少の違和感を覚える。日常言語そのもののなかに、十分に系統的な「定義」を与えられるほど明確で安定した被定義項があるのかどうかについて、確信をもてないからである。特定の種類の存在者へのコミットメントを含む明確な量化の形式を、自然言語において一般に（つまり論理学の授業などで耳にする特殊な使用例を別にすれば）見いだせるとは思えない[26]。たしかに、たとえば「謙虚さは美徳だ」と述べる人に対して、その発話に「すべての」や「どれも」といったおなじみの量化表現[27]が見られないにもかかわらず、一階の量化言語で書かれたある式を示しつつ、「つまり君はこういうことを言っているわけだ」と指摘することはできるだろう。しかしそうしたとき、日常言語の文はすでに解釈され、別の理論的な言語の文へとパラフレーズされてしまっている。特定の存在論的コミットメントを明確にもつ言語の文へとである。それゆえ、競合する形而上学者が横から「いやいやこの人はこういうことを言っているのだよ」と、異なる論理式を掲げながら乱入することが可能なのである。さらに、妙な二人にからまれて当惑している件の発話者に対し、二人の形而上学者は「君はこういうことを言っていたのでなければならない」と畳み掛けるかもしれない。「でないと君は存在を整合的に語れない」と。つまり形而上学者たちの指摘はもともとの日常文に対して規範的ですらある。彼らは自然言語のある特定の形式を「定義」しているのだろうか。ひょっとするとそう言える場合があるかもしれない。しかしいずれにしても、彼らがすくなくとも確実に行なっていることは、ある具体的な日常文に、その文があてはまる状況において同様に真となると解釈できる論理式を、対応づけることである。それは「パラフレーズ」を与えることだとは言える。

　関連して、パラフレーズの手法に対してときになされる批判についてコメントしておきたい。それは、その手続きが一般性や体系性や法則性を欠いているといった批判である。批判は自然言語の表現形の多様さを根拠としている。たとえばあなたが唯名論者であるならば、「ゼネラルモーターズ社」、「ベートーヴェンの第五交響曲」と「その四つの楽章」、「クワインの『ことばと対象』」、あるいは「穴」や「影」といった語句を含む種々の日常文のパラフレーズにそのつど手こずるかもしれない。もしあなたが、くわえて具体主義の支持者であるならば、課題のハードルはいっそう高くなるだろう。さらに、いまあげたものは、パラフレーズがすんなりといきそうに見えない文例のほんの一部にすぎない。苦労して一つの例について特殊な解決法を見つけたとしても（「穴」について前章で私はその種の提案を行なった）、次から次へと現われる他の文例に対して、同じ解決法が適用できる保証はない[28]。

　たしかになかなか厳しい状況である。まず、自然言語の表現の豊かさについてはそのとおりであろう。それが批判者の述べるような挑みがいのある状況をもたらすこともまちがいない。私が理解できないのは、そうしたことがなぜ、パラフレーズの手法に対する「批判」になるかである。日常文の形が種々雑多なのは当然だ。なぜならそれは、非常に異なった種類の制約を同時に受けるからである。実在の構造を忠実に映すことは言葉にとってたしかに重要な要件ではあろう。だがそれは数多ある制約条件の一つにすぎない。ほかに、覚えやすい言い回しであること、聞き間違われにくいこと、口にしたときの身体的負担が少ないこと等々も、表現の形を左右しうる同様に重要な条件である。しかも、それらの条件のうちのどれが優先され、一つの表現形が定着するかは、さらに大きな文脈に依存している。それゆえ、自然言語において生じるありふれた表現形のすべてを理論的言語へとパラフレーズする一様な仕方が手に入らなければならないとするのは、そもそも、まともな前提ではない。そのようなことが前提されるとしたら、おそらく、自然言語の豊かさや動性が過小評価されているのである。さまざまな人々がさまざまな都合で拡張してきた旧市街地の、迷路のような裏路地や家屋を区画整理する一様な方針が存在することを、いったい誰が期待できるだろうか(29)。

クワインからの引用に戻ろう。ここ三段落ほど横道に逸れてしまった。用語についてもう一点述べておきたい。ここでクワインは「唯名論」という言葉を特別に狭い意味で用いている。彼の用語に従うと「唯名論者」が抽象的存在者を受けいれることはありえない。クラスや集合の存在を認めれば即座に「普遍」実在論者になる。しかしこのような言葉づかいは、ルイスによれば、「ハーバードの新しい用語法」にすぎない(30)。伝統的に普遍者は、前節で見たように、複現可能なものとして特徴づけられる。そのような普遍者の存在を認めない立場が、通常「唯名論」と呼ばれる立場である。したがって、クラスや集合を受けいれる唯名論も通常の意味では考えることができる(31)。

「なしですむ」論法が機能するために重要なのは、一方の言語が他方より好ましいことである。ここで言う「なしですむ」は単なる定義可能性ではない。相互に定義可能な言語の組はいくらでもあるからだ。もしそこに非対称性が見てとられていないのであれば、存在論的な「なしですむ」の主張には届かない。その非対称性は価値的な種類のものである。非対称性として最も単純でおなじみなものの一つは、一方がより少ない種類の存在者にコミットしているというものである。同じことを説明できるなら道具立ての少ない理論が好まれる傾向にあるとすれば、それは言語の好ましい特徴と見なされるであろう。また、一方の言語の単一の文タイプに対して、他方の言語では真理条件の区別される複数の文タイプを対応させられるというのも、他方の言語にとって有利な非対称性と見なせるはずだ。[32] 多義的でなく語れること、いわば分解能の高さが利点とされる議論の脈略は少なくないからである。それからもちろん、科学の理論の言語とより親和する、あるいは主張者の形而上学的情念によく合う……といった比較的外在的な理由によって、[33] 一方の言語のほうが好ましいとされることもある。いずれにしても、そうした一方の言語の好ましさそれ自体に対する擁護は、「なしですむ」論法の外部でなされるべきものである。

5　実在論者からの挑戦

パラフレーズによる消去の具体的な運用例はすでに本書の第一章第4節でいくつかを見た。そのなかには普遍者への指示を消去する形のものもあった。では逆に、存在者の種類をむしろ減らしたくない立場からすれば、どのような対抗策が考えられるだろうか。

一般論から述べよう。唯名論者と実在論者のあいだの攻防のパターンもまた、すでに第一章で素描していた（第5節）。そこで示唆されていたように、パラフレーズによる消去をもくろむ議論、すなわち「なしですむ」論法は、諸刃の剣である。つまり同じ理屈が、実在論者から唯名論者に対して向けられたとき、「なしですまない」論法になる。いわゆる不可欠性論法である。普遍者への指示や量化を含むように見える文や式について、適切なパラフレーズの仕方が手に入らないかぎり、それらを単なる見かけのものとして消去することはできない。先の引用箇所に続けてクワインが述べているとおり、そうした状況でいくら普遍者の虚構性を主張したところで、それは願望を唱える呪文以上のものにならない。パラフレーズできないなら、唯名論者の側は、自らの理想の理論を修正して好ましからざる存在者を受けいれるか、さもなければ有意味に見える表現を自らの理論による扱いの範囲から外すかの、いずれかの決断を迫られつづけるように見えるのである。

したがって、消去の難しい対象の指示や量化をあからさまに含み、かつ有意味性を否定しがたいと感じられる文や式の例は、それだけで、その種の対象の存在を系統的に否定しようとする者への挑戦になる。すでに触れたように、交響曲、楽章、穴、あるいは選択肢や命題といったものへの言及を含む理解可能な文のいくつかが、教科書的文例に対するのと類比的な仕方でパラフレーズしたとき、抽象的だったり非物質的だったりする対象へのコミットメントを残すように見える。それらは、たとえば具体主義的な唯名論者にとっては、自らの乗る船で見つかった水漏れをいかに修繕していくかといったものに似た動的な課題にほかならない。彼らは、複雑な修繕をめげることなく続けていくかもしれないし、ひょっとすると妥協をして、趣味に合わない種類の部品をとりあえず最低限利用することに決めるかも

しれない。(34)

「なしですむ」と「なしですまない」の応酬そのもののほかに、それとはすこし違う次元でなされる唯名論者への批判がある。それは、個々のパラフレーズ案に対してなされる不適切性の指摘である。(35)

第一章で見たように、[11] は [12] へとパラフレーズするのが教科書的な仕方である。

[11] 謙虚さは美徳である。

[12] ∀x(謙虚である(x)→徳がある(x))

ここで [11] は、謙虚であるものはみな徳があるものだという趣旨のものとして理解されている。もしクラスや集合への言及が許されるなら、それは、前者のクラスを後者のそれが包摂すること、すなわち {x|xは謙虚である} ⊂ {x|xは徳がある} としても理解可能であるだろう(クワインの用語では、そこでクラスへの言及が真面目になされているのならもはやその立場は「唯名論」でないことになるが)。

この教科書的なパラフレーズに対してさえ反論が出されている。たとえば、場合によっては次のことが成り立つにちがいない。

[31] ∀x(背が高い(x)→徳がある(x))

ある日ついに、背が高く徳のない存命中の最後の人物が息を引き取ったとしよう。すると、次に背の高い誰かが悪の囁きに負けて徳を失う日まで、あるいは一人の反道徳的な子供が背の高い悪い大人に成長する日まで、［31］はその世界で成立していることになる。［31］は、［12］と同じくクラスのあいだの包摂関係を述べているにすぎない（「クラス」を語ることが許されるとして）。それゆえ、もし［12］が［11］で言われていることのすべてであるならば、同様に［31］も、

［32］高身長は美徳である。

の趣旨を語りつくしているはずである。ところが、［31］が成り立つ右の期間は、高身長が美徳であるような期間ではない。背の高さと徳はずっと無関係であると思われる。反論者によれば、［31］が成立して［32］が成立しないケースがあるということは、この教科書的なパラフレーズの方式が不適切であることを示している。(36) これは、思うようにパラフレーズできずに困ってしまうという状況ではなく、公認されたパラフレーズの形がオリジナルの文と真理条件を異にする式を与えてしまうという問題である。船を修繕できないというより、亀裂を塞いだパテから有毒ガスが出ているかのごとき状況である。

問題は［11］を単なるクラスの包摂関係を表現するものと捉えてしまったことである、と考えられるかもしれない。［11］は、謙虚であるものと徳があるものとのあいだのもっと強い結びつきを語っているのだというわけである。そこで唯名論者は、［11］をむしろ［33］のように書き換える方針を提案す

るかもしれない。

[33] □(∀x(謙虚である(x)→徳がある(x)))

謙虚な人物が徳のある人物なのは必然的だというわけである。対照的に、[31]が必然的に成り立つことはない。背の高い徳のない人間が世界からいなくなったとしてもそれは偶然だからである。そのためこの方針に従えば[32]を主張せずにすむ。

[33]のような形のパラフレーズの採択は、唯名論者にとってはかなりの決断であるにちがいない。彼らは、「可能世界」という抽象的対象(またはその定義に必要な抽象的対象)をあらたに容認するのだろうか。それとも、量化の領域をあらゆる実在する可能世界のあらゆる個物を含む範囲にまで広げるのであろうか。唯名論者が必然性の概念をどのように処理するのかは興味深いところである。だが、いずれにしても、[33]のような書き換え方針は根本的に問題を解決しないと指摘されるだろう。というのも、次の[34]は成り立っても[35]は受けいれがたいからである。(37)

[34] □(∀x(赤い(x)→空間的に延長している(x)))

[35] 赤さは空間的延長である。

赤くあるためには対象は空間に広がりをもっていなければならないであろう（赤のイデアはやはり赤くないのだ）。しかし他方で、赤さは空間的延長の一種ではないと思われる（赤さはむしろ色の一種である）。

この事情を次のように説明することはたぶん無理がない。すなわち、赤さと色、そして色と空間的延長とのあいだにはそれぞれ必然的な結びつきがある。よって赤さと空間的延長とのあいだにもある種の必然的な結びつきがある（［34］）。赤さと色とのあいだにある結びつきは、謙虚さと美徳とのあいだや、猫と哺乳類とのあいだの必然的な結びつきと同種のものであろう。だが、色と空間的延長とのあいだの結びつきはそれらとは別種のものである。したがって、赤さと空間的延長とのあいだの結びつきを、［35］のように表現するのはおかしい。以上のそれなりの説明も、個体のみを量化する形式で表現することはたしかに困難に思われる。

性質そのもののあいだの関係を語っているように見え、しかも常識的に十分理解可能な例文としては、アーサー・パップによると言われる次のものがよく知られている[38]。

［36］ 赤は青よりもピンクに似ている。

この［36］は本書の第一章でも例に取りあげた。［36］に対するパラフレーズの候補として

［37］ ∀x∀y∀z（赤い(x) & 青い(y) & ピンクである(z)）→ xはyよりzに似ている）

はあきらかにふさわしくない。反例となる個物の組はいくらでも見つかるだろう。しかし、個物ではなくクラスのあいだの関係を明示的に表現した次の式も、アームストロングの指摘によれば、その候補としてふさわしくない。

［38］ $\{\{x|x$ は赤い$\}$, $\{x|x$ は青い$\}\} <_N \{\{x|x$ は赤い$\}$, $\{x|x$ はピンクである$\}\}$

（ここでは「クラス」に加えてクラスの「自然さ」の概念が導入されている。それはメンバーの集まりの自然さを意味することを意図された原始概念である。クラスの自然さは程度を許し、「$<_N$」は右辺が左辺よりも自然であることを表す。ようするに［38］は、赤い物のクラスが青い物のクラスとではなくピンクな物のクラスと、より自然なクラスを形成すると述べているのである。[39]）アームストロングは、反例として、あらゆる赤い物とピンクの物とがどれも色以外の点でまったく似ておらず、かつ任意の赤い物と青い物とが色以外のあらゆる点で似ているような世界を考えよと述べる。そのような世界は、［38］で言われている自然さの程度が逆転した世界である。よってその世界で［38］は成り立たない。だがその世界でも［36］は主張してよいと考えられる。[40]

普遍実在論者からすれば、右もまた、クラスに属するという関係だけでは――たとえそれに自然な属し方という観点を加味したとしても――考えうるすべての事柄を説明しきるのに十分でないということを示す一例にすぎないと思えるだろう。それ自身がより豊かな（高階の）性質をもちうるような普遍者の存在を措定することで、はじめて多くの事柄が十分かつ自然に説明できるようになると彼らは考えるのである。

とはいえ、あきらめて普遍者を迎え入れるのはまだ早いかもしれない。ある意味「唯名論」を保ったまま理論をアクロバティックに拡張する方法がある。基本的なアイデアは直観的に理解しやすいものである。つまり［36］を、ある赤い物に似たどんな青い物についてもその赤い物にいっそう似たピンクの物を考えることができる、という意味に理解するのである。たとえばベテルギウスにはピンクの象ではなくピンクの恒星をあてがうわけである。というわけで、重要な理論的拡張のもと、［36］には次の［39］の形式を与えることができる。

［39］∀x∀y（赤い(x) & 青い(y)）→∃z（ピンクである(z) & xはyよりzに似ている））

［39］では、赤い物にいっそう似たピンクの物を考えられるということが可能性の様相として解釈され、さらにまた、量化される個体の領域が、あらゆる可能世界に存在するあらゆる個物をも含むまでに拡張されている（可能性がここではそのように理解されている）。それゆえ、かりにこの世界では赤鬼と青鬼のお面しかなかったとしても、現実に部屋にいるピンクの象は無視して、可能世界に存在するピンク色の鬼のお面を考慮すればよいことになる。(41)

クワインやグッドマンの考え方から遠く離れることになるが、唯名論者は、こうして〝単に可能的なもの〟の領域を認めることによりいくつかの典型的な挑戦をかわせるようになるだろう。しかしそれでも、［34］と［33］の違いは依然として課題となるし、たとえば四角形性と四辺形性の区別なども困難を生じさせるであろう（四角形である対象と四辺形である対象はあらゆる可能世界を通じて共外延的である）。

ここにきて一つの選択肢が唯名論者に開かれていることには注意を促してしておきたい。それは、［34］と［33］の違いや四角形性と四辺形性の区別を、存在論の説明課題から切り捨てる道である。(42) 物事のあらゆる説明が存在論的である必要はないので、この撤退が「敗北」であると決まったわけではない。

現実のものであれ単に可能的なものであれ、見たところ個物だけへの言及で対応しきれない例文は、まだまだいくらでもあげられる。きりがないのでそろそろやめにしたいが、あとすこしだけ。以下のものもよくあげられる種類の代表例である。(43)

［40］彼は彼の父親と同じ美徳をもっている。
［41］人類がまだ知らない種類の美徳が存在する。
［42］彼は模範的な警官だが模範的な父親ではない。

だがこれらは、クラスや集合について積極的に語ることにより、比較的素直にパラフレーズできるだろう。普遍者の出番はまだないかもしれない。もちろん他方ではまた、個物のみの世界に依然こだわることもできよう。［40］については、その表現の不明確さを（規範的モードで）指摘し、当の文脈では、たとえば、ある人物が謙虚でありその父親もまた謙虚であるということを述べているのだといった形へと特定可能かもしれない。そのような分析において、同じ美徳をもつということは、同じ述語の適用のなかに示されているにすぎない。あるいは、文字通りパラフレーズすることにこだわるならば、元の文の不明確さはそのままにして、

［43］彼は謙虚でありかつ彼の父親も謙虚であるか、または、彼は誠実でありかつ彼の父親も誠実であるか、または、彼は義侠心に溢れていてかつ彼の父親も義侠心に溢れているか、または……である。

といった非常に長い選言文を対応させるのもよい。これなら真理条件は保存されると期待できる。［41］についても、選言肢を非常に長くつなげたパラフレーズの候補を提出しうるだろう(44)。

［42］は、しかし、より厄介かもしれない。それはあきらかに高階の述定を含んでいるように見える。問題は「模範的」という述語である。もしもその述定が一階の存在者である人物についてのものであるなら、その人物は模範的でありかつ模範的でないことになってしまう。それは矛盾である。むしろ［42］は、問題の人物のもつ何らかの性質が、一般に警察官であることに関する性質としては模範的な

ものである……といった趣旨のことを述べていると理解したほうが素直であり無難であろう。[45] われわれはそう感じるにちがいない。

6　トロープ

唯名論的な精神を保ちつつも理論を拡張することによって突きつけられた困難を回避する代表的なやり方が、様相的な拡張のほかに、もう一つある。それは、ここまでの章において周辺では触れてきたが中心的に紹介することのなかった「トロープ唯名論」とでも呼ぶべき立場である。[46] こまかな特徴づけについては諸説あるものの、最も簡単に述べるならば、トロープとは個別的な性質のことである。トロープは個物をある意味で構成する。たとえばタマは、彼女に固有の無数のトロープから構成されている。すなわちタマの猫トロープ、哺乳類トロープ、脊椎動物トロープ、ふさふさトロープ、雌トロープ、四足トロープ、猫型トロープ、4キログラムトロープなどからである。トロープの学説によれば、それが、タマがさまざまな性質をもつということの意味である。

右にあげたようなもののそれぞれがトロープの例として実際どれだけ適切であるかについては異論がありうると思う。たとえば、正確には、猫トロープという単純なトロープがあるわけではなく、猫であることはむしろ特定の種類の複数のトロープをもつことによって説明すべきなのかもしれない。その場合、猫性を構成する複数のトロープのなかには、哺乳類トロープが含まれるだろう。そしてその哺乳類トロープもまた単純なトロープではなく、構成要素として脊椎動物トロープを含むものであろう……等々。この路線で考えたとしても、基本的にはトロープという存在者にのみ言及しつつ、猫が哺乳類の一種であることや脊椎動物の一種であることを説明するのは容易である。もっとも、ある種の質についてはより単純な説明が可能であろうと思われる。ある個物のもつ青さは、藍色としてさらに特定できるような青さかもしれない。藍に対して青は確定可能者であり、したがって、すべての藍は青でもあるだろう。(47) トロープの観点からすればそのことは

［44］ ∀x(藍トロープである(x)→青トロープである(x))

と表現できる。「x」の値が一つ一つのトロープである点に注目してほしい。つまり量化の領域はトロープの集合である。［44］は、すべての藍色の個物が青色の個物でもあるといった説明に比べて、引けを取るものではない。

トロープの説はさらに［36］に対しても適切なパラフレーズを提供しうるだろう。すなわち、

［45］ ∀x∀y∀z(赤トロープである(x) & 青トロープである(y) & ピンクトロープである(z))→
　x は y より z に似ている)

変項の値に現実世界の個物ではなくトロープを考えるところが、［45］は［37］と異なっている。［45］は象トロープや恒星トロープについては何も語らない。部屋にいるピンクの象について、それが象である点は気にしなくてよい。青いシリウスが恒星であることも［45］の主張にとってはどうでもよいことだ。ピンクの象も青い星ももはや反例を構成しない。

トロープ唯名論はたしかに、唯名論に対するよくある「反例」をうまく切り抜けていくように見える。そうしたこともあり今日トロープ説の支持者は少なくない。[48]「異端」のレッテルはいまや彼らに失礼だろう。ただしまだ、論者によって意見が分かれたり、議論のなかで十分明確になっていなかったりする論点も、トロープの概念をめぐっては比較的多いと感じられる。以下では、トロープの理論にとって課題になると思われるいくつかの論点を、基本的なものを中心に素描しておきたい。

(1)トロープは個物とどのように区別されるのか。まず、トロープは個物ではない。個別的であるとはいえトロープはあくまで性質である。むしろ個物の特定のあり方こそがトロープなのだ。ただ、「あり方」は性質のほとんど別名であるとも言えるので、それだけでは何か説明された気にならないだろう。私は個物を、個別的で具体的で物質的な存在者として特徴づけた。その点から見ればどうであろうか。トロープが物質的でないのは明白だと思われる。トロープは何らかの材質から成るようなものではない。財布にある一枚の百円玉について考えてほしい。その百円玉の白銅製トロープ自体は白銅からできていない。白銅でできているのはその百円玉である。[49]

また、トロープは、具体的ではなく抽象的な存在者だと考えられるかもしれない。たとえばキース・

キャンベルはトロープを積極的に「抽象的個別者」と呼んだ[50]。トロープを抽象的な対象と考えることは不自然ではないが、「抽象的」という語の多義性、曖昧さがおそらくここで問題になる。本書では「抽象的」を、具体的な位置づけをもたないことを表す語として第一に用いている。その意味からすれば、トロープの抽象性には、内属的普遍者におけるのと同様の（第3節で見たような）問題や異論があるだろう。というのも、一つ一つのトロープには十分はっきりした時空的位置づけが与えられるように見えるからである。タマを構成する猫トロープは、タマがいる場所に、タマがいるあいだ、まさに位置づけられると考えられる。とするとトロープはむしろ具体的なのだろうか。トロープを具体的な対象に分類する哲学者はたしかにいる。ただ、具体性のこの意味においても、トロープが個物のように「具体的」であるのかどうかについて、なお疑問の余地があると思う。タマのふさふさトロープは、ポチのいる場所でなくタマのいる場所に位置づけられるという点はよいとしても、タマの占める空間領域全体に（あるいはタマの体表面の主要な部分に）延長しているのだろうか。もしもトロープが空間的に延長しているのだとしたら、そのトロープの空間的真部分は何であろうか。

じつは「抽象的」の語は、本書の第一の用法よりもずっと多様な仕方で、哲学者たちによって使用されてきた[51]。というのも、抽象化（abstraction）という精神の働きを介して得た対象が、何であれ「抽象的」と呼ばれる傾向をもつからである。複数の物のなかから共通の要素を見いだすことは、抽象化の作用の典型だろう。複数に共通する一つのものは「一般的なもの」にほかならない。一般性は性質の説明すべき重要な一側面であった（第2節）。そういうわけで、一般的な側面をもつ何かであることや、さらには性質であるということをもっぱら言うために、「抽象的」の語が使われるケースがある。キャンベルの呼称はそれに近い[52]。それから他方では、依存的な対象を「抽象的」と呼ぶことがある[53]。それもまた抽象化の作用と結びつけうる呼び方だと思われる。つまり、独立的な対象から思考によって抽出されることではじめて得られる何かが、その意味での抽象的対象というわけである。この意味でもトロープは「抽象的」と見なされえよう。常識的な話の順序では、個物がまずあり、トロープはそのあり方にすぎないと言えるからである。一匹の猫がニヤニヤだけを残して消えるところは想像しづらい。もっともトロープを、依存的な対象と捉えつつ、前述したように時空的位置づけをもつ点を重視し、「具体的」とする論者はいる[54]。また逆に、トロープを個物よりも独立的な存在者と見なす論者もいる[55]。後者の場合、個物を構成するトロープが、むしろ存在論的に基礎的であることになる。

依存的であることは、トロープにそれを認める立場からすれば、トロープを特徴づける重要な指標になるだろう。だがそうだとしても、その指標はトロープのみを特徴づけないかもしれない。たとえば穴や影や境界などを個別的存在者と見なす場合（私はたまたま前章で穴の存在を否定したが）、それらもまた存在論的に何かに依存していると考えるのが普通だからである。トロープを他の種類の存在者から差異化する指標がさらにあれば好ましい。

穴、影、境界等との対比で言えば、空間的な真部分をもたないことは一つの目印になる。それはトロープの「単純性」を表している[56]。また、メレオロジカルな原子などと区別するために、トロープが空間的真部分になりえないという特徴をくわえて指摘することも有益である。以上はようするにトロープが延長に巻き込まれていないということを述べている。(57) 他方、延長と無関係だとしても、トロープは空間的な位置づけをもつ。だからこそトロープは、明確に抽象的な数の2などと区別されるのである。普遍者との違いを言うには、トロープは複現しないという点を強調するのがよい。複現しないことに注目すれば、本書のものとはすこし異なる「個別性」の定義が得られる。(58) 上記の諸特徴を満たすものとして、トロープのカテゴリーに輪郭を与えることを、私は提案したい。

(2)トロープの同一性規準はどのようなものになるのだろうか。クラスや集合が同一であるということは、そのメンバーが一致しているということである。個物が同一であるということは、ぴったり同じ時空間を占めているということである。哲学者が好むような反例や異論はいくつかありうるだろうが、そうした同一性規準はかなりおなじみのものである。だが、トロープについては、そもそもどういったものをたたき台にすればよいのか。

ジョナサン・シャッファーが提案する次の規準は、シンプルであるが、かなりもっともなものであると私は思う。(59)

[46] t_1とt_2が同一のトロープであるのは、それらが厳密に類似しており（まったくそっくりであり）、かつ、同じ場所に位置づけられるときであり、そのときにかぎる。

トロープに関する同一性言明の典型例は、たとえば [44] の形式のなかにも見てとれる。[44] の前件と後件の変項は同じ「x」である。つまり［44］は、ある物体の藍トロープは青トロープでもあるということを主張しているのだ。同様に、タマの4キログラムトロープはタマの重みトロープと同一のトロープである。いずれの例でも、前者のトロープは後者のトロープに確定表現を与えたものにすぎない。したがって、タマのこの重みは、まさしく4キログラムの重みなのであり、両者が質的に区別されることはない（測るまでは「4キログラム」と表現できないにしても）。そしてそれらは等しくタマのいる場所に位置づけられるだろう。

なぜここでトロープの同一性規準について取りあげるかというと、心の哲学におけるよく知られた難問に対して、トロープのトークン同一性を主張することによって解答を与えようとする哲学者がいるからである。[60] そのように考える哲学者のある者は、単称因果言明を次のような三項関係として分析する。すなわち、

［47］原因cは、トロープtのゆえに、結果eをひき起こす。

あきらかに［47］ではトロープが因果的関与の主役の座に置かれている。そして、心的因果性の文脈においては、「t」に心的でも物的でもあるようなトロープが入る。［47］の形式において心的性質は蚊帳の外ではない。[61] tはたとえばこれこれの内容をもつ特定の信念状態トロープかもしれない。だがそのトロープは、たとえば脳細胞のこれこれの活性化状態トロープとトークン的に同一なのである。因果的に

関与するあらゆる心的トロープが実際何らかの物的トロープと同一であると措定するならば、物的因果のもとでのこの世界の閉包性も保たれる。——そう彼らは考えるのである。

議論の道筋はたしかにうまく通っているように見える。私にとって理解しにくいのは、肝心の同一性言明の部分である。議論の要となるはずの心的トロープと物的トロープのあいだの同一性の主張をどのように理解すればよいのかが、はっきりしないのである。疑問をこう表現してもよいだろう。一つのトロープについて、それが心的であるということと物的であるということのあいだの違いは、いったい何の違いなのか。そのトロープ自体のあり方の違いだと答えるならば、前段落の議論を台無しにしかねない。そのようなあり方の違いは、トロープがもつ高階の性質の違いとして説明されると思われるからである。すると結局のところ、トロープtがもつある高階の物的性質のみがcによるeの惹起に因果的に関与しているといった話になるだろう。心的なものの居場所がやはりなくなってしまう。したがってこの文脈で、心的であるか物的であるかの違いをトロープの存在論的側面の違いとして語るのは得策でない。

違いはわれわれの「捉え方」や「記述の仕方」にあるとするのは一つの答え方であろう(62)。だがそうなると今度は［46］との適合があやふやになる。同じ場所に位置づけられるという［46］の後半部分については問題ないとしよう。ある行為の生起に関与するトロープは当の行為者かその脳にでも位置づけておけばよい。問題は前半部分である。心的なものと物的なものという一見して非常に異なる仕方で把握されたトロープが、厳密に類似しているというのは、どのような場合のことを言うのであろうか。それらはちっともそっくりではないではないか。[63]「青」に対して「藍」はより確定的な記述の仕方である。特定の一つの色合いについてそのような複数の記述ができるというのはよく分かる話である。しかし、心的な記述と物的な記述とのあいだに、そのような概念的かつ系統的な関係はないと思われる。心的トロープと物的トロープははたして同一のトロープでありうるのだろうか。

以上で私は、心の哲学の話題をあらたに展開しようとしたわけではない。[64] そうではなく、同一性規準の明確化がトロープ概念を用いた議論にとって重要であることを、実例をあげて示したかったのである。たとえば上述の一連の論証にもっと適合したトロープの同一性規準が提出できたなら、論争はより豊かで興味深いものになるだろう。

(3)トロープの理論が「性質」のもつ一般性をどう説明するかは問題になりうる。複数のものに関わるというのが、「性質」と呼ぶべきもののもつ本質的な特徴であるという点を、私は第2節の冒頭で確認した。その一般性はトロープの概念を使ってどのように説明されるのだろうか。

この点が問題になるのは、トロープがその一般性を直接的に説明してくれないように見えるからである。トロープはたしかに性質であると主張される。だが一つのトロープは、もっぱらそれが構成する一つの個物についてのものでしかない。つまりトロープは複現せず、そのためそれ自体が複数のものを述定するという役割を果たせない。このふさふさはタマのものでしかないのだ。タマのふさふさトロープは、タマがふさふさであることを説明するが、ポチのふさふさには関与しない。

トロープ自体は一般性を説明しない（だからこそトロープは「個別的」でいられるのだ）。しかし、タマにもポチにもそれぞれふさふさトロープが備わっており、ふさふさであることがこの世の中で一般的であるということは表現できる。これはどういった事情によるのだろうか。それは、ようするに、タマを構成する一つのトロープとポチを構成する一つのトロープに、等しく「〜はふさふさトロープである」という述語があてはまるということである。ここにおいて、「なぜ同じものが複数あるのか」という例の根本的な問いが、まだ答えられずに残されていることに気づくだろう。なぜ同じようなトロープが複数存在できるのか。[44]の形式を見ても同様の疑問が湧く。そもそもどうして「藍トロープである(…)」や「青トロープである(…)」といった述語が複数の個体(トロープ)にあてはまるのだろうか。

状況は、変項の値に個物を考える場合とそれほど変わらない。(65) トロープ説の支持者は、トロープのあいだの原始的な類似性に訴えて、問題の一般性をとりあえず説明するかもしれない。類似しあうトロープをメンバーとする自然なクラスを考えてもよい。(66) また、ここで普遍者を召喚する手もある。タマのふさふさトロープとポチのふさふさトロープには、ともに、ふさふさ性という一つの普遍者がまるごと現われていると説明するわけである。(67) この最後の選択肢をとった場合、タマの装備はかなりゴテゴテしたものになる。タマは、タマであるだけでなく、無数のトロープやそれらに対応する普遍者を存在者として帯同していることになるからである。もとよりそのような考え方はトロープ唯名論ではない。ただ、この流れに関して一点だけコメントしておきたい。普遍者の導入をトロープ説にとっての「敗退」と決めつけるのはフェアでないと私は思う。むしろ、説明すべき事柄を説明するのにほんとうに普遍者が不可欠であるなら、理論家はそれを甘んじて迎え入れるべきなのである。オッカム的倹約性は、理論がもちうるさまざまな美徳のうちの一つにすぎない。

(4)個物化の問題にも軽く触れておこう。トロープはどのようにして個物を構成しうるのだろうか。個物をトロープの束と見なすアイデアは、個物を普遍者の束と見なすよりも若干有利な立場にあると思われる。トロープは個別的であるがゆえに、個別化の問題をすでにクリアしているからである。つまり、まったくそっくりなトロープの束も、それらを構成するトロープの個別性により、二つであったり三つであったりすることができる(68)。トロープの束説の問題点は、個別性よりもむしろ独立性のほうにある。トロープ自体が独立的な存在者であると考えるのならよい(多少常識に反することになると思われるが)。そうではなくもしトロープを個物に依存した非独立的な存在者と考えるのなら、問題は、非独立的なトロープからどうして独立的な個物が構成可能なのかというものになる。トロープ説の支持者はここで「裸の基体」に登場を願うべきなのだろうか。ただしそこで裸の基体に依頼される任務は、束に個別性を与えることではなく、独立性を与えることなのだが(69)。ともあれ、裸の基体の導入も、トロープの理論から純血性を奪うことにはなる。

7 まとめ

性質をめぐる根本的で中心的な問題の一つとして「なぜ同じものが複数あるのか」というものを取りあげた。ひょっとするとその問題は、どちらのドーナツがシナモン入りかといった問いほど切迫した問いではないかもしれない。形而上学の問いは多くの場合即答を迫られない。しかし、なぜ目の前の二つのものがともにドーナツでありうるのかといった疑問は、答えようと努力する価値のあるものだと私は思う。たとえそれにこだわるあまり、シナモン入りのほうを誰かに先に食べられたとしてもである。それくらい大きな価値はある。

普遍者、クラス、融合体などは、いずれも、そうした形而上学的問いに何らかの形で応答するために用意された概念装置である。もちろん一つの装置の使い手、たとえば普遍実在論者が、他の論者の応答を、答えになっていないという理由で批判することがある。逆の側からの応酬もあるだろう。問いにどう答えるかによって対立するいくつもの立場が形成される(70)。最後に出てきたトロープは、普遍者、クラス、融合体に続く第四の道具立てというわけではない。それはむしろ、個物と並ぶオプションとして考えられたものであり、より前に分岐する選択肢を構成するものである。図式的に述べるならばそのような構図になる。

性質論は総じてガジェットの多い分野である。たとえば普遍者を採用することに決めたとしても、超越的か内属的か、例化されることのない普遍者を認めるかどうかといった次の選択をすぐに求められるであろう。「複現する」や「厳密な類似」といった独特のジャーゴンにも慣れる必要がある（つまり道具好きにはこたえられない領域である）。本章においてはそれらの道具立てうちの基本的なものをほぼ紹介したつもりである。

注

（1）ここで、あらゆる黒い物を一箇所に集めることによって、その命令には答えられると考えられるかもしれない（実行するには神の能力が必要だが）。あるいは、一片の石墨を掲げつつ「いいえ、黒さはここに完全に在るのです」と言い返したくなるかもしれない。それらは理論的にありうる答えだが、その検討をするのはすこしあと、次節以降においてである。

（2）だからといって、タグ付けを純粋に主観的なものと決めつける必要はない。タグ付けについて主観を超えた「正しさ」や「自然さ」を論じる余地はなおありうる。ただ、それらの余地を主張する必要が出てくるのも、もうすこしあと、特定の立場を採用してからの話である。

（3）この段落で示そうとしている区別は、すくなくとも私にとっては直観的に明白なものである。それらを区別しないのは結合と分散の虚偽を冒しているにすぎないとさえ思われる。ただし、この区別は、より一般的で微妙な分野間の境界設定問題にも関わっている。形而上学の任務に関する疑問や、形而上学がとりわけ自然科学に対してどのような立ち位置を確保しうるかといった問題である。それらのメタ的な問題についてはHofweber[2009]などが参考になる。

（4）たとえば、ウミサソリでないものは単に「～はウミサソリでない」という否定形の述語があてはまること以外に実質的な共通点をもたないように見える。それゆえ、その述語は、世界の説明にとって意味をもつ実在的な何かを言い表したものではないと考えられるかもしれない。また、最後の述語は、性質についての高階の性質を表すと称されうる述語であるが、それに対応する性質を認めると、よく知られたパラドックスの類比物が生じそうである。つまりこういうことである。「～はそれ自身において例化される性質である」という述語があてはまる性質とは、たとえば、三つ以上の事例をもつという性質などである。その性質自身も三つ以上の事例をもつからである。もちろんおなじみの性質の大半は、この述語があてはまらない、すなわち自分自身において例化されない性質であるだろう（たとえばウミサソリであるという性質そのものはウミサソリではない）。このとき、自分自身において例化されない性質であるという性質は、もし存在するとして、その性質自身において例化されているのだろうか。(この最後の述語の例と議論は Künne[2006], pp. 281-2 による。)

(5) Cf. Armstrong[1978b], chaps. 13-15; [1989], pp. 84ff〔邦訳書 pp. 188ff〕. ちなみにこの「まばら(sparse)」は専門用語である。本章の注17を見られたい。

(6) 先取りして言えば、この問いは、すぐあとで述べる「他世界的普遍者」と「内属的普遍者」の区別に関係してくる。

(7) この問題はより短く「多にわたる一(One over Many)」の問題と呼ばれる。

(8) 前章の注2で触れたように、述定に第一に関わる存在者のカテゴリー、すなわち「性質」のカテゴリーのなかに、個別性を見てとる論者がいないわけではない。彼らは、むしろ性質とは、個別的な——つまりあれやこれについてのものではなく、もっぱら主語が表すそれのみについてのものであるような——何かのことであると主張する。

(9) Goodman[1951], p. 26.

(10) まず、猫融合体の部分であるということが、いわゆる猫性の説明にとって十分でないことは明らかである。たとえば、生きている猫のしっぽも、五匹の猫の和も、任意の猫の右半身と左半身の和も、猫融合体に対して「部分である」という関係をもつからである。それらはいずれも猫ではない。さらに、後二者に関する融合体、すなわち五匹の猫の和すべての融合体や、猫の右半身と左半身の和すべての融合体は、厄介なことに、猫融合体と一致しさえするだろう。集合や(グッドマン的でない通常の意味での)クラスを考えたときには、そのようなことは起きないことに注意されたい。この問題点は極端な唯名論者のあいだで最初期から自覚されていた(たとえば Goodman & Quine[1947], p. 109; また注9の Goodman[1951] の引用箇所からもそれは帰結するだろう)。

(11) Ryle[1949], p. 6〔邦訳書 pp. 12-3〕.

(12) Armstrong[1978a], pp. 75-6. 内属的な普遍者は、プラトン主義的な他世界的普遍者との対比で「アリストテレス的」と形容される(Armstrong[1978a], p. 126; [1989], p. 77〔邦訳書 pp. 174-5〕)。ただその形容についてはアームストロング自身が認めるように解釈上の異論があるにちがいない。なお、中世の用語を用いて、他世界的普遍者が「事物に先立つ普遍（*universalia ante res*）」に、内属的普遍者が「事物の中の普遍（*universalia in rebus*）」になぞらえられることもある（*ibid.*）。しかしここでそのような対応関係は過度に意識しないでおこう。というのも、他世界的／内属的の区別自体は、普遍と個のどちらが先であるか、どちらがより基礎的かといった問題とは独立的に論じうる部分があるからである。

（13）第二章の注3も見られたい。

（14）プロティノスはまさに「有るものは同一のものでありながら、同時に全体としていたるところに存在するということについて」と題された小篇のなかで、精妙な表現を用いて、次のように語っている。「〔……〕もしその感性的な火のすべてが多であれば、たとえその火のイデアそれ自体は場所のない世界にとどまっていても、その感性的な火が直接に自分で場所を産出したのであるから、その感性的な火はすべて、すでに或るところにあることになるわけである。もしそうでなければ、同じ（一つの）もの（すなわちイデア）が多となることによって自己自身のあり方を失ってしまわなければならなかったであろうし、結局は、そのようにして多となることによって、何度も繰り返して同じ（一つの）ものを分取することになるであろう。」（『エネアデス』第Ⅵエネアス第5論文第8章〔邦訳書 p. 320〕。訳文は邦訳書に従う。）

（15）より複雑な種類の説明としては、因果関係の存在を——さらに言えば「因果的な力」を——普遍者の存在によって説明しようという企てがある。因果法則を、規則性に還元するのではなく、一階の普遍者についての二階の関係や事態あるいは普遍者と見なすのである（cf. Armstrong[1983]; これは、古くは Dretske[1977]; Tooley[1977]; Armstrong[1978b] のなかで独立に示唆された考え方である）。

（16）Lewis[1983a], pp. 344-5〔邦訳書 pp. 144-5〕を参照。「性質は、〔普遍者と〕対照的に、あちこちに散らばっている。ロバであるという性質は、この世界や他の世界のロバが存在する場所に部分的に姿を現す。ロバであるという性質が一匹のロバの一部であることはまったくないが、そのロバがその性質の一部であると言うことは真実にかなり近い。だが正確な真実はむしろ、そのロバが、ロバであるという性質のメンバーだということである」（*ibid.*）。ルイスの語法に関して二つ注釈をしておきたい。まず、彼の言う「性質」は、ここで言うクラスのことである（cf. Lewis

[1983a], p. 4)。それから、右の引用で「他の世界」と言われているのは、他の可能世界のことである。可能世界は、現実世界と同様、個体から成り、そのかぎりで時空領域をもつ。(したがってこの意味での他の世界を超越的な含みをもつ「他世界」と区別して「異世界」と呼ぶのもよい。)

(17) つまり彼らは、どの述語にも普遍者が対応するとは考えない。共通にあてはまる一つの述語の存在は、普遍者の共有を意味しないというわけである(本章注5を参照)。アームストロングによれば、その論点は、経験主義的な普遍者の実在論を考えるための不可欠な条件である(Armstrong[1978b], pp. 7-14)。また、因果性についても、彼らは類比的に考える。つまり、単に何らかのクラスや集合に属するということだけでは、因果関係の項が因果的な力をもつことを説明しきれないという議論を展開するのである(Heathcote & Armstrong[1991], pp. 67-8)。

(18) したがって、人々の頭上に広がる一枚の大きな布と普遍者とのアナロジーは、すくなくとも二つの点で破綻していることになる。一つには、普遍者の場合と異なり、各人の頭の上にあるのは(若きソクラテスが正しく答えたように)布全体のたかだか一部でしかない。もう一つのディスアナロジーは、各人の頭上に位置する布の部分がさらに小さな多数の布の部分から構成されている点である。各人の頭上に現われた布性の普遍者はそのよう仕方で頭上空間に広がってはいない。

(19) Armstrong[1989], p. 99〔邦訳書 p. 217〕. 事態と時空間との関係について、より詳細には Armstrong[1997], pp. 136-7 を見られたい。この観点からすれば、関連する個物の位置する場所に事態あるいは普遍者が位置づけられると述べるのは「厳密には正しくない」ことになろう(cf. Armstrong[1997], p. 189)。

(20) 内属的普遍者も、結局のところ、個物が具体的であるようには「具体的」でないのかもしれない。しかし、それによって(もともと明白に抽象的な)他世界的普遍者と内属的普遍者との区別がなくなるわけではない。しばしば強調される一つの違いは「例化されることのない普遍者」なるものを認められるかどうかである。もし普遍者の居場所が具体的な世界以外のところにあるのなら、いくつかの普遍者が例化されないままそこにとどまってもおかしくはないだろう。他世界の普遍者が例化されずにいることを許さないためには、たとえば「充満の原理」(Lovejoy[1936], p. 52〔邦訳書 p. 55〕)のようなものを加えて信奉しなければならない。すなわち、神はその本性上自らのすべてを流出させずにはいられないといった考えをである。そのような原理を追加しないかぎり、他世界的普遍者の観念と、例化されることのない普遍者の観念は、自然に両立すると思われる。しかしながら反対に、もし、普遍者は内属的であり、この世界の個物の文字通り内部にのみ存在し、そこ以外に居場所をもたないと考えるのであれば、例化される場としての個物がない普遍者は、どこにも存在しえないことになる。したがって、後者のような内属的な立場のもとでは、普遍者というカテゴリーの存在が、個物という別のカテゴリーの存在にある意味依存していることになる（ちなみに、あとで見るが、存在論的な依存は「抽象性」のもう一つの意味である）。なお、「例化されることのない普遍者」の擁護としては、科学の思考や言語実践にその根拠を求めるもの（Forrest[1993], p. 51, p. 54）や、（法則の成立に関する）形而上学的直観と内属的普遍者の観念との折り合いの悪さを指摘するもの（Bird[2007], pp. 52ff.）などがある。

（21）たとえば、Stout[1921]. そのように考える論者は、実在論における「見え」や「現われ」の用法に注意を促すかもしれない。すなわち——乱視によるロウソクの火の二重の見えについて、それらよりもある意味リアルな本体（ロウソクの火そのもの）を考えることは十分理に適っている。これはよい。だが、あらゆるロウソクの火の見えや現われに共通する一つの本体を考えることに、どれほどの根拠があるだろうか。いずれにせよ、それらの場合にむしろ確信をもって存在していると言えるのは複数の見えや現われのほうなのである（cf. Stout[1921], p. 162）。

（22）古くは、事物による形相の分有を類似性でもって語ってはならないというパルメニデスの言葉のなかに、この批判の基本形を見てとることができる（プラトン『パルメニデス』132E-133A〔邦訳書 p. 12〕）。その類似性を、ある形相とそれを分有する事物とのあいだの形相の分有として語るならば、同様の無限後退が始まるように思われるだろう。関連する現代の議論の展開については、秋葉[2010]; [2014], chap. 7 が詳しい（ただし秋葉剛史は普遍者を本質的構成要素として含む「事態」に関する問題を第一に検討している）。あるいは、Lewis[1983a], pp. 353-4〔邦訳書 pp. 161-4〕も見られたい。

（23）有名なものは、『パルメニデス』132A-B〔邦訳書 pp. 18-9〕に見られるいわゆる「第三の人間」論法である。大なるものの形相も大なるものの一つであるとすれば、その大きさを説明する高階の形相（第三の大なるもの）がさらに必要となり、しかもその要請は無限に続くはずだという論法である。この論法は、注22にあげたパルメニデスの議論の特殊例と見なすことができる。すなわち、Fという普遍者とFである個物との類似性を、まさにともにFであるという形で説明しようとするバージョンである。この無限後退を避ける簡便な方法は、普遍者が説明する述語（「～はFである」）の、当の普遍者への適用を禁止することである。そのような自己述定は普遍者の本性と衝突するものであるということを、プロティノスが、分割可能性を例に巧みに示している（『エネアデス』第Ⅵエネアス第4論文第13章〔邦訳書 pp. 294-5〕）。つまりもし、分割可能性の普遍者が存在し、かつそれ自身が分割可能であるとすれば（分割可能なものとして分有されるとすれば）、普遍者のもつつねにまるごと全体として現われるという本質的特徴と衝突することになる。普遍者の本性上、自己述定は禁止されるというわけである。もちろん無限後退に脅かされるのは他世界的な普遍者ばかりではない。たとえばアレキサンダー・バードは次のように言う。内属的普遍者が具体的な世界に位置づけられるという事実は、時空的性質に関する高階の普遍者（普遍者の位置づけに関する普遍者）の例化として、説明せざるをえないのではないか。そしてまたその高階の普遍者も、内属的であるかぎり、この具体的な世界に時空的に位置づけられるはずである……以下同じ議論が続く（Bird[2007], p. 52）。さらに無限後退の危険はおそらく、集合やクラスを考える場合にも、融合体を考える場合にもあると言えるだろう（cf. Lewis[1983a], p. 353〔邦訳書 p. 161〕）。私の考えでは、ここで得られる教訓はいたって平凡なものであり、適切な原始概念を探すことが重要だというものである。

(24) 存在論的コミットメントが第一には言語の、言説の属性である点に注意してほしい（cf. Quine[1953a], p. 103〔邦訳書 p. 157〕）。もちろん人も、特定の種類の対象の存在にコミットすることができる。言葉を用いてそれを行なう単純なやり方は「私は普遍者もまた世界を構成する基礎的な存在者だと考える」などと宣言してしまうことである。そしてその人のコミットメントは、他の文を口にするときにも変わらないであろう。したがってパラフレーズの途中で考えが変わるなどということが起きないかぎり、人は、まったく同じ存在論的コミットメントのもとで、パラフレーズ前の文も後の文も主張することができる。この対称性は重要である。この対称性があるからこそ、われわれはパラフレーズの手続きを通して、一方の言語がもつ見かけの指示から自由になれたり、それに対して注意を促せたりするわけである。発話者がある一つの文によって何を伝えたいか、何を伝えられるかということと、その文の属する言語がどのような存在論的コミットメントを系統的にもつかということは、区別しなければならない。パラフレーズの手法に対する初期の批判には、この点に関する混乱があったように見える（たとえば Alston[1958]）。

(25) Quine[1939], p. 709.

(26) したがって、自然言語の文を普通に使用することでわれわれが何らかの種類の存在者にコミットすることになるのかどうかについては、微妙なところがあると私は考えている。もちろん、抽象名詞や普通名詞の使用によって生じる程度の指示の「見かけ」は自然言語にもあるだろうし、日常的な語り方が第一章で述べたような常識形而上学を培ってきた部分もあるだろう。そしてパラフレーズの結果はそれらと衝突するかもしれない。しかし、日常的な文そのものが明確な存在論的主張をすくなくとも系統的に含むとは私には思えない。パラフレーズの手続きは、自然言語の使用者にとっては、むしろ存在論の明確化や規範的な解明の側面をもちうるものなのである。

(27) これらの日常語を言語学者が「量化表現」と呼ぶことに私はまったく文句はない。

(28) パラフレーズを阻みかねない語句の例は、Horgan[1986], p. 22 から取った。パラフレーズの手法に対する批判として、たとえば、北村［2014］, pp. 11-2 を見られたい。

(29) とはいえ、このことを理由に自然言語そのものの放棄や全面改訂を唱えるとしたら、今度は、自然言語の利便性や明白さ、それへの依存性を過小評価していることになると思う。また実際、自然言語は完全なカオスではない。それゆえ、パラフレーズの手続きにも一般性がまったくないわけではない。さまざまな手がかりが、たとえば「傲慢さは悪徳だ」を「謙虚さは美徳だ」と同様の仕方でパラフレーズすることを動機づけるだろう。「猫は哺乳類だ」さえそれらとひとまとめに扱いたくなる理由はある。すべての文トークンやタイプに対して完全にアドホックな対応が要求されることになっているわけではない。

(30) Lewis[1983a], p. 343, n. 2〔邦訳書 p. 214〕. しかし実際のところ、クワインの「唯名論」の用語法は、数学の哲学ではむしろ標準的であるように思われる。また、第一章で触れたコタルビンスキの考え方は、今日「唯名論的」と言われることが多く、彼自身もそのようにカテゴライズされることを回顧的に容認しているが（Kotarbiński[1968],

p. 442)、普遍者どころか抽象者の存在をも否定するという点では、クワインの言う「唯名論」に近いものであろう(ちなみにコタルビンスキは自らの立場を「具体主義(concretism)」あるいは「物《もの》主義(reism)」と呼んでいる)。

(31) クワインは遅くともQuine[1960]の時点でそのような立場に至っていた(本書第二章注35参照)。アームストロングがクワインを「現実逃避的唯名論者(ostrich nominalist)」と批判するのに対し(Armstrong[1978a], p. 16; [1980], p. 441)、クワインが、自分はすでにクラスの存在を認めているのだから「クラス実在論者(class realist)」だと応答したとき(Quine[1980], p. 451)、ここで指摘している用語上のすれ違いが起こっている。さらに、ややこしいことに、おそらくここには実質的な誤解があり、アームストロングの用語に従うのであればQuine[1960]のクワインはむしろ「クラス唯名論者(class nominalist)」と見なされるべきである(Forrest[1993], p. 64, n. 40)。

(32) ここで「パラフレーズ」における真理条件の一致にこだわるなら、それら複数の文は選言的につなぐのがよいだろう。

(33) 外在的であるということは、好ましさの理由として重要でないということではない。たとえばクワインならば、理想的な言語は最終的には科学理論の言語そのものであり、そのもとでこそどのような種類の存在者にコミットすべきかが決まる、と考えるであろう。究極的実在の根拠とやらでさえ(もしそのようなものが必要なら)形而上学者は外注していっこうにさしつかえないのだ。

(34) たとえば「起原のいかがわしさは、それ自体では、抽象物存在論を維持したり称賛したりすることに対する反論とはならない。〔……〕勘違いで生じた〔抽象物の存在論という〕概念装置も、価値があったからこそ生き続けてきたのであり、現時点での効用に則して評価されるべきである。〔……〕われわれは本質的に同一の目的に適う代替装置を手もとに持ち合わせていないかぎり、この船〔われわれが乗っているノイラートの船〕のいかなる部分も海中に投棄できる立場にはないのである」(Quine[1960], pp. 123-4〔邦訳書 pp. 201-2〕)。とはいえ、ここで言われる「妥協」が、あくまで作業上のものであり、それゆえ暫定的なものでありうるという点に留意してほしい。すなわち、「〔……〕経済性の点では劣っても力の点で優る数学理論を発見の装置として手元に備え、不測の事態にすばやく対処することもまた重要である。たとえ、そのような場合には、もっと経済的な方法で同一の帰結を得ようとして後になって苦労するとしてもである」（*ibid.*, p. 270〔邦訳書 pp. 450-1〕）。

（35）以下に見るいくつかの問題提起と応答に関しては、柏端［2002］でまとめた。また、鈴木・秋葉・谷川・倉田［2014］の秋葉による第5章の解説も参考になるだろう。

（36）Armstrong[1980], pp. 444-5 を参照。同じ箇所では、［12］が成立せず［11］が成立するようなケースもあるだろうと指摘されている。謙虚さはたしかに美徳であるが、謙虚さを備えつつもそれを台無しにするほどの道徳的欠点をもつ人物が、きっと存在するからである。ただし、こちらの反例に対しては、唯名論者は「徳がある」の多義性を指摘することである程度対処できるかと思う。

（37）Jackson[1977], p. 427; Armstrong[1978a], pp. 60-1.

（38）Pap[1959], p. 334. オリジナルの例文は「ピンク」ではなく「オレンジ」である。この文をめぐる議論については、Jackson[1977], p. 428; Armstrong[1978a], pp. 58-60 も参照されたい。

（39）こうした考え方は Quinton[1957] にある。Armstrong[1989], chap. 2 を参照のこと。

（40）Armstrong[1989], p. 35〔邦訳書 p. 69〕.

（41）Cf. Lewis[1983a], p. 349, n. 10.〔邦訳書 pp. 217-8〕. ただしルイスの分析は［39］と二つの点で異なっている。第一に、それは［39］よりすこし弱い主張になっている。私は、［36］は、［39］のようにすべての赤い物についての主張を伴うものだと考えるが、ひょっとするとルイスの分析でもその意味は汲みつくせているのかもしれない。もう一つの相違点として、ルイスの分析では、類似の仕方の程度が直接比較されているように読める。他方［39］は、［37］の三項述語を再利用しており、よりシンプルなものである。

（42）［34］についても、たとえば、赤さもまたある意味物が空間に延長する仕方の一種なのだと強弁し、われわれが［35］そのものを口にしないのはもっぱら存在論と無関係な理由によるものだと答えることができるかもしれない。

（43）Armstrong[1980], pp. 443-4; Lewis[1983a], p. 359〔邦訳書 p. 154〕.

（44）ただし［41］に対するそのようなパラフレーズは、［43］の選言を原理的には無限の長さにしかねないものであるが。

(45)［42］のような種類の例は高階の関数を用いた自然言語の分析において古典的な例である。Reichenbach［1947］, chap. 7, sec. 53を見られたい。

(46) たとえば第二章の注2、本章の注8、注21を参照。なお、「唯名論」のレッテルを、本書では普遍者を否定する立場に対して与えている。それは代表的なトロープ説支持者であるキース・キャンベルの用法と異なるので注意されたい。彼の言う「唯名論」は個物を中心に据える立場に限定されたものである（cf. Campbell［1990］, p. xi, p. 17）。

(47) 藍色であることが青さと他の何らかの性質との連言であるということはないだろう。すくなくとも明白にそうであるとは思えない。猫であることと、哺乳類であること、脊椎動物であることとのあいだの関係と比較されたい。「確定可能者（determinable）」の概念についてはJohnson［1921］, chap. 11を参照のこと。

(48) 現代的な文脈におけるトロープについて言えば、先駆的な文献として、Stout［1921］, Williams［1953］, Campbell［1981］などがある。また、トロープへの熱心な支持を含む日本語で書かれた近年の著作として、秋葉［2014］をあげておきたい。

(49)「白銅製である」という述定の役割を担うべきもの（白銅製であるという性質）自体も白銅製であると考えることは、私には、単純なカテゴリー錯誤に思われる。すくなくともそんなふうに考える必要はまったくないはずだ。それは「性質」を普遍者や抽象的なクラスと見なした場合でも同じである。たしかに、あらゆる白銅製の物を部分にもつ融合体は、それ自体も白銅製である。しかし、そのような融合体が「白銅製」の意味するところだとして、十分な説明力が得られるかどうかは疑わしい（本章の注10を参照）。

(50) Campbell［1981］;［1990］.「抽象的個別者」という表現は、Stout［1923］, p. 114; Williams［1931］, p. 589にも登場する。

(51) 抽象化の働きによって得られたものであるということは、そのものが純粋に心的であるとか、非実在的であるとかいったことを意味しない（そうしたことを示唆していると考えたくなる向きはあるにしても）。世界を構成するある存在者をもっぱら抽象化の働きによって知るという考え方自体に齟齬があるわけではない。知覚や直観といった他の心的作用についても同じことが言えるだろう。

（52）Campbell[1981], pp. 477-8. 他方で、抽象化によって得たものという含みは、トロープを知覚の直接的なまたは第一の対象と考える伝統（たとえばStout[1921], p. 163; Williams[1953], pp. 15-6）とは折り合いの悪いものになるであろう。そのように考える傾向をもつ論者は、「抽象的」の語をまた別の仕方で定義する（第二章の注2、本章の注57を参照）。

（53）たとえばSimons[1994], sec. 3; あるいは、Lowe[1995], p. 514の「抽象的^{2}」の用法を見られたい（ただしE・J・ロウはこの意味での用法を、より特定の抽象化の手続きに基づく「抽象的^{3}」とは区別している）。ちなみにピーター・サイモンズは、この非独立性による「抽象的」の定義をCampbell[1990]に帰しているように見えるが（Simons[1994], p. 557〔邦訳書pp. 260-1〕）、それは正しくないと思う（cf. Campbell[1990], p. 3）。

（54）Simons[1994], p. 557〔邦訳書pp. 260-1〕. 個物を構成する「非独立的な部分」というサイモンズの考えはフッサールに由来するものである。

（55）Williams[1953], pp. 7ff.; あるいはその発展としてCampbell[1990]も。

（56）あらゆる部分が同質である（そっくりである）ということも、これと異なる「単純性」の定義として思いつかれるにちがいない。だが、トロープに関してそのような定義は適切でない。高階のトロープというものが考えられなくなるからである。トロープは、それを構成するもののある意味部分である（空間的な部分でも独立的な部分でもないかもしれないが）。そしてもし高階のトロープを考えるのであれば、一つのトロープが複数の異質な高階のトロープをもつケースをとうぜん考えたいであろう。（「単純性」に着目したトロープの定義としては、Tooley[1999], pp. ix-xを見られたい。本段落の整理に、マイケル・トゥーリーのそのイントロダクションの議論はたいへん参考になった。ただし結果として、ここではトゥーリーによるトロープの特徴づけからかなり異なったものを提案しているので、その点は注意してほしい。）

（57）これはまた、Williams[1931], pp. 587-8における「抽象性」の定義に近いものである（本書において私が「抽象的」と断言するときに意味されているものにも近い）。関連して、一定の容積を排他的に占有しないものを「抽象的」とする用法もある（Campbell[1990], p. 3）。

(58) 普遍でないということをもっぱら主張する、次のような「個別性」の定義が可能であろう（cf. Tooley[1999], p. ix）。すなわち、

xが個別的であるのは、xと厳密に類似していながら（まったくそっくりでありながら）しかしxと同一でないようなyが存在しうるときであり、かつそのときにかぎる。

定義項の「厳密に類似している」、「まったくそっくりである」は、'exactly resemble'の訳語である。それもまたよく用いられる現代形而上学の専門用語であり、多くの場合、原始的な関係を表している。（「存在しうる」はもちろん論理的な可能性を表している。本書のこうした定義のなかに登場する様相表現は、とくに限定がないかぎり論理的な可能性や必然性を意味していると理解してほしい。）なお、「述定」というそれ自体議論の対象となりうる概念に関わらない点で、この定義は本書第二章第1節における個別性の特徴づけよりも純度の高いものである。

(59) Schaffer[2001].

(60) Robb[1997]; [2001]; Heil & Robb[2003]. 続く［47］は Robb[1997], p. 193; [2001], pp. 91-2 から。バリエーションとしては Ehring[1999]; 秋葉［2014］, chap. 8, secs. 6-7 がある。それらは、三項関係的な［47］と異なり、トロープ自体を個別的因果関係の項と見なすむしろ正統派の（cf. Williams[1953], p. 172; Campbell[1981], pp. 480-1）立場である。二項関係的分析に対する批判は、Noordhof[1998] やそれを受けた Robb[2001] にある。

(61) トロープは性質そのものなのだから、ここでさらに「tのもつ物的な何かゆえにtはeの惹起に関与する」と述べるのはナンセンスである。

(62) Heil & Robb[2003], pp. 185-6, pp. 188-9.

(63) 心的なものを機能に還元してしまうならば、つまり前者を後者によって定義してしまうならば、話は別である（たとえば秋葉［2014］, pp. 329-32）。そのとき「心的性質」はある種の物的性質に、そもそもなぜ心身問題が生じるかが理解不可能になるほど、類似したものになるだろう。

(64) 心の哲学におけるトロープ説的アプローチは、以上に述べた疑問点も含めて、柏端［2007］で検討した。この話題の詳細と展開については太田［2010］, pp. 78ff. も参照されたい。

(65) 実際、個物に関する唯名論者が直面するのと類比的な問題に、トロープ唯名論者は直面することになるだろう。たとえば、基本的な形式である［44］を見てほしい。この世界ではたまたま［44］の逆も成り立っていることが判明したとしよう。そのときわれわれは「現実に青と藍は同じ色だ」と言わなければならないのではないだろうか（Ehring［2015］）。これはもちろん、個物のクラスの外延が一致するケースによってひき起こされる問題の変種である。またそれは［31］がもたらす問題の近縁物でもある。トロープ唯名論は、それらの問題に対し、個物の唯名論と類似の仕方で対処できるところもあるし、むしろ異なる対処が可能になるところもある。

(66) 前者はドナルド・C・ウィリアムズ、後者はジョージ・F・スタウトの立場に類比しうるだろう。ただしスタウトは、クラスの統合性がメンバー間の類似性によっては定義も説明もできないという点を強調している（Stout［1921］, pp. 159-60）。

(67) この方向でのアプローチは、ジョン・クック・ウィルソンの立場に比されることが多い（たとえば、Armstrong［1989］, p. 17〔邦訳書 p. 32〕; Mertz［1996］, p. 154; Tooley［1999］, p. x）。ウィルソンの関連する仕事についての研究は（スタウトへの影響が論じられることはあるが）比較的進んでいないように思う。Wilson［1926］, pt. 2, chaps. 9-10, 15; pt. 5, chap. 8; あるいは、初期の論評として Beck［1931］を参照されたい。

(68) まったくそっくりな普遍者の束は同一の束にならざるをえない。厳密に類似した普遍者は同一の普遍者だからである（注58を見られたい）。だが、まったくそっくりであっても、つまり質的に一致していても個物は複数でありうるということを示す有名な議論がある（Black［1952］）。われわれは、正確にそっくりな二つの球体のみが存在する宇宙を想像できる（それらの球体は空間的位置づけを決める関係的性質についても等しいことに注意してほしい）。マックス・ブラックのこの例は、普遍者の束のみでは個別性を獲得できないことを示すものだとしばしば見なされる。ブラックの宇宙をめぐる諸議論の評価はさておき（一つだけ、内属的実在論の側からの大胆な応答として Zimmerman［1997］におけるものをあげておく）、トロープの束を考えるならばこのような問題は最初から生じない。

(69) トロープ説と裸の基体の組み合わせについては、Martin[1980]を見られたい。なお、この問題に関して、Simons[1994]が純トロープ主義的な解決を提案している。また鈴木・秋葉・谷川・倉田[2014]の第6章に、この問題および関連する問題についての丁寧な解説がある。

(70)「なぜ同じものが複数あるのか」と問われて「それは同じ述語が適用されているというだけの話だ」と即答する人がいる。知的だが形而上学には巻き込まれたくない人がよくやる返し方である。だが、その人にもし自分の返答を真面目に吟味する気があるなら、すぐさまそれが非常に擁護しがいのある(ありすぎる)形而上学的な立場の一つであることに気づくだろう。それは、第1節の第四段落で示唆された考えを推し進めたおそらく極端に唯名論的な立場であり、普遍論争において伝統的な立場の一つでもある。本章では唯名論的立場の詳細なバリエーションについて明示的に取りあげなかった。Armstrong[1989], chap. 1, secs. 2-3に良い整理と解説があるので読まれたい。

第四章　価値という人間的な性質について

――アフォーダンスと神の猫――

1　性質にもさまざまな種類があるということ

「性質」をどのように考えるかについてさまざまな立場があることを前章で見た。それとは別の話として、性質自体にもさまざまな種類がある。性質についてどのような立場を採用するにせよ、性質の種類の豊かさにはきちんと対応する必要がある。性質の多様性は、人類が巻き込まれる厄災の一つである〝概念的混乱〟の原因になっている。すなわち、主観的性質を客観的性質と取り違えたり、傾向的性質を関係的性質と取り違えたりする犠牲者が後を絶たないのである。そこで本章ではまず、性質というものの多様性や異種性を示す、いくつかの性質の種類、代表的な分類枠を見ることにしたい。

とはいえ、第一に、性質はとても単純な形式で表現できる。性質とは、ここまでの章でくりかえし示唆されてきたように、「F(a)」における「F」にあたるもののことである。このときaは、対比を出すなら、個体と考えるべきであり、そして別の個体bについてもF(b)が成り立ちうると言える。そうしたF(a)やF(b)におけるFが、性質なのである。[1] しかし、単純にそのようなFに代表させられるとしても、いくつかの性質はより複雑な構造をもつ種類のものとして定義できるかもしれない。実際そのとおりであり、それが問題である。その「構造」とはたとえばどういったものなのか。そこから確認しようと思う。

多くの性質は見かけほど単純ではない。たとえば、長男であることは男であることを含意する。メタンであることは一つの炭素原子をもつことやそれと共有結合した四つの水素原子をもつことを含意する。こうした事実は長男性と男性性のあいだに何らかの必然的な結びつきがあることを示唆している。さらに言えば、後者の性質が前者の性質の何らかの意味での構成要素になっていることを示唆している。メタン性の例についても同様だ。ようするにこれらが示唆するものは、性質のもつある種の「構造」である。右記の例はいずれも性質の本性をめぐる根本問題に関わりうる。[2] ただし本書では、それらがもたらす固有の理論的問題には深入りしないでおく。前章の話をさらに専門化させることは控えたい。かわりに、性質の別の意味での複雑さに注目しよう。他の哲学的な議論により直接な仕方で影響を与えそうな複雑さにである。

長男であるという性質の帰属条件は見かけほど単純ではない。長男であるためには、男であるだけでなく、兄弟がいる必要がある。上にではなく下に。衛星であること、日本人であること、百円玉であることといった性質もそれぞれ同様に複雑な帰属条件をもつ。それらの性質は、第一には、ある一つの対象に帰属するように思われる。しかし同時に、それにもかかわらず、その対象だけではほんとうに当の性質をもつかどうかが決まらないという特徴をもつ。

百円玉の例で詳しく説明しよう。ある物体が百円玉であるかどうかは、もちろんその形状や材質に左右される。外見はそっくりだが手に取ると軽くて押すとへこむ発泡樹脂製であったりすれば、ただちにそれは百円玉でないと結論できるだろう。現行で発泡樹脂製の百円玉など存在しない。また、五グラムの白銅の塊であっても、液化して坩堝に入っていたとしたらそれも百円玉とは言えない。それはせいぜい、かつて百円玉であったものにすぎない。ところがわれわれは、形状も大きさも重さも材質も百円玉にそっくりでありながらなおかつ百円玉でないという物体を考えることができる。贋の百円玉である。贋の百円玉は、百円玉であるという性質をもっていない。(3) それには適切な歴史がないからである。むしろあるのは某国の地下工場で作られたといった不適切な過去である。百円玉性が帰属するには、当の白銅片が存在する時空領域の外部に、他のさまざまな物体や出来事が存在しなければならない。例としてあげた他の性質も同様である。衛星であるためには主星の存在が必要となる。当人から得られる遺伝子情報は、確率的な推測の助けになるかもしれないが、日本人であることを決定しない。以上の性質は、前段落にあげたような複合性をたしかにもつが、本段落が指摘する帰属条件の複雑さをも有している。

形而上学的と思える問題の一つは、次のようなものである。百円玉性がこの世界に例化されるために、小さな白銅片と、造幣局やそれを権威づけるための出来事などの存在が必要であるにもかかわらず、なぜ、前者の白銅片のみが百円玉になるのか。つまり、なぜ造幣局は百円玉でないのか。これはひょっとすると語りの形式の問題かもしれない。このあたりを整理する必要がある。次節で見るが以上はすべて「関係的性質」と呼ばれる性質の例である。

性質論の観点からすれば、たとえばある物質が毒であるかどうかも、単純な仕方では決まらない。われわれは単に「それは毒だ」と語りがちである。しかし毒性はつねに、他の何かにとっての毒性である。常識的な量のシナモンは私にとっては毒ではないが、人によっては毒となる。それは単にシナモンが嫌いといった話ではなく、摂取した人に発疹や舌の腫れ、呼吸困難などをひき起こすということである。一見すると事情は前述の関係的性質のケースと同じと思われるかもしれない。だがそうではない。シナモン摂取によって具合の悪くなった人物の存在は、シナモンが毒性を発揮するために必要であるが、シナモンが毒性をもつことには必要でない。微妙な違いだがこの違いは重要である。毒性の発揮とは、あるシナモン含有物が現に誰かの体調不良の原因となることである。体調不良の原因であるという性質は、すでに述べた関係的性質の一種にほかならない。だが、一個のシナモン入りドーナツは、ある人物の体調不良の原因になる前から、その人にとって毒であったとわれわれは言いたいだろう。また、かりに私がそのドーナツを食べてしまい、問題の人物は健康のままでいたとしても、ドーナツはやはりその人にとって毒であったと言うべきであろう（だからこそ「食べてはいけなかった」のだ）。問題になっているのは関係的性質とはまた違った種類の性質である。毒性は関係的性質とは異なる種類の帰属条件をもっている。毒であることはいわばもっと〝潜在的〟なのである。こうした性質は「傾向性」あるいは「傾向的性質」と総称される。傾向性についてのこの段落の導入的説明もやはり常識や直観に頼ったものなので、もうすこし明確に規定する必要がある。

なぜ関係的性質と傾向的性質の区別や帰属条件をはっきりさせる必要があるかというと、そうした概念的な区別が、ある非常に一般的な哲学の問題のパターンに関わっていると思われるからである。その問題は、長きにわたり哲学界を混乱に陥れてきたため哲学者たちが軽々しくその名を口にしたがらない、「主観と客観の問題」である。とはいえ、ここで私が想定しているのは、そこまで恐ろしいものではなく、範囲の狭いものである。それは、いわゆる「主観的性質」と「客観的性質」をめぐる議論のなかで生じるいくつかの問題である。

ある物がおいしいかどうかはすぐれて「主観的」な事柄であると言ってよいだろう。それはもっぱら摂取する側の味覚に依存する事柄だと思われる。にもかかわらず興味深いことに、われわれは「～はおいしい」という述語を使い、あたかも摂取される対象の側においしさが在るかのように語る。この状況は理論的な論争の種となりうる。性質を客観的世界の真の構成要素と見なす論者は、おいしさを対象の性質であると認めたくないかもしれない。あるいは、「～はおいしい」という述語をどうにかして世界を構成する客観的諸性質へと帰着させようとするかもしれない。逆に、人間による述語づけの営み以上の重みを、性質というもののなかに見いださない論者は、おいしさの明白な主観性こそが性質の本性を示すものだと考えるであろう。（前章第1節の第四、第五段落に示された対比を思い出していただきたい。）

理論的な問題というよりもうすこし実践に関わる問題もある。あなたは、シナモンアレルギーではないものの、シナモンが大嫌いだとしよう。一方で、これはあきらかに好みの問題であり、あなたもきっとそれを理解している。しかしあなたは続けて、「ドーナツにシナモンを入れるなど考えられない」、「あんなものが存在するのは悪魔の仕業だ」などと言うかもしれない。そのように述べたとき、単なる主観の表明を超えた、世界に対する提言がそこに含まれているように感じられる。美的な評価に関してはさらに微妙である。たとえば「チャイコフスキーの書く曲は稚拙だ」と述べたとすれば喧嘩になりかねない。喧嘩になりかねないのは、それが個人的な趣味の表明以上のものを含むように見えるからである。すくなくとも聞き手と共有する何らかの領域に、話し手は踏み込んでいるように見える。[4] 以上の例のそれぞれが、正当な世界の記述を含むのか、主観の越権的な押し付けにすぎないのかは、簡単に見極められない事柄だと私は思う。ここでおそらくわれわれは、価値というものがどこにあるのかという一般的問題に関わっている。そして、そうした一般的な問いに答えるのにも、関係や傾向性に関わる性質の区別できる部分を概念的に区別しておくことがたいへんに有益なのである。

2　関係的性質と外在的性質

「関係」は広い意味で性質の一種とふつう見なされる。本書でも当然のごとくそう扱ってきた。アームストロングは彼の代表的な著作において多項的な普遍者をはっきりと認めている。そして実際それは彼の理論のなかで重要な役割を果たす。(5) また、クラスや集合の概念を用いて多項関係を定義する方法は、多項的普遍者よりもっとおなじみのものである。(6) もっとも用語法については多少の幅があるだろう。単項的なものに「性質」の語を限定してもよいし、本書のように広く多項的な関係を含む範囲にその語を適用してもよいと思う。いずれにしてもわれわれは、特定の関係を表現するかに見えるたとえば次のような文も、性質論の枠内で扱えるようになるべきである。

［48］太郎はアヤ子の兄である。

この文は次のように形式化できる。

［49］兄である（太郎，アヤ子）

［49］はよく目にする二項述語を含む式である。それは、太郎とアヤ子という二つの個体に、一方が他方の兄であるという一つの関係が例化されているということだと理解してもよいし、あるいは、その関係を定義するようなクラスまたは集合に、順序対〈太郎，アヤ子〉が属しているということだと理解してもよい。

ここで**関係的性質**の概念を導入しよう。すこし見方を変えてみる。［48］の主題は太郎であり、彼が

どのような人物かをもっぱら語ろうとしているとも読めるはずだ。つまり太郎について［48］は、

［50］太郎は、アヤ子の兄であるような何かである。

ということを述べていると読むのである。もちろんこれはニュアンスの違いにすぎないと言いたくなるだろう。だが、［50］を素直に眺めるなら、そこには［49］より、むしろ次の［51］の形式を直接見てとれると思う。

［51］λx［兄である(x, アヤ子)］(太郎)

［51］は、アヤ子の兄であるようなもののクラス(λx［兄である(x, アヤ子)］)に太郎が属しているということを意味している。あるいは、アヤ子の兄であるという性質を太郎が例化しているということだと言ってもよい。［51］は［49］と同値なので、［48］を［50］のように言い換えたところでたいした違いはないと述べることにも意味を与えられるだろう。そう、ある意味たいした違いはない。しかし［51］の形式は、太郎とアヤ子の関係ではなく、太郎のもつ関係的性質を明示している。述語「λx［兄である(x, アヤ子)］(…)」の表すものが、すなわち、関係的性質なのである。

日常言語においては、関係よりも関係的性質に焦点があるととれる言い回しが少なくない。たとえば

「彼は長男だから性格がおっとりしている」と言われるとき、誰に対して長男関係にあるかといったことは重要ではなく、ちょうど「血液型がO型だからおっとりしている」と言われるときのように、彼自身の長男性が問題になっているように見える。実際、「〜は長男である」という述語は、もう一つの関係項を明示しなくても自然に使用できることが多い。前節の例の「〜は日本人である」や「〜は百円玉である」は、もう一つの関係項どころか、前提とされている関係も明示されていないようである。ややこしく考えるのでなければ、われわれはふつうにそれらを単項述語のように扱う。日常の述語の用法のなかに、関係的性質について語りたくなるような契機はたしかにある。

比較的定義が複雑でない「〜は兄である」を例にとるなら、太郎についてその述語が適用されるときには、

[52] 太郎は、誰かの兄であるような何かである。（λx[$\exists y$(兄である(x, y))](太郎)）

のようなことが言われていると解釈できる。[7] 反対に、関係的でない性質の例としてはどのようなものがあげられるだろうか。太郎の質量や組成にもっぱら関わる性質は非関係的であるだろう。それらは太郎の存在のあり方だけで太郎に帰属しうると思われる。つまり、太郎以外の何かとの関係によって帰属が左右されることがないように見える。たとえば「〜はO型の血液型である」というひとかたまりの（原始的な）述語を採用すれば、われわれはもっぱら太郎の組成について語ることができるだろう。すなわ

ち、

［53］ O型の血液型である（太郎）

これはたしかに、血液型がO型だという性質が太郎に帰属することを表していると言える。

しかし、常識的には、「〜はO型の血液型である」という述語がこれ以上分析できないとは誰も思わないのではないだろうか。つまりそれは、主体のもつ血液の、さらには（必要なら）赤血球や血清の、そして抗原や抗体の特徴に言及することによって定義できるはずだと考えられるにちがいない。［53］は、太郎を構成する太郎の血液の性質がどうであるかという観点から太郎を特徴づける

［54］ λx［∃y（部分である（y, x）& 血液である（y）& O型である（y））］（太郎）

として、説明可能と考えられるだろう。[8]

ところが［54］は、［51］や［52］と並べてみれば分かるが、十分関係的である。これは、前節で導入しようとした「関係的性質」と、本節でここまで進めてきた特徴づけとのあいだに多少のずれがあることを示している。太郎の「関係的性質」は、太郎以外の何かとの関係によって帰属が左右されるような性質である。そこまではよい。問題は、太郎以外の何かをどう理解し、どう制限するかである。

そもそも、性質のこのような区別を考える理由の一つは、対象に内在する性質というものを切り出したいというところにある。当の対象の存在だけでもつことができる性質の種類をである。内在性はたしかに、われわれにとって重要なものがどこにあるのかという問いに対して一つの答えを与えてくれそうである。その観点からすれば、「太郎以外の何か」とは、太郎と部分を共有しない、太郎とは完全に別の存在者のことを意味するのでなければならないだろう。たとえ一部であれ太郎の内側に在ってはならない。太郎の血液は、しかし、たしかに太郎そのものとは異なる物体であるが、太郎の一部である。太郎と完全に別であるわけではない。薬指が人差し指より長いといった性質についても同じことが言える。もしアヤ子がその性質をもつとすれば、そのことは、アヤ子とアヤ子の薬指と人差し指という三者のそれぞれのあいだに結ばれる特定の諸関係によって説明しなおせる。だがその性質は、アヤ子一人の存在だけでアヤ子に帰属しうる性質である。アヤ子の薬指も人差し指も彼女の真部分にすぎないからである。

おそらく「外在的」と「内在的」の名のもとになされてきた区別が、ここで求められている性質の区別に合致するものと思われる。簡単に述べると、**外在的性質**とは、それをもつために外部を必要とするような性質のことである。そのことの説明には、性質の帰属が「外部に根ざす」というやや特殊な表現が用いられる。定義は次のようなものである。

［55］性質Fは、それが帰属する対象の外部に根ざしている $\overset{\mathrm{df}}{\longleftrightarrow}$ 任意の対象xについて、以下のことが必然的に成り立つ——すなわち、xがFをもつのは、xとは完全に別の（つまりxと部分を共

有しない）偶然的対象が存在するときにかぎる

ようするに［55］は、性質Fが、それをもつために別の物体の存在を必要とするような性質であるということを述べている。（「必然的に」は、続く条件文がたまたま成り立ってしまうような意図しないケースを排除するためのものである。「偶然的対象」は本書で言う個物のような具体的対象のことだと考えてほぼ問題ない。それは、数の2のような抽象的対象を必然的存在者と考えたときに生じる意図しない帰結を避けるためのものである。[9]）

［55］には興味深い近縁物がある。それは次のようなものである。

［56］性質Fは、それが帰属する時間の外部に根ざしている $\longleftrightarrow_{\mathrm{df}}$ 任意の対象xと任意の時間tについて、以下のことが必然的に成り立つ――すなわち、tにおいてxがFをもつのは、tより前か後にもxが存在するときにかぎる

これがあてはまるのは、すでに十時間以上寝ているという性質や、未来の首相であるといった性質である。［55］が特徴づける外在的性質を「対象外在的性質」と呼ぶとすれば、［56］が特徴づけるのはいわば「時間外在的性質」である。時間外在的性質はありふれている。兄であるというすでに何度か例に使ってきた性質も、じつは時間外在的である。兄であるためには妹か弟より先に生まれる必要がある。そのため、兄であるという性質は、その性質が帰属する人物に対し、彼が兄になるいくらか前にすでに

存在していることを要求するのである。

この線に沿って外在的性質の規定を試みた哲学者は、ロデリック・チザムとジェグォン・キムである。［55］はキムに、［56］はチザムに依っている（先行したのはチザムの定式化である）[10]。もし［55］と［56］で外在的な性質の種類が尽されるならば、**内在的性質**は、キムに従い、次のような双条件文を用いて定義できるだろう。

［57］性質Fは内在的性質である ⟷ Fは、それが帰属する対象の外部にも、それが帰属する時間の外部にも、根ざしていない

だが、このチザム＝キム路線のアプローチには明白な反例がある。遺伝子技術によってウミサソリを一匹だけ甦らせることに成功したとしよう。科学者たちはその個体を「フェルディナンド」と呼び、次のように主張した。

［58］フェルディナンドは生存するウミサソリの唯一の個体である。

ここで問題にしたいのは、唯一のウミサソリであるという性質である。唯一のウミサソリであるかどうかは、フェルディナンドだけの事情では決まらない。同時期に地球の裏側で別の研究グループがやはり

ウミサソリの復活に成功していたとすれば、［58］の主張は偽になる。われわれは、唯一のウミサソリであるという性質を、フェルディナンドのもつ外在的な性質に分類したい。ところがあきらかに［58］のケースは［55］の定義に適合しない。［58］が真であるために、フェルディナンド以外の個物（偶然的対象）の存在が必要だということはないからである。[11] フェルディナンドを残して宇宙が消滅してしまったとしても［58］は成り立つであろう。［55］は外在的な性質のどこか重要な部分を取りこぼしている。[12]

背景におそらくあった考えはそれほど間違いではないと私は思う。ただ「外部を必要とする」をもうすこし広くとるべきだったのだ。外部に何があるかだけでなく、何がないかも帰属の決め手となるような意味に捉えるべきだったのである。別の道はないだろうか。外在性を定義するチザム＝キム路線と同程度に自然で伝統的なやり方がある。それは「複製」の概念を用いるものである。ちょっとだけ思考実験めいた状況設定を行なってそのもとで概念のつながりを見れば、このアプローチのポイントは容易に把握できる。

任意の物体を入れてボタンを押すと、その物体の正確なコピーを作ってくれる機械があったとしよう。この種の思考実験において技術的な実現可能性は気にしなくてよい。お好みなら、呪文を唱えると作動する魔法の箱を想像してもかまわない。重要なのは、複製の正確さが完璧だという点である。シャッフルされたならばどちらがオリジナルでどちらがコピーであるかどうやっても区別できなくなるほど、両者がそっくりだという点である。さて、いま「そっくり」という言葉を使ってしまったが、オリジナルとコピーはあらゆる性質を共有しているわけではない。たとえば、一方は私から見て左にあり、もう一方は右にある。オリジナルは箱に入れる前から存在していたけれども、コピーはそうではない。もし百円玉を入れたのだとしたら、コピーのほうは百円玉ではない（全員が騙されるとしても後者はあくまで百円玉の贋物である）。他方で、材質、重さ、形状、表面の微視的な傷など、もっぱらそれ自身を観察して知ることのできる諸特徴は、両者のあいだで完全に共有されている。以上の二分法がもし理解可能であるならば、きっと、前者の性質のグループを外在的性質、後者のグループを内在的性質として特徴づけたくなるだろう。

この方向での外在性／内在性の規定の先駆は、おそらくジョージ・エドワード・ムーアである。ムーアは、言うまでもなく分析哲学の祖の一人であるが、価値や道徳の問題に関しても、今日からすればきわめて分析形而上学的と言える観点から数々の重要な提案を行なった[13]。とはいえ、より直接的な［55］、［57］への代案としては、デイヴィド・ルイスによる次の定式化を見るのがよいだろう。ルイスは、チザム＝キム路線への前述のタイプの反例を提出した人物である。

［59］Fは外在的性質である $\leftrightarrow_{\mathrm{df}}$ 対象xが性質Fをもつからといって、xの完全な複製x'もFをもつとはかぎらない

［60］Fは内在的性質である $\leftrightarrow_{\mathrm{df}}$ 対象xが性質Fをもつとすれば、必然的に、xの完全な複製x'もFをもつ

これに対してすぐに思いつかれる異論は、定義が非常に狭い循環に陥っているのではないかというものである。定義項に現われる「複製」を説明するのに、外在的性質と内在的性質の区別が必要であるように見えるからである。ルイス自身も検討しているが、この問題にはいくつかの対応の仕方がある。まず、狭い循環を構成するいずれかの概念を（たとえばもし差があるなら直観的に明瞭なほうの概念を）原始的だとするのは、簡潔な対処法の一つであろう。また、複製間でかならず共有される性質として、内在的性質以外のものを考えるのも、循環から抜け出す一つのやり方である。自然科学で明らかになる物理的諸性質は、その候補として思いつきやすいだろう。あるいは、より形而上学的または形式的な観点から導入される性質のタイプが、定義においてはむしろ適切な役目を果たすかもしれない。[14]

正確な定義をめぐっては議論の余地があるものの、「外在的性質」と「内在的性質」ということで何を区別しようとしているのかはある程度描けたのではないかと思う。以下では、定義に関連して、追加的な指摘を二つ行なっておきたい。外在的性質の複雑さに関する指摘である。

すでにほのめかしているように外在的性質の例はありふれている。われわれがふだん便利に使っている述語に対応する性質の多くが外在的である。それにくわえて、ありふれた外在的性質の多くが複合的であることを指摘しておこう。外在的性質は、純粋なものとそうでないものとに分けられる。そうでないものとは、内在的性質との連言的または選言的結合であるような外在的性質のことである。この点では、兄であるという性質も複雑である（数段落前その定義は比較的複雑でないと私は述べたが）。それはまず対象外在的な性質と時間外在的な性質の連言的結合である。兄であるためには、別の人物の存在を必要とするし、しかもその人物より先に生まれていなくてはならない。さらには特定の遺伝子的関係にあることも必要であろう。また、その性質は内在的性質との連言的結合でもある。というのも兄は男性だからである。もし義兄関係をも含めるならば、対応する選言肢によって定義の形はさらに複雑になる。以上はこまかすぎる話に思われるかもしれないが、「～は兄である」という述語を正しく使えるかぎり、われわれはこれらの適用条件を現に把握しているのである。(15)

指摘すべき第二の点は、対象外在的なものと時間外在的なもの以外にもまだ、純粋に外在的な性質の種類があるかもしれないという点である。言いかえれば、内在的性質の規定が［57］の双条件文ですむというのは早計かもしれないという点である。たとえば、われわれは日常において、次のような評価をある人物の現状に対して下すことがある。

［61］ 彼はあやうく騙されるところだった。私が未然に防いだから良かったけれど。

ここではある人物の現状が、可能的にのみ騙されていた状態として形容されている。そしてそれに一定の肯定的評価がなされている。可能的にのみ騙されていた状態というのは、その状態にある人物の内在的な性質だけで定義できるものではない。それは、きわめてありそうだった可能的状況（［61］ではとりわけ「私」の介入のなかったケース）との対比で、はじめて意味をもつ状態である。そしてそれが「良かった」こともまた、その幸いを享受する人物の内在的な状態には還元できない。「彼」なる人物は騙されずにすんだことにすら気づいていないかもしれない。［61］が真であるためには、ある人物の現実の状態とは異なる可能的状況の存在が必要であるように見える。あるいは、ある（十分に近い）可能世界における彼の対応者の存在が必要であるように見える。それらの「存在」をどう表現するかは重要な形而上学的課題になるが、ともかくここに、対象外在的性質や時間外在的性質と類比的な仕方で定義されるであろう別の種類の外在的性質が関わっているのは見てとれよう。そのタイプの外在的性質は注目に値する。というのも、私の考えでは、好機を逃すことや危機を回避することといったわれわれにとって重要な意味をもつ事態の基本的なパターンは、この種の外在的性質の観念抜きに説明が困難だからである。[16]

節の最後に、すこし視点を広げて、「出来事」という存在者のカテゴリー――そのようなものを認めるとして――との関わりから、内在的性質の重要性を確認しておこう。未亡人であること、未亡人性は、外在的な性質である。ソクラテスが毒杯を仰ぎ絶命したとき、クサンティッペは未亡人性を獲得した。彼女は未亡人化したのである。クサンティッペの未亡人化を一つの出来事として捉えたとき、それがどこで起こったかは、出来事の理論にとってちょっとした問題になりうる。クサンティッペの未亡人化が、もしクサンティッペの身に起こったことであるとすれば、それは単に関係的な変化（外在的な変化）にすぎないように思われる。それが起こった瞬間の彼女の体重や血糖値等は、ソクラテスの死について何も教えてくれないからである。だが一方でわれわれは、ソクラテスの死という非関係的変化、すなわち関連する内在的な性質の変化こそが、実質的な、決め手となる出来事だと考えるだろう。そうだとすれば、ソクラテスの死に比べてクサンティッペの未亡人化は、実体のない、寄生的な、贋の出来事ということになるのか。

ポイントは、これが存在の問題だというところにある。出来事を個物における性質の変化と見なし、それ自身を一種の存在者と考えたとき[17]、クサンティッペの未亡人化とはいったい何なのだろうか。そのような出来事が存在するだろうか。くりかえせばわれわれには、真に何かが起こっているのはクサンティッペにおいてではなくソクラテスにおいてであると言いたくなる傾向がある。しかしそれをふまえても、存在にランク付けをして「贋の出来事」などという曖昧な対象を導入するのは悪手に思える[18]。それよりは、ソクラテスが絶命した瞬間のクサンティッペの任意の内在的状態を「クサンティッペの未亡人化」と呼んでしまうほうが、良い手だと私は思う[19]。それが存在論的に負担の少ない方策である。ただしその方策は、クサンティッペの側に関連する内在的変化がないにもかかわらずそこで「出来事」が生じたとする点で、統一性と自然さを欠いている。ということで、私の意見では、「クサンティッペの未亡人化」をソクラテスの死という出来事の一つの記述と見なすことが、最もつじつまを合わせやすい道である。クサンティッペの未亡人化は、牢獄でソクラテスの友人たちに囲まれながら起こったのである[20]。この考えは、出来事がどこで生じるかという問いに対して、外在的性質が変化する場所ではなく、内在的性質が変化する場所に注目せよという形の答えを与える。重要なものがある場所と内在的性質との関連性は、出来事の生起に関わる以上のような側面においても見ることができる。

3　傾向性

この節ではいわゆる「傾向性」について、とりわけ前節で見た種類の性質と対比しつつ、必要なことを論じたい。傾向性とは、ふつう、脆さや水溶性、可燃性、磁性、すでに例にあげた毒性、あるいは勇敢さや怒りっぽさといった気質などのことを言う。傾向性の日常的な例は外在的性質と同じくらいありふれている。

ある一つの傾向性すなわち**傾向的性質**をもつとは、一定の条件下で決まった種類の特徴を発現するということである。脆い物はちょっとの衝撃で割れ、水溶性の物は水に入れると溶ける。伝統的にそのことは、特定の条件文（とりわけ近年では反事実的条件文）と対応させることによって定義されてきた。つまり

［62］個物xは傾向的性質Dをもつ $\longleftrightarrow_{df}$ もし適切な状況Cのもとで出来事Tが生起したならば、xに出来事Mが生起する[21]

のような形で。耳慣れた「傾向性」の同義語として、本書では「傾向的性質」という用語を採用している。［62］の出来事Mは、Dの「顕在化」や「発現」、「発揮」、「顕現」などと呼ばれる。出来事Tは、

Dを顕在化させる「きっかけ」または「トリガー」である。たとえば、水溶性は傾向的性質の一種であり、それはつまり、一片の角砂糖に対し、それを水に沈めるというきっかけを与えれば、溶けるという形でその性質が顕在化することだというわけである。

定義項の条件文は反事実的なものと解釈してほしい。それゆえxへのDの帰属は、その条件文の前件の成立と論理的に独立である（前件が偽であるために傾向性が空疎に帰属してしまうといった心配はない）。そしてもちろん、Dがxに帰属するからといって、定義項の後件が現実に成立しているとはかぎらない。ようするに傾向性の有無とその顕在化の有無はまったく別なのである。もしシナモンアレルギーであったならばドーナツを食べたとき体調を崩していたであろうという話と、シナモンアレルギーなのでもしドーナツを食べていたなら体調を崩していたであろうという話を区別できない人はまずいない。だが、理論的な議論の文脈で、ときとしてこの明白な区別があやふやになる。[22] 注意が必要である。

もちろん［62］のような条件文を用いた傾向性の定義には、多くの異論がありうるだろうし、実際にある。まず「適切な状況Cのもとで」という文言が曲者だと誰もが思うだろう。その文言は必要である。水に入れてもすでに飽和していたなら角砂糖は溶けないし、シナモン入りドーナツを食べても抗アレルギー薬の服用によって症状が抑えられるかもしれない。通常はトリガーとなるタイプの出来事がトリガーにならない場合がある。その場合われわれは、件の傾向性は失われておらず、ただ顕在化できなくなっているだけだと考えたい。よって、それらを状況が適切でないケースとして除外し、そうして［62］の左辺と右辺の双条件性を守るため、「適切な状況Cのもとで」の文言は必要なのである。しかし、適切な状況とは正確にはどのようなものなのか。循環を冒すことなくそれを特定するのにはおなじみの困難さがあるだろう。［62］の双条件性への反例は、ほかにも、人工的で特殊なものを含めてバリエーションがある。定義に対して反例を作るのが哲学者の仕事であるとはいえその数は非常に多い(23)。また、あきらかに非傾向的と思える性質が［62］の形で定義できてしまうのではないかといった議論も提出されている。たとえば、三角形であることも「もし適切に角を数えたならば、3であることが判明するだろう」という条件文で言い表せてしまうといった指摘である(24)。以上の諸反例に対してはもちろん再反論や再定義がいくつも提案されている。だがいずれにしても、傾向性の概念そのものを放棄する気でなければ、この路線で議論を続けていくしかないだろうと私は思う。

傾向性とその顕在化の区別の話の続きに戻ろう。両者が区別されるとして、では、物体は、なぜ傾向性を顕在化させることなく保ちつづけられるのだろうか。つまり、傾向性はなぜ潜在していられるのだろうか。これに対して考えられる有力な答えは、傾向性をもつためのある種の〝基盤〟が物体にずっと存在するからというものである。その答えはわれわれの説明実践に即したものでもある。すなわち、砂糖が水に溶けるのは砂糖の分子が親水基をもつからであり、ガラスが脆いのはその結晶構造に秘密があるなどとわれわれは言う。傾向性が維持されているかどうかが、物体のもつ構造的特徴によって決まると考えるのも自然である。熱せられて磁性を失うのはきっと原子の並び方が乱れるからだと人は思うにちがいない。

こうした説明の形式を真面目にとってよいならば、傾向的性質はそれをもつ物体に内在すると言いたくなる。実際、傾向的性質は内在的性質と見なされるのが標準的である。(25) 脆いガラス細工がコーティングされ、割れにくくなっているところを想像されたい。そのとき、脆さを失っているのはガラスとその表面のコーティング素材から成る複合体である。それ全体を「ガラス細工」と呼ぶのは自由である。そしてその複合体の完全な複製はやはり同じくらいに割れにくいだろう。他方、コーティングを、ガラス細工に密着した外的な環境と考えることもできる。そう考えるなら、問題のガラスそのものは依然として脆いままである。ただ、脆さを発現できない環境につねにつきまとわれているにすぎない。もちろん別の（コーティングのない）環境に置かれたそのガラス細工の複製は、本来の脆さを十分に発揮しうる。いずれにしても傾向性の有無は「ガラス細工」と呼ばれる対象の内在的性質によって決まっている。

分子構造や結晶構造は複製によって保存される。そうした構造をもつことは物体の内在的性質である。そして、それらのおかげで物体は特定の傾向性をもつことができる。まさにそれらの性質をもつことが、傾向性の顕在化とされる出来事の生起を左右する因果的要因となるからである。たしかにある角砂糖が水に溶けた原因は、それが水に放り込まれたという出来事だと言うべきだろう。だが、その角砂糖の分子構造が、水に溶けたことに対して何らかの因果的関与をもつと言えるのはまちがいない。それは親水基をもつから水に溶けたのだ。傾向性の顕在化に対しそのような因果的関与をもつ内在的性質を、その傾向性の「因果的基盤」と呼ぶことにしよう。

傾向性とその因果的基盤との関係は次のようなものである。

［63］個物xは傾向的性質Dをもつ⟷$\exists\phi$（ϕ(x)＆傾向的性質Dの因果的基盤である(ϕ)）

「ϕ」は一階の性質の変項であり、「傾向的性質Dの因果的基盤である(…)」は、性質の性質（二階の性質）を表す述語である。このような形式を考える一つの理由は、特定の傾向性を実現する因果的基盤として、しばしば、複数の異種的な性質が考えられるからというものである（これは「多重実現」と言われる）。親水基をもつだけでなく、イオン化したり、コロイド粒子化したりすることによっても、物質は水に溶け入ることができる。われわれは非常に異なる種類の現象をひとくくりに「溶ける」と呼ぶ。［63］の「ϕ」の値は、さまざまに異なる一階の性質でありうるだろう。［63］を考えるときに持ち出されうるもう一つの理由は、一つの傾向性の因果的基盤が可能世界ごとに異なりうるかもしれないからというものである（自然法則の偶然性への配慮）。現実とまったく同じ結晶構造をもつ脆いガラス細工も、分子間結合力に関する法則がすこし異なる可能世界ではそれほど脆くないかもしれない。もしもそのように考えられるなら、「ϕ」に入る性質の値は可能世界ごとに異なることになる。それでも、とにかく傾向的性質Dの因果的基盤であるという二階の性質をもった一階の性質をもつような物体が、Dをもつ物体なのである。（そう考えられているとき、［62］の右辺の前件は自然法則への言及を含まないと見なされている。そしてそのさい、もし自然法則を諸物体に対して外在的なものと考えるのであれば、傾向的性質は内在的性質だとかぎらないことになる。ある傾向性を現実にもつ物体の、法則の異なる可能世界における完全な複製は、その傾向性をもたないかもしれないからである。）

傾向性の顕在化は、多くの場合、二種類の物体のあいだの相互作用であるような出来事である。そしてそれはもちろん相互作用しあういずれの物体の側からも語ることができる。すなわち、砂糖が水に溶けたとき、水は砂糖を溶かしている。ガラス細工が床に当たって砕けたとき、床はガラス細工を砕いている。ここで強調したいポイントは、対応しあう一組の傾向性が双方の側に見てとれるということである。たとえば、砂糖が水に溶ける傾向性をもつなら、水は砂糖を溶かす傾向性をもつ。それらは、チャールズ・B・マーティンが「相補的な傾向性の相棒（reciprocal disposition partner）」と呼んだ傾向性の対にほかならない[26]。

相補的な傾向性をもつ二種類の物体とは、それぞれの傾向性の定義における出来事Tに本質的に含まれる種類の物体のことである。多くの傾向性は、その定義のなかに、当の傾向性をもつ物体とは別の物体への言及を含む[27]。関係と傾向性の区別についてはすでに第1節で注意を促した。傾向性のこうした特徴を、関係の成立に関係項の存在が必要だという話と混同しないでほしい。ある人物が兄であるためには妹か弟の存在が必要である。だがある物体が毒であるためにその毒による実際の被害者の存在は必要ない。性質の帰属に必要なものと性質の定義に必要なものはちゃんと区別しなければならない。

しかし実情はもうすこしややこしい。ある特定の個物aが特定の個物b（のタイプの対象）に対してある傾向性をもつとき、aは、bに対してそのような傾向的性質をもつようなものであるという関係的性質をもつからである。つまり次の二つも区別すべきである。

［64］このタマネギは、猫に対する毒性をもつ（摂取されれば猫の溶血性貧血の原因となる傾向にある）。
［65］このタマネギは、猫であるタマにとって、毒性をもつような物体である（摂取されればタマの溶血性貧血の原因になるような傾向性をもつ物体である）。

［64］で言われる猫一般に対する毒性は、もちろんタマに対する毒性でもあり（タマは猫なのだから）、それは一個のタマネギがもつ傾向的性質である。それに対し［65］は、タマに対して毒性をもつという関係的性質をそのタマネギがもつということを述べている。この性質は、タマとの関係に基づく性質だから、タマが存在しなければそのタマネギには帰属しない。

さらに、それぞれの性質は相補的な相棒をもっている。それらはタマの性質であり、次の［66］および［67］で表される。

［66］猫のタマは、タマネギに対する耐性がない（タマネギを摂取すれば溶血性貧血を起こす傾向にある）。
［67］猫のタマは、このタマネギに対して、耐性をもたないような動物である（このタマネギを摂取すれば溶血性貧血を起こす傾向性をもつ動物である）。

以上の文に示された諸性質のあいだには概念的な結びつきがある。一つが対象に帰属するなら、他の三つもそれぞれ適切な対象に帰属する。(28) ［64］と［66］が相補的な傾向性の対を表し、［65］と［67］が相補的な関係的性質の対を表す。

4　アフォーダンス

　さて、本章の残りの部分で「価値」について考えてみたいと思う。価値について考えることに正当化の必要はないだろう。「価値」は「重要さ」や「意義」のほとんど同義語だからである。それらが正確に何を意味しているかが、重要でない無意義な問いであるわけがない。

　価値一般に関してわれわれはかなり明白な直観をもっていると私は考える。それについての自然な語り方というものがあると私は考える。すなわち、われわれは何かについて「価値がある」、「価値をもつ」といった表現を使う。さらに「価値を見つける」、「価値に気づかなかった」といった言い回しも自然に口にする。ようするに価値は、その常識に基づいて特徴づけるなら、世界の側に備わっているものなのであり、われわれがそれに気づいたり気づかなかったりするものなのである。しかし他方で、価値についてわれわれが真反対の理解をもっていることもたしかである。この宇宙に人間が最初から存在しなくても、ニッケルや銅が存在することは可能であろうし、もし性質を存在者と認めるのであれば、ニッケル性や銅性もまた存在しうると考えられるであろう。だが「価値」はそうではない。いかなる生命体も誕生しなかった宇宙のどの部分にどのような価値があると言うのだろうか。価値は、非常に人間的な性質であるように思われる。さらに、価値は人類どころか個々人に依存しているとさえ言われるだろう。ある人にとって価値のあるものが他の人にとって無価値であることは、往々にしてある。一見して衝突する、以上の常識的理解をどうやって調停すればよいのだろうか。

第一の直観に沿って眺めるならば、この世界は価値的にでこぼこしていると言いたくなるだろう。もちろん世界は物理的にもでこぼこしている。しかしそれだけではなく、世界のある部分が有益であったり、別の部分が危険であったり、あるいは、わりとどうでもよい部分だったり、ずっと求めていたものであったり、むしろ無くなってしまえばよいと思えるものであったりする。この世界は文字通り色彩に満ちているが、価値に関しても非常にカラフルである。ある意味、その配置図を体得することがこの世界に通暁することでもある。

価値のもつこうした側面を興味深い仕方で捉える二十世紀の概念に「アフォーダンス」がある。アフォーダンスは心理学者のジェームズ・J・ギブソンが（その用語とともに）考案した概念である。ギブソンはそれを非常に新しい概念だと考えていた。たしかに、価値や意味の「知覚」を、心理学的方法論に基づく詳細な知覚研究の文脈で扱うことは斬新であったにちがいない。この節では一つの題材としてアフォーダンスの概念を検討するが、ただそれは、その概念自体が斬新だからというよりは（むしろ私はそれが突飛なものでないことを示したい）、おもに以下の理由による。すなわち、アフォーダンスの概念は、(1)私が思う価値の形式を基本的な部分できわめて的確に説明する概念だからであり、(2)哲学以外の分野でよく知られた概念だからであり、また、(3)整理しがいのある混乱を伴う魅力的な概念だからである。

アフォーダンスとは、簡単に言うと、環境の側に備わった生物にとっての価値や意味のことである。しかもそれは知覚される。ギブソンはアフォーダンスの概念を導入するにあたって次のような哲学的素描を与えている。

環境のアフォーダンスをめぐる重要な事実は、価値や意味がしばしば主観的で、現象的、精神的であると考えられているのとは異なり、アフォーダンスがある意味で、客観的、現実的、物理的であるということである。けれども実際には、アフォーダンスは客観的特性でも主観的特性でもない。あるいはそう考えたければその両方であるかもしれない。アフォーダンスは、主観的 - 客観的の二分法の範囲を越えており、二分法の不適切さを我々に理解させる助けとなる。それは環境の事実であり、同様に行動の事実でもある。それは物理的でも心理的でもあり、あるいはそのどちらでもないのである。(29)

AでもBでもあることとAでもBでもないことは区別するよう教わってきたので、右の引用は、哲学を専門とする者にとっていささか当惑させられる言い回しを含んでいる。「二分法を越える」というのも警戒すべきクリシェの一つである。だが哲学者は寛容なのでこれくらいで目くじらを立てたりはしない。おそらくギブソンが言いたいのは、アフォーダンスの概念には対立する側面が含まれるということであろう。概念導入時に促す注意としては順当なものである。

ギブソンの例を使うなら、しなやかで弾力性のある棒は曲げることをアフォードする。熟した一粒のイチゴは栄養摂取をアフォードしており、崖っぷちは転落や怪我をアフォードしている。（ほかにギブソンが好む例に郵便ポストがあり、彼によれば郵便ポストもいろいろアフォードしているのだが、それについては重要な注釈が必要であり、次節で論じることにしたい。）「アフォード」という独特の言葉は、提供する、用意するといったことを意味している。アフォーダンスは環境から生物に提供、供給、用意、準備されるものであり、したがって、特定の環境と特定の生命体という二つの項をもっている。それは「動物と環境の相補性を包含している」。そしてそれは、当該の生物にとって良いもの（滋養効果）であったり悪いもの（転落の危険）であったりするという点で、典型的には価値的、意味的な色彩を帯びている。[30]

強調されている一つのことはアフォーダンスの「相対性」である。切り立った崖の縁は、人間にとって危険な場所であるが、鳥類にとってはそうでない。ムササビにとってはむしろ跳躍のための良い足場になろう。他方で、もう一つの特徴として、アフォーダンスは環境の側に「用意されている」、「あらかじめ備わっている」といった「実在論」風の語り方がなされている。相対性と実在性が両立しないと考える向きも多いため、この両側面は問題になりうるだろう。

相対的であるということについてここで私の考える定義を与えておきたい。相対性は「○○は××に相対的である」という形で表現される。たとえば、図4-1のcが下にあるものであるかどうかは、そこに描かれているそれぞれの図形に相対的である。つまりcは、aからすれば下にあるものだが、bにとってはそうでない。下にあるものだというcのその種の性質を、cのもつ**相対的性質**と呼ぶことにしよう。他方、三角形であるというcの性質は相対的性質ではない。「cはaにとって三角形である」といった言い方をしないのは、ｃがａにかぎらずあらゆるものにとって三角形であるためその言い回しが冗長表現になるからではなく、そもそもその言い回しが理解不能だからである。それは誤った形式をもつ不適格な表現である。三角形性は関係ではない。(31) 相対的性質はあきらかに関係的性質の一種である。私は、「対象ｘのもつ相対的性質」を、ｘの関係的性質のうち、次の［68］の条件を満たすａとｂの存在が可能であるような性質Ｆとして定義したい。すなわち、

［68］　対象ｘは、ａにとってＦであるが、ｂにとってはＦでない。

（自然さの点からすれば［68］は、「ｘがＦかどうかは何かに相対的である」、「ｘは何かに相対的にＦをもつ」という表現の定義と考えたほうが理解しやすいかもしれない。しかしここではあえて「ｘの相対的性質」というややミスリーディングな表現を導入する。）

数の２が必然的な存在者だとすれば、２が何かと共存する（同じ世界の存在者である）かどうかは、何かに応じて相対的ではない。２はあらゆるものと共存せざるをえないからである。しかし、何かと共存するという性質は、２のもつ関係的性質ではある。したがって、すべての関係的性質が相対的性質なわけではない。「相対的」という言葉を

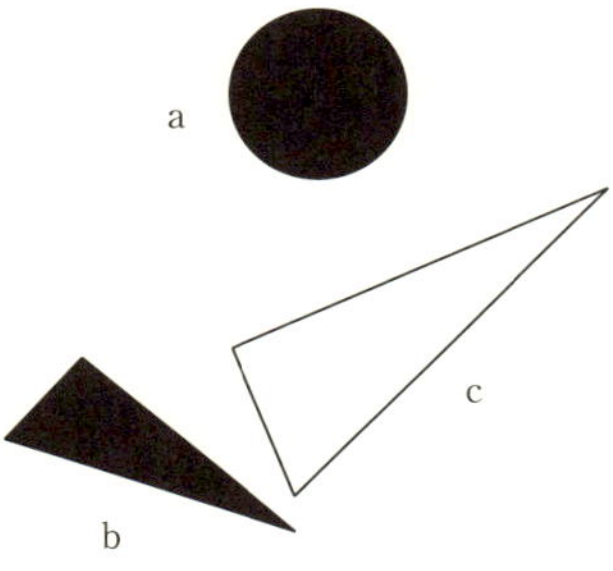

図 4-1

使う眼目は、［68］のような形のケースをほのめかすことにあると私は考えるので、相対的性質を以上のように定義しよう。

相対性が実在性や客観性といった概念と衝突しないことは明白である。図4－1の図形はそれぞれさまざまな相対的性質をもつが、それらの図が実在する以上、それらの相対的性質の帰属も実在的であり、また客観的である。同様に、ある崖っぷちが人間の私にとって危険性をもつ場所であるということは、主観の問題ではない。危険なものは現に危険なのであり、それをどう認識するかとは関係がない。認識と関係するのはそこから不注意にも落ちるかどうかであり、危険かどうかということそれ自体ではない。

もう一つ定義しておかなければならないのは「主観的性質」である。引用箇所に示唆されていたように、ギブソン自身が価値の主観説との対比でアフォーダンスの理論を提示したため、アフォーダンスをめぐる形而上学的議論はしばしば主観か客観かという二分法のもとで展開されてしまう。越えていようがいまいがその対立図式自体がテーマになってしまうのだ。

たとえば長滝祥司はギブソンの考えに批判的な観点から次のように述べる。

> 環境と知覚者のあいだの「相互関係（mutuality）」や「相補性（complementarity）」、「相互作用（reciprocity）」に固執しつつ、アフォーダンスが不変のもので環境にいつも存在しているといういいかたは、矛盾を孕むものとなるのではないか（たとえば、G・レイコフはギブソンのいう環境を「客観主義」と批判している）。ギブソンは知覚されるものが環境と知覚者との相互作用の結果であるとする一方で、知覚

以前に成立している生態学的実在を主張するが、知覚以前に実在しているならば相互作用がなくとも実在していることになろう。また、アフォーダンスは相互作用によってはじめて知覚されるものでありながら、それがすでに実在していることがどうしてわれわれにわかるのだろうか。神の視点がこっそりとかくされているのではないか。知覚の成立についてのこうした議論の背後には、認識論的優位性を強調するのか知覚される対象の存在論的先行性を強調するのか、という伝統的な問題がある。(32)

ここで問題になる主観性は、第一には知覚依存性のようなものと考えてよいだろう。ただし、長滝のテキストが示唆するように、より広く、主体の認識や信念、思想への依存性をも含めるのが自然な用語法だと思われる。私は、対象のもつ**主観的性質**を次の［69］を満たすような性質Fとして定義したい。

［69］対象xは、主体sにとって性質Fをもつようなものである ⟷ xはFであるとsが思う（あるいは、sが感じる、sには見える……等々）

主観的性質とはつまり、対象への帰属がもっぱらある主体の感覚や信念に依存するような性質のことである。(33)実際のところ、対象のもつ主観的性質の非常に多くが（ひょっとするとすべてが）相対的な性質である。ある人物が好みのタイプかどうかは、その人物に接する人の主観に依存し、かつ相対的であろう。(34)だが逆は言えない。主観的でないような相対的性質は多い。たとえばシナモンが毒であるかどうかは、シナモンを毒と思うかどうかには依存しない。

［69］のように定義される主観的性質と、顕在化が主体にとって主観的であるような傾向的性質を区別することは重要である。たとえば「おいしいもの」という語は、もし味わったならば味覚的快楽を得られる傾向にあるものを意味するのにも使われる。その場合のおいしさは、対象のもつ傾向的性質である。他方で、実際に食べてみて味覚的快楽を得たので「これはおいしい」と言った場合のおいしさは、主観的な性質である[35]。

ここ数段落であからさまに示唆してきたつもりだが、私は、アフォーダンスを傾向性の一種と考えている[36]。むしろ傾向性の一種にすぎないと言うべきであろうか。アフォーダンスはおなじみの、良い意味で平凡な概念である。

ギブソンや長滝の言う「相互作用」は、もちろん、傾向性の顕在化を構成するところの相互作用である。すでに見たように、傾向性の顕在化の実在性と傾向性そのものの実在性は別なので、アフォーダンス（傾向性）は相互作用（顕在化）がなくても実在しうるのでなければならない。顕在化してはじめて傾向性の存在が知られるケースはたしかにあるが、顕在化することなく傾向性の存在が知られるケースも多い。シナモン中毒の危険性は匂いで知ることができ、また、あるイチゴの粒が多くの栄養とおいしさを与えてくれることは色や香りで気づけるだろう。それらの知識の獲得は食べるという相互作用を経由しない。そしてもちろんこの知識の獲得経路には誤りの余地があるので、われわれは神の視点を手にしているわけではない[37]。

ギブソンにおいて「相互作用」と「相補性」は明確に区別することができる。前節の最後の議論を思い出してほしい。まずわれわれは、アフォーダンスをもつことと、ある生物個体にとってアフォーダンスをもつような何かであることとを分けなければならない。それは傾向的性質と関係的性質の区別である。たとえば、一個のタマネギは猫全般に対して毒性をもつ。毒性はアフォーダンスの一種である。それゆえそのタマネギは、個別的な猫のタマに対しても中毒をアフォードする。われわれはそれを単純に「このタマネギはタマにとって毒だ」と言うだろう。そこで主として話題になっているのは、タマネギのタマに対する傾向的性質（アフォーダンス）である。その傾向的性質は、タマがいようといまいと問題のタマネギに備わっている性質である。タマに対するその毒性は猫に対する毒性にほかならないからである。他方で、そのタマネギは、タマにとって中毒をアフォードするような何かであるという関係的性質をもっている。それを単純に「このタマネギはタマにとって毒だ」と述べてもよいだろう。そう述べたときに話題にされている関係的性質は、タマが存在してはじめて当のタマネギに帰属する性質である。関係の成立には関係項の存在が必要だからである。そして、同様の傾向性と関係的性質はタマの側にも備わっている。タマはある種の硫黄化合物に対して耐性のない（感受性の高い）生物である。そしてそれらは、上述したタマネギのもつ二つの性質とそれぞれに対を形成する。傾向的性質の相補的な対と関係的性質の相補的な対とをである。対をなす傾向的性質は、それぞれをもつ二つの対象のあいだの相互作用によって、それぞれの側で顕在化する。また、後者の関係的性質が、個々の生物個体にとってのアフォーダンスの相対性を説明する。

ありうる誤解を防ぐために述べておくと、アフォーダンスの実在性や不変性を主張するのに、物理主義的存在論を採用する必要はない。ましてや、アフォーダンスを特定の物的性質に還元する必要もない。あるアフォーダンスの不変性は、ただ、対応する［63］の形式が維持されるかぎりにおいて保証される。［63］の「ϕ」を満たすものなら因果的基盤はどのような性質であってもかまわない。またそれは次々と入れ替わっていってもかまわない。電子レンジから途中でオーブンレンジに切り替わる調理器具を想像されたい。その場合でもその調理器具の重要なアフォーダンスは一定である。重要なのは［63］の形式である。

5　外在的な価値

ギブソンが言いたかったことはおそらく、アフォーダンスが客観的であるということではなく、それが環境に内在するということである。彼はそのように主張すべきであった。環境に内在するからこそ、アフォーダンスはどのような形であれ知覚可能なのだから。

価値の客観性が価値の内在性と同じではないという点は、百年ほど前にムーアが注意を促していた論点である。

「客観性」という概念と私が「内在性」と呼ぼうとしている概念との間には、きわめて重要な違いがある。けれども、私が間違っていなければ、どのような種類の価値であれ、その「客観性」について語るとき、人々はほとんど常に二つの概念を混同している。その混同は、ある与えられた種類の価値がもつ「内在性」を否定するたいていの人々がまたその「主観性」を主張するという事実による。両概念の違いがいかに大きいかということ、並びに、善さの「客観性」を主張する人々が概してこれによって単に「客観性」だけでなく「内在性」も意味しているのが事実だということ、このことは、それによれば善さは客観的であるが内在的ではないという理論の一例を考察すれば、もっともよく明らかにすることができる、と私は思う。[38]

引用の最後にある理論の一例としてムーアがあげているのは、価値に関する進化論的解釈である。すなわち「善さ」をもっぱら、生存しやすさ、環境への適応度の高さとして説明するような理論である。その種の価値は、まちがいなく客観的なものである。しかし、当の価値を付与される生物個体に完全に内在しているわけではない。ある環境に種Aが種Bよりもよく適応しているのだとして、Aに属する個体の完全な複製が、その価値をもつとはかぎらない。ムーアが述べるように、環境や自然法則が異なれば、種Aの個体は種Bの個体よりむしろ生き残りにくくなるかもしれないからである。（ムーアが「複製」の概念を使って内在性を説明していたことを思い出してほしい。[39]）

ある生物種に属する任意の個体が生存しやすいかどうかは、その個体がいる環境に相対的である。つまり、ある特定の個体がある環境に適応しているということは、その環境との関係に基づいて定義される関係的な性質である。実際のところ、その個体の環境への適応は、その種の個体が特徴的に備えるさまざまな傾向性によって実現されているだろう。その環境において発揮されることの多い傾向性によってである。それらの傾向性自体はもちろん個体に内在的である。だからこそ、それらは複製において保持され、別の環境ではうまく発揮できなかったりするのである。それゆえある特定の環境に現に適応しているという価値は、関係的な価値であり、外在的な価値である。すべてが生物個体の内部で決まるわけではない。

価値の主観説を批判するときのギブソンの眼目は、アフォーダンスが環境の中にあるという点を強調することにあったはずだ。つまり、価値はそこにあるようなものとして生物に知覚可能だというわけである。知覚理論の形而上学的な基礎として、環境への価値の内在性は重要である。それに比べれば物理主義はオプションにすぎない。アフォーダンスを傾向性と考えることは、そうした彼の眼目と整合的である。傾向的性質は内在的性質と見なせるからである（注25のような複雑なことを考えないかぎり）。

私が以下で強調したいのは、人間にとって利用可能な重要な価値が、環境にそのすべてが内在してはいないような種類の価値だという事実である。つまりある種の価値は環境がもつむしろ外在的な価値である。したがって、その種の価値は、言葉の厳密な意味において「知覚」のみによって知られるわけではない。私の考えでは、それらの注目すべき外在的価値を、ギブソンが見落としていたわけではない。そうではなく、彼は誤ってアフォーダンスに分類していたのである。

環境がもつ外在的な価値は、アフォーダンス理論に対する長滝の次の批判的コメントのなかに暗示されている。
マットのうえに寝ている猫をまえにして「猫がマットに寝ている」というだけなら、なるほどそれは知覚されたものの一部にすぎないかもしれない。だが、話者にじっさいは見えていなくとも「あの猫は神の使いである」ということもできるし、聞き手はそのことばによってそれまでとは違ったしかたで猫を見るかもしれない〔……〕。生態学的実在論なら、神的なものを「提示し（afford）ている」猫が環境にすでに実在していたと主張するのだろうか。アフォーダンスが主観的なものでなければ、猫はだれにとっても神の使い――たとえば祈りをささげるべき対象――として提示されているであろう。ところが、聞き手にとって猫が神的なものになったのはあきらかに言語の力によるものであるし、そうしたことばを戯言としか受け取らない聞き手ならば、猫を神聖なものとはみない。人間の認識は知覚的であるとともに言語的である。このため、アフォーダンスは完全には客観的なものにならないのだ[(40)]。

アフォーダンスが「主観的なものでなければ」、ただちに、環境の側に実在し分かる形で提示されていなければならないということになるわけではないという点を、あらためて強調する必要はないだろう。ムーアが教えるように、主観性の否定が内在性なのではない。ここでさらに考えるべき問題は、猫の神性がどのような種類の性質かである。

聞き手にとって猫が神的なものになったのは言語の力によるものではない。聞き手が猫を神的なものと思ったのは言語の力によるものであるかもしれないけれど。ほかにも話し手の権威や表情、猫の外貌などがそうした信念形成を左右しうるだろう。問題の猫が神的なものになったのはもちろん神の力による。その猫は神によって選ばれたからこそ神的なのだ。その神性は、猫のもつ性質であるが、外在的な性質である。そしてそれは外在的な価値である。もっとも、以上は猫がほんとうに神の使いであるとしての話だが。ほんとうは神などいないかもしれないし、話し手はただふざけているだけかもしれない。しかしそうだとしても、聞き手は、言語の力によって猫を神の使いだと信じうる。神性の帰属は言語の力とは独立である。言語の力に依存するのは聞き手の認識や信念である(41)。

より明確な例は貨幣の価値である。百円玉性は外在的な性質である。百円玉の複製は、百円玉ではなく、貨幣としての価値ももたない。ただし百円玉性は内在的性質をも連言的に含む。数千度の輝く液体にもはや百円の価値はない。環境から得られる視覚情報はたしかに、私が財布の中から百円玉を見つけるのに役立つだろう。百円玉の価値を決めるいくつかの要素は私と百円玉がともに位置する環境に内在しているが、決定的な他の要素が時間的および空間的に遠く離れたところにある。遠く離れたそれらはもちろん私に何ものをもアフォードしていない。さまざまな証拠からの推論とその蓄積が、それらと目の前の白銅片との関連性の認識へと、私を至らせるのである。

ギブソン自身が好んで例にあげる郵便ポスト性も同種の価値である。「郵送」をもし制度的な行為と見なすならば、郵便ポストは、厳密には、郵送をアフォードしていない。だがギブソンは次のように述べている。

実際の郵便ポストが（これだけが）、郵便制度のある地域では手紙を書いた人間に、手紙を郵送することをアフォードする。このことは、郵便ポストが郵便ポストとして同定されるときに知覚され、そして郵便ポストが視野内にあってもなくても理解される[42]。

たとえば映画のセットで使われる贋の郵便ポストは、郵便ポストとまったく同じ視覚情報をわれわれに与える。したがってその物体は適当な場所に設置されれば手紙の投函をアフォードする。そのようにされれば知らずに手紙を入れてしまう人もいるだろう。さらに、なりゆきで、毎日誤って投函される二、三通の手紙を実際に宛名の住所に届けようという話になるかもしれない（俳優が郵便局員の衣装を着たまま）。そのとき、その郵便ポスト状の物体は、人々に手紙を投げ入れさせる傾向をもち、宛先に手紙を届けるという行為をひき起こす傾向をもつことになる。だがそれでも、その物体は「郵便ポスト」ではなく、届いた手紙も「郵送」されたものではない。その物体やそれに続く行為は郵便制度と適切な関係をもたないからである。郵便ポストであることは、ある環境に存在する物体のアフォーダンスに還元できない[43]。

そのポストそっくりの物体の機能、傾向性こそがわれわれにとって重要なのだという指摘は的を外している。ここでの要点は、郵便ポスト性がそうした性質とは別種の性質だということだからである。郵便のもつ制度的な意味を実感しにくい向きには、記念的なホームランボールであるという性質や、友人の形見であるといった性質を考えられるのがよい。そうした性質をもつ物体の内在的な特徴は、たしかに、それらが贋作でないことを見分ける手がかりにはなるだろう。つまり、最終的に重要なのはそれらが本物であることなのだ。そして本物であるというのは、この場合、関係的、外在的な価値にほかならない。それらが位置する環境には内在していないのである。

思うに、人間にとって重要な多くの価値は、こうした、環境に内在しない外的な要素によって帰属が左右される種類のものである。それは長滝の言う「言語の力」によってはじめて認識可能な価値であり、ギブソンの表現が示唆するように「6歳以上の人」によってようやく理解されるような種類の価値なのである。(44)

6 主観性と価値の傾向性説

価値が「どこにあるのか」という問題をこの最後の節で考えてみようと思う。

その問題を論じる前に、唯名論者に配慮をしておきたい。極端な唯名論者はおそらく真顔で「価値などどこにも存在しない」と言うだろう。彼らにとって存在するのは価値述語が適用される個体だけだからである。(45) しかし唯名論者も、こちらの個物にはこれこれの価値述語があてはまり、あちらの個物に対してはそうでないといったことを語れるはずだ。また、自分が何かに価値を見いだすとき、自分自身や自分の言葉がその価値を帯びるわけではないといった理屈も理解できるにちがいない。つまり、唯名論の言語にパラフレーズされる前の表現として、価値の「存在」について語ることは、便利な虚構として彼らも容認するはずである（前章のクワインからの引用箇所を思い出されたい）。

虚構と見なすにしても話は進められる。価値が「そこにある」という表現の多義性について、これから指摘しようと思う。唯名論者にとってもその区別は可能である。彼らは、対象にあてはまる述語の適用条件の違いによって、それらを区別することになる。

ある対象の価値が最も濃厚な意味で「そこにある」と言えるのは、当の対象に価値が内在している場合であろう。つまり、ある対象のもつ内在的な価値が語られている場合である。対象の内在的価値とは、もっぱらその対象のもつ内在的性質によって帰属や帰属の程度が決まる価値のことである。これはもちろん、前節において価値の内在性の話をするときに背景にあった考え方であり、ムーアに由来するものである。[46] アフォーダンスはこの種の価値である。

だがそれよりも希薄な意味で、対象について価値が「そこにある」と言える場合がある。特定の外在的性質をもつことによってその対象が何らかの価値をもつような場合である。それはもちろん前節において外在的な価値として語ったものである。外在的な価値は、当の対象がもつ価値である。百円玉であるという性質をもつのは目の前の白銅片にほかならない。百円の価値をもつのもその百円玉である。造幣局は百円ではなく（資産価値はもっと高いと思う）、ましてや造幣局と白銅片の和が百円なのでもない。［49］と［51］を見比べてほしい。誰かが誰かの兄であるという関係を例化しているのは太郎とアヤ子であるが、誰かの兄であるという性質を例化しているのはもっぱら太郎のほうである。）百円玉としての貨幣的価値は、「百円玉である」という述語の適用対象であるというただそれだけの意味で、白銅片にあると言える。この希薄な意味での価値の帰属は、述語が外在的性質を表しているかどうかには左右されない。

さて、すこし違う観点から話をしよう。環境の中の個物に帰属する価値が、最も基礎的な価値のカテゴリーであるかどうかについては異論の余地がある。ある物質は、皮膚に塗れば虫除けになり有用だが、口に入れると有害である。別の物質は、口にすると甘くて栄養になるが、皮膚に塗るとベタベタして蟻に集られる危険も生じる。個物の価値は、とくにアフォーダンスに関しては、結局のところそれをどうするかという選択肢の良し悪しに還元できるのではないか。つまり、前者の価値は後者の良し悪しによってより細密に説明できるのではないか。そうかもしれない。そしてさらに話は続けられる。選択肢の良し悪しは、結局のところ、それがもたらす諸結果の価値や良し悪しによって定義できるのではないだろうか。すなわち、ある選択肢は栄養摂取と味覚的快楽という善を行為者にもたらしうるが、副次的結果として虫歯の悪化という危険がある……等々。以上のように考えていくならば、より基礎的な価値の帰属対象は、選択肢自体や、選択によってもたらされる結果のほうだということになるだろう。（単純な例に変えて図示すれば図4-2のようになる。①は崖であり危険な場所だ。②のような崖付近での不注意なふるまいは、危ないのですべきではない。③は崖からの転落および負傷であり、行為者にとって災難である。①、②、③では関連する否定的価値が異なる種類の対象に帰属させられている。この段落で行なったことは、③であるがゆえに②であり、②であるがゆえに①であるという説明関係があるのではないかという示唆である。）

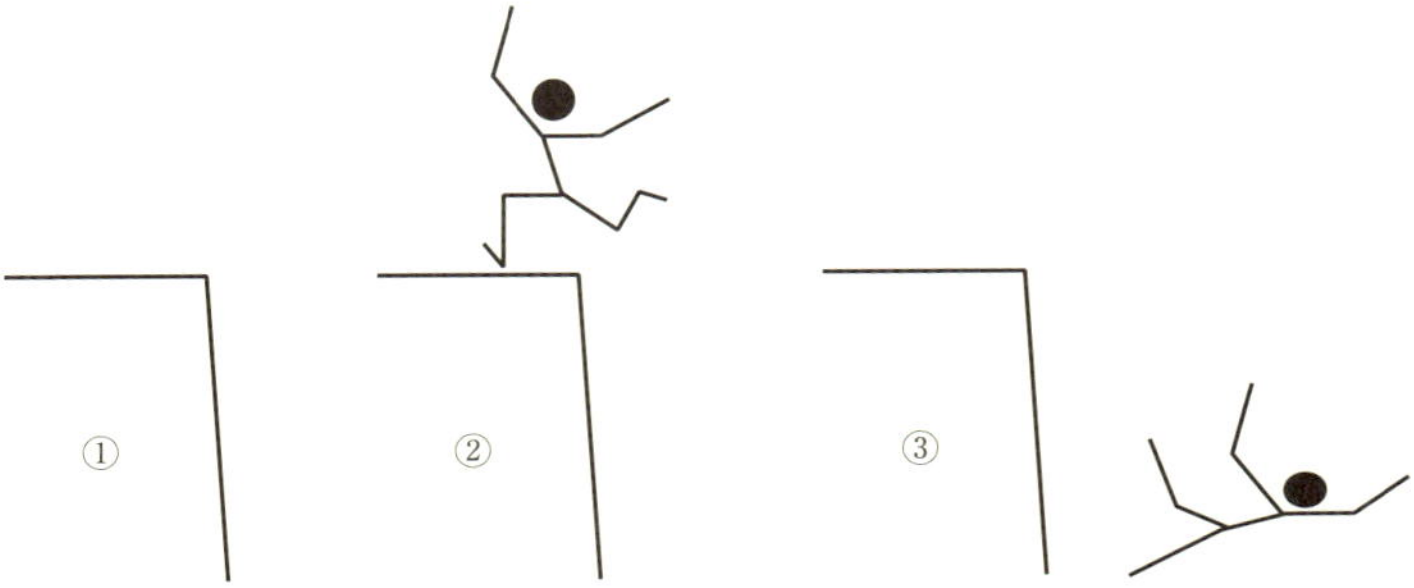

図4-2

この方向でもっと先に進めるだろうか。つまり、選択が行為者にもたらす結果の良し悪し（図4－2では③）をも含めたさまざまな価値を、一元的に説明する基礎的な概念装置はあるだろうか。私は、価値の種類は根本的に多元的だと考えている。それゆえあらゆる価値の内実に含まれる本質的特徴のようなものを探索する気はない。ただここで、最も一般的な形式に関する説明を期待することはできるかもしれない。それはきっと、賢明にも内実に触れないという意味で、表層的なものになるであろうが。

　ここにおいてはじめて、主観主義的な価値の学説が視野に入ってくる。私が念頭に置いているのは「価値の傾向性説」と呼ばれる学説である。その名で呼ばれる説にはいくつかのバージョンがあるが、本書ではルイスによるものを参照しようと思う[47]。基本的な考えは、価値とはわれわれが価値を見いだす何かであるというものである。もうすこし正確に定式化すれば、

［70］対象xには価値がある ↔(df.) 理想的な状況下では、われわれはxに対して価値を置く傾向にある

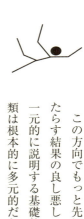

という形になる。「価値を置く」というのは態度の一種である。よってそれは主観的なものである。とはいえその態度を、快楽や幸福感といったおなじみではあるが狭すぎて役に立たないことが明白な概念によって説明することは得策ではない(48)。快楽や幸福感はまた、主観の状態として内実を伴いすぎてもいよう。

ルイスの提案は、「価値を置く」という態度を、欲することを欲するといった高階の欲求として分析することである(49)。欲することを望んでいないにもかかわらず欲してしまうものがわれわれにはあり、かつそのようなものに対してわれわれは価値を置かないという事実を考えあわせると、この分析にはもっともなところがある。ともあれ、［70］は主観的な概念を核とした価値の定義になっている(50)。

価値が置かれる対象は態度の対象であるため、「x」の値には個物以外のカテゴリーのものを考えるのが好都合である。個物以外のカテゴリーとは、選択肢や事態の推移の諸可能性を構成しうるカテゴリーのことである。すなわちそれは、命題であるかもしれないし、あるいは、より自己中心的な視点から個別化される主体自身のあり方であるかもしれない(51)。

［70］の定義項の「理想的な状況下」は、ある種の完全な知識を得ている状態のことを指す。つまり、「x」が実現するとはどのようなことであるかを、完全に精確にありありと想像できるようになっていることを意味する(52)。そのような状態はあくまで理想的なものであるため、現実の人間がその状態に至るには多かれ少なかれ距離がある。そのことは価値に関する発見や誤りを可能にするだろう。たとえば、

前章の［41］の例文にあったように、人類がまだ知らない種類の美徳が存在する。誰にも知られていなかった美徳とは、それの実現がどのようなものであるかをもしもこれまでに十分精確に想像できていたとすれば、その実現を望むことが望ましいと思うようになっていたであろう道徳的状態である。現実にはそのような想像は不完全にすらなされなかったため、これまでいちども価値づけが行なわれなかった、すなわち傾向性が顕在化しなかったというわけである。

　定義項における「われわれ」の範囲は、実情や文脈に応じてさまざまに設定可能である。その範囲を狭くとることによって、価値の相対性に適切に対応することができる(53)。もちろんこのことは、ギブソンが強調したアフォーダンスの相対的な側面をうまく説明するだろう。ムササビやアメンボはわれわれとは違うのだ。またこれによって、評価が収斂しないことが当然であるような種類の価値も包括的に説明できるだろう。たとえば、私にとっておいしいものは私にとって価値のあるものである。味覚的快楽を生じさせるものを求めることは、特別な事情がないかぎり、忌むべきことではない（と私は思う）。そして味覚の主体は適切な範囲に拡大できるだろう。「われわれ日本人はホヤを好んで食べてきた」などの表現は自然である。もちろんこの拡大は不一致を許容する。あなたはホヤの味が嫌いかもしれない。だがもし嫌いだとしてもあなたは誰とも衝突しない。「ほんとうにおいしいホヤ」を食べたことがないからだと決めつけられることもない。三陸の漁港で新鮮なホヤを口にしてなおかつあなたは正直に「まずい」と言うかもしれないが、それはあなたが間違っているからではない。

　この種の価値は偶然的でもある。もしも現実とは異なる育ち方をしていたならば、私はホヤがあまり好きでなかったかもしれない。私の「好物」は可能世界ごとに著しくその中身を変える。私がホヤをあまり好きでない世界は、私が好物を好きでないような奇妙な世界ではなく、単にホヤが私の好物でない世界なのである。

とはいえ、以上のような考えは、多くの価値の種類にはあてはまらないと考えられるだろう。価値をめぐるわれわれの実践は一般にはもっと不一致に対して寛容でないように見える。評価のあいだのずれは、味の好みの場合のように起こるべくして起こると考えられることは稀であり、多くの場合、一方か双方の誤りに起因するものと見なされがちである。道徳的価値が関わる場合とりわけそれは顕著である。「不正」はまさに正されるべきものであり、われわれは対立する相手にそれをぜひ理解してもらいたいと感じる。そのような感じが何に由来するのか、それを額面通りに受けとってよいのか、実際に評価の収斂は期待できるのかといった重要な問題に、本書で踏み入ることはしない。それらの問題圏は大きすぎる。ここでは、不一致を原理的に放置しにくい種類の価値があるように見えるという点だけを確認しておきたい。

一点注釈を述べると、私はこの問題に「実在」論争はあまり関係がないと思っている。実在性について言うなら、私がおいしく味わっている対象も、私にとっての好物も、十分に実在的である。そこにあるのはリアルな対象へのリアルな性質の帰属にちがいない。ただそれらの性質は、私との関係的な性質と見なされるかぎりにおいて、対象に内在しない（または完全には内在しない）というだけである。そして、くりかえせば、関係性や相対性は実在性や客観性と衝突しない。（ここで突然自分が唯名論者であることを思い出し、「もともと価値などどこにも存在しないのだ」と言うのもよいだろう。重要なのは対象にどのような条件で価値述語が適用されるかだというわけである。）

放置できない不一致の構図は、［70］の定義と折り合いが悪い。それはこういうことである。われわれが態度に関してどのような傾向性をもつかは、本来的に偶然に左右されると考えられる。たとえばルイスは、船酔いとちょっとしたふしだらさとに人々が最上級の価値を（理想的状況下で）置いているような奇妙な可能世界に言及している。奇妙ではあるが、人間の反応一般が偶然の要因に本質的に依存するかぎり、そのような価値づけのパターンもありえないとは言えないだろう。しかしその世界は、船酔いなどに誤って価値を見てしまっている世界ではないだろうか。それはけっして船酔いに価値がある世界ではない（三段落前のホヤが私の好物でない世界と対比してほしい）。ルイスはそう考えており、私の様相的直観もそうだと言っている。ところが、［70］の定義をそのまま適用すれば、その世界においては船酔いとちょっとしたふしだらさにこそ価値があることになるのである。(54)

船酔いやふしだらさが「価値」であることを否定するためには、ルイスによれば、［70］の右辺に「（形而上学的）必然的に」という限定を加えるのがよい。そうすると、それらに対し価値を置くことは誤りだと言えるようになる。つまり、例の奇妙な世界の人々は船酔いやふしだらさを望むことを望ましいと考えているという意味で、それらを価値あるものと見なしているが、［70］のこの改訂版に従うなら、ほんとうはそれらに価値などないということになる。なぜなら、すくなくとも現実世界では船酔いなどに価値は置かれないため、それらは必然的には価値づけられていないことになるからである。(55)

この新しい定義は、われわれを錯誤説へと導く危険性をもっている。ひょっとすると、われわれが現実に価値を置いているものも、置かれるべくして価値が置かれているのではないかもしれない。いや、きっとそうであろう。おそらくあらゆる価値づけの行為は偶然的要因に左右されざるをえないのだから。そうだとすれば、[70]の必然化バージョンによって定義されるような価値は、どこにも（現実世界を含めたどの可能世界にも）存在しないことになる。唯名論者が言うのとは違う意味において「価値などどこにも存在しない」わけである。この結論は、たとえば道徳的な善はとうぜん必然的なものと考えられるとしてきた人々にとっては、ある種錯誤説的な意味をもつものであろう。だが、錯誤説的な結論をすぐさま帰謬法の結論部と捉えるのは早計である。第一章でほのめかしたように、錯誤説は魅力さえもつおそらく維持可能な立場である。仰々しく「危険性」と述べたものの、錯誤説を手にしたからといって荒ぶる必要はない。ルイスもこうした錯誤説的結論を穏便な仕方で受けいれている(56)。

ところで、言うまでもないことかもしれないが、アフォーダンスが傾向性であるという本章前半の主張と、価値の傾向性説の主張とは独立である。たしかに一方の傾向性は対象の側の、もう一方は主体の側のものであるが、しかし双方が互いに他方の相補的相棒となるわけではない。たとえば対象のもつ毒性の相補的相棒は、摂取主体の身体の感受性である。その毒物を避けたいと考えることを望むといった態度をもつ傾向ではない。アフォーダンスは特定のさまざまな種類の傾向性たちの総称である。他方、価値の傾向性説の説明項にある価値づけ傾向は、非常に一般的な、価値の内実に関わらない一定の形式をもった傾向性である。両者は直接的に対応しない。

染谷昌義は、しかし、彼が「アフォーダンス」と見なす性質の一つを、価値の傾向性説におけるようなきわめて形骸的な仕方で――「形骸的」の語を私はここで悪い意味に使っていない――特徴づけているように見える。すなわち、長滝の神の猫の例に関して、染谷は、その猫の神性がやはりアフォーダンスと呼ぶべき性質であることを示そうとして、次のように述べているのである。

おそらく郵便ポストの場合と同様に、そのネコだけをどれだけつぶさに観察しようと神の使いのアフォーダンスは見えてこないだろう。そのネコを取り巻く発話者を含めた人々がそのネコに対して特有の振る舞いのパターンを示しており、この振る舞いのパターンが神の使いのアフォーダンスを持たない普通のネコに対する振る舞いのパターンとは異なること、そのネコにユニークな、たとえば、祭壇に奉ったり、特別な餌をあげたり、特定の決まった人物しかそのネコに触れることが許されないといったそのネコを取り巻く一定の規則的な出来事レイアウトを、わたしは見る必要がある。(57)

私の意見は、前節ですでに論じたように、このケースは郵便ポストの場合と同様にアフォーダンスの事例ではないというものである。ここではそのことをもういちど別の観点から確認することができる。「ネコを取り巻く一定の規則的な出来事レイアウト」と染谷が呼んでいるものは何であろうか。それは猫に対する人々の反応の数々ではある。だがそれは、神の猫こそがもつ一つのアフォーダンスに対応する相補的傾向性の顕在化ではない。たしかに、一段高い場所にすこしのあいだ載せておけること、餌をあげられること、触ることができることなどは猫のもつアフォーダンスであろう。しかし、神性とはむしろ、件の出来事レイアウトに関わる対象を祭壇に、特別の餌に、決まった人間に変えるような性質のことなのである。そしてすでに区別したとおり、その性質自体はアフォーダンスではない。

　染谷の例における人々の反応は、ようするに「神の猫に対するのにふさわしい行動」と呼べる以上のものではない。そのように呼べる反応をひき起こせるかどうかは、問題の猫が当の環境においてもつ内在的性質からすれば、ひどく偶然的なものである。たとえばその猫は神の猫ではなかったかもしれない。神は別の猫を選んでいたかもしれないからである。その場合人々はまったく違う猫を神の使いとして扱っていたであろう。あるいは、悪魔が人々を混乱させたせいで、その猫は神に選ばれたにもかかわらずふさわしい扱いを受けていなかった可能性もある。ここには法則的な必然性すら見いだせない。猫の唾液に含まれるアレルゲンが飼い主の喘息をひき起こすケースと比較してほしい。

　猫が人に対して何をアフォードしているかを知るには、たしかに、実際に猫と関わった人々の反応を見るのが有効だろう。一定の規則で発現する人々のくしゃみや鼻水、目の腫れ、呼吸困難などは、猫のもつ特定のアフォーダンスを推測させるには十分なものである。だが、それを知った人々が猫をどのように扱うようになるかはまた別の話である。それら後続の反応の数々は、猫の問題のアフォーダンスを定義したり特定したりするものではない。とはいえそれらは、猫に対する人々の一定の価値づけ反応ではある(58)。

注

（1）もちろんこれだけでは「F」が性質の表現だということにはならない。というのも「F」と「a」はここまでなら形の上で対称的に扱えるからである。つまり、aはFとは別の性質をもつことができ、たとえばG(a)なども成立しうる。ここで「φ」を、性質を値にとる変項とすれば、そのことは一般に「φ(a)」と表せる。他方、個体を値にとる変項「x」を用いて「F(x)」という形式を考えることもできる。結局のところ、われわれは世界のあり方を表現するのに使える対称的な二つの形式をもっているわけである。aとFのうちFのほうを「性質」と見なすべき理由はどのようなものだろうか。前章のような形而上学的な観点からは、具体的な空間領域との関わり方を考慮し、Fは複現しうるがaは特定の一領域を占めるのみであるといった特徴をあげることができるだろう。あるいはまた、形式的な観点から、「性質の性質」は考えられるが「個体の個体」は意味をなさないといった指摘も可能であろう。すなわち、aとFを結びつけている関係の連鎖の末端に位置するのがaでありそちらが「個体」である、という指摘である。これは、第二章の最初に見た「個別性」の定義の背景にある考え方である。

（2）前者の例は連言的性質、後者の例は構造的性質の問題に関係している。それらの性質はとりわけ普遍者の理論にとって問題となるとされる。ある種の述語は、他の諸述語の連言的結合として定義され（連言的性質）、またある種の述語は、それが適用される対象の諸部分に適用される述語を用いて構造的に定義される（構造的性質）。問題はいわば、述語の定義に見られるそうした構造を、どれだけ性質の構造として説明すべきかというものである。アームストロングは連言的普遍者と構造的普遍者の両方の存在を認めている。前者に対してはKraemer[1977], Casullo[1984]あるいはMellor[1991a]; [1992]などの反論があり、後者についてはLewis[1986a]の批判が有名である。Kraemer[1977]とCasullo[1984]は、連言的普遍者を認めざるをえないとするアームストロングの独特な論証（Armstrong[1975]; [1978b], chap. 15）に対する異論であり、また、Mellor[1991a]の議論はより広く構造的普遍者に対する批判にも関わっている（cf. Oliver[1992]）。後者のルイスによる批判には、アームストロング自身や、当初から議論に加わっているフォレストからの応答が続く（最近でもたとえばForrest[2016]）。なお、以上の議論はかなり専門的なものになると私は思うが、連言的普遍者や構造的普遍者に関する入門的な解説を日本語で読むことができる。倉田［2017］, pp. 127-31 を参照されたい。その他、アームストロングの哲学について、本書では注に散在していて把握しづらいと言われる向きにも、同書をお勧めする。系統的で丁寧な解説がある。

（3）この話をするとかならず「百円玉として流通してしまえばそれは百円玉である」という珍妙な貨幣の定義を持ち出す人がいる。それはしかし「真贋」の概念の放棄という知的自滅へと向かう道である。記念的なホームランボールの精巧なコピーは、記念的なホームランボールではない。だからこそ騙されてそれを記念的なホームランボールと思い購入する被害者が出てくるわけである。

（4）とはいえ、あらかじめ断っておくと、美的価値や美的性質を本書で主題的に取りあげることはしない。いわゆる美的性質の「客観性」の問題に関しては、源河［2017］, chaps. 6-7 に慎重かつ詳細な考察がある（もっとも著者の見解の存在論的な部分に私はかならずしも最後まで首肯するわけではないが）。

（5）Armstrong［1978a］, p. xiii;［1978b］, p. 63, chap. 19. たとえば、アームストロングによれば、因果関係は単なる規則性に尽くされない真に法則的な関係である。彼はそれを説明するのに、因果関係を、二つの一階の普遍者を結びつける二階の二項的な普遍者（関係）として描いている（cf. Armstrong［1978b］, pp. 149ff.;［1983］, chap. 6; 本書第三章の注15も見られたい）。

（6）たとえば、第一章にあげた教科書では、戸田山［2000］, pp. 176-7, p. 354 を見られたい。

（7）ちなみにアームストロングの普遍者の理論にここで戻れば、［52］で示唆されるような関係的普遍者を認めるかどうかについて、彼は慎重な態度をとる。もっとも［51］のような形式に対する態度は明確である。そこで用いられている述語に対応するような普遍者を彼は認めない。述語が個別者（［51］ならアヤ子）への言及を含むからである（Armstrong［1978b］, p. 15）。［52］の述語にそうした不純物はなく、一見してそれは関係的普遍者を表しているかのようである。アームストロングによれば、しかし、関係的普遍者なるものを認めることはいずれせよ存在論的な重要性をもたない。関係的普遍者は、単項的普遍者と多項関係に分析可能だからである（*ibid.*, pp. 78-80）

（8）述語「～はO型の血液型である」と「～はA型の血液型である」がどのような関係にあるのかも、［54］の形の定義を使って示すことができる。したがって〔53〕より〔54〕のほうが基礎的な概念を含むと言える。

（9）たとえば神を、具体的で、必然的で、かつその被造物と部分を共有しない存在と考える人がいるかもしれないから、〔55〕においてはやはり「偶然的対象」と書くのが無難であろう。いずれにしても、外部の必然的な存在者は〔55〕をあらゆる性質にあてはまるものにしてしまう。

（10）Kim[1982], p. 184; Chisholm[1976], p. 127〔邦訳書 pp. 161-2〕.

（11）ウミサソリという種であるためには、単に特定の形態や内部構造をもつだけでなく、進化の歴史を背負っていなければならないという議論はありうるだろう。その場合、唯一のウミサソリであるという性質は、時間外在的な性質になる。ただし目下の反例においてその論点は無視したいと思う。（第一章の注45においても私は同種の無視を行なった。）

（12）〔58〕のタイプの反例については、Lewis[1983b]を参照。ルイスは、孤独である（他に何もない）という、より純粋で一般的な性質を第一の反例にあげている。また彼は、キムの路線で、否定、選言的結合、逆含意の操作を用いて帰納的に外在的性質を定義し、そこから内在的性質を輪郭づけようとする企てがうまくいかないことも示している（*ibid.*, pp. 199-200）。

（13）Moore[1922a], p. 261〔邦訳書 pp. 378-9〕. ムーアの用語が今日のものとずれている点に注意されたい。彼の言う「内在的本性」が本書で言う内在的性質に相当する。彼の最終的な意図は、「内在的価値」を内在的性質（「内在的本性」）の概念を基に定義することである。そのさい彼は、内在的性質（彼の言う「内在的本性」）が一致すると考えられる厳密に同一のもの、および完全に類似（exactly alike）なものを想定し、それらがさまざまな状況でどのように価値を維持したり失ったりするかを勘案している（もちろん維持される不変的な価値が「内在的価値」である）。くわえて、ムーア自身は「内在的性質」の語も「内在的本性」と区別して使っているため話が複雑になっている。彼は「内在的性質を異にする」を「数的に異なる」と同値になるような仕方で使う。つまりムーアによれば、aとbが数的に異なる場合、aとbがいかに「内在的本性」を共有していたとしても、たとえば、aと同一であるという「内在的性質」はaにしか帰属しないのである。aと同一であるという性質——もしそれを「性質」と呼ぶなら——は、複製による次の〔59〕の規準に従うと、内在的性質ではないことになるだろう。aの複製はaではないのだから。複製において保存されるものがムーアの言うところの「内在的本性」である。しかし他方で、〔55〕および〔57〕に従えば、aと同一であるというaの性質は、内在的性質であると言える。それゆえムーアは内在性を、外部の存在に依存しないという意味でも考えているように見える。なお、aと同一であるという性質を、自己同一性（自身と同一であること）のような、どの対象にも必然的に帰属する性質——そうしたものも「性質」と考えるなら——と区別されたい。後者は、いずれの規準でも内在的と見なされよう。

（14）これに関しては続く議論がある。いずれかを原始概念と見なす最初の方策は、Lewis[1983b]で示唆されるがすぐに「可能だががっかりさせられる」とされる（*ibid.*, pp. 197-8）。現実の物理学の用語で複製を定義する道も、より広い形而上学的可能性（物理学の偶然性）を考えれば十分でないとして退けられる（Lewis[1983a], pp. 356-7〔邦訳書pp. 167-8〕）。Lewis[1983a]において、彼の言う「自然的性質」の共有による複製の定義が提案され、以降もそれが基本的に踏襲される（Lewis[1986b]: pp. 61-2〔邦訳書pp. 67-8〕等）。ルイスによれば、あらゆる自然的性質は内在的であるが、逆は成り立たない（たとえば内在的性質の選言的結合は、内在的だが、自然的でないか、または自然さの程度が低い）。それゆえそれは循環的定義にはならない。この方向での考えは、Langton & Lewis[1998]およびLewis[2001]で、より一般化され、詳細化され、異論に対し擁護可能な形へと洗練されている。なお外在性／内在性の区別をめぐっては、その後もこまかな議論の広がりがある。そのあたりについてはFrancescotti[2014]などを参照されたい。

（15）こうした複合的な（純粋でない）外在的性質を、より単純な外在的性質や内在的性質との連言的結合や選言的結合として定義するのではない方法を、ルイスが示している。彼は、複製関係による同値クラスを分割、排除、包含する仕方の違いによって、外在的な性質を（純粋なタイプも数えて）四つに分類している（Lewis[1983a], p. 356, n. 16〔邦訳書pp. 219-20〕）。

（16）もちろんこうして取りあげられる外在的性質は様相的性質のうちの一種にすぎないだろう。ただ、これらの概念装置は、われわれの身に降りかかる出来事への価値の帰属を説明する文脈ではたいそう有益なものとなる（cf. 柏端

〔2011〕）。

（17）たとえばDavidson〔1967b〕等。デイヴィドソンは出来事を一階の存在者と考え、量化や述定の対象と見なしている。また、彼によれば、出来事は依存的な存在者ではない。つまり彼は、出来事が個物やその他のカテゴリーから派生的に定義可能だとは考えない（Davidson〔1969〕, pp. 173-5〔邦訳 pp. 246-9〕）。

（18）他方で、ソクラテスとクサンティッペという二人の人物のあいだには、存在論的非対称性の疑念が生じない点に注目してほしい。彼らはどちらも同程度にリアルなのである。クサンティッペが帯びるにいたった未亡人性という性質が、外在的なものだとしてもである。クサンティッペの未亡人化という出来事の存在に疑問が生じるのは、それが、関係的な性質の変化としてしか語れないように思えるからである。一方でクサンティッペという人物は、未亡人であるという関係的性質をもつが、それと同時に内在的に女性であったり脊椎があったりする。

（19）むしろいわゆるネガティヴな出来事について同様の扱いが有効かもしれない。「待ち合わせ場所に太郎が現われなかったという事件」は、待ち合わせの時間に当該の場所で起こった任意の出来事の総体を指すと考えるわけである。この場合ネガティヴな出来事とは、正確には、ネガティヴな（否定形を用いた）記述がなされた出来事ということになる。

（20）柏端〔1993〕で私はそのような主張を行なった。別の仕方で表現すれば、同一の出来事が、ソクラテスの死であるという性質とともに、クサンティッペの未亡人化であるという性質をもつとする考え方である。

（21）「x」の値は個物に限定しておこうと思う。たしかに、たとえば、自然対数の底eは特定の人々を惹きつけるなどと言いたい場合はある。しかしその場合、ほんとうに人々を惹きつける傾向にあるものが、抽象的な数なのかどうかには議論の余地があるだろう。抽象的対象は因果関係の項にならないという[illegible]常識形而上学的直観が、われわれにはあると思われるからである。（これを「抽象性」の特徴づけに用いることもでき[illegible]ろう。前章の議論ではこの意味での抽象性には直接言及しなかったが。「抽象的」にはほんとうにたくさんの意味が[illegible]る。）

（22）傾向性の実在性を傾向性の顕在化の実在性へと還元するような理論を想[illegible]れたい。

（23）トリガーが無効化され傾向性の発現が抑制《マスク》され[illegible]いてはBird〔1998〕を参照のこと[illegible]また、トリガーと見なされるタイプの出来事Tが生じるやいなや先回りして当の傾向性を消し去ってしまう仕掛け《フィンク》が考案されることもある(Martin[1994]; Lewis[1997])。その場合もやはり顕在化となる出来事Mは生じない。あるいは逆に、傾向性がそもそもないにもかかわらず、右辺の条件文が成り立つかに見えるケースが指摘されたりもする。たとえば、けっして脆くはない強化ガラスに対して、衝撃が加わった瞬間かならずそれを粉々に砕いてしまうビームが照射されるようになっている環境などが、そこでは検討される(Smith[1977]; Prior, Pargetter & Jackson[1982])。これらの議論は今日でも続いているので、事例のこまかな区別が好きな人は追跡してほしい。

(24) この議論は、傾向的性質と非傾向的性質の区別——後者の性質は「カテゴリカルな性質」とも言われる——の問題に関わっている。Mellor[1974]; Prior[1985], chap. 5; Bird[2007], chap. 7 などを参照されたい。

(25) もっとも、自然法則が偶然的だ(可能世界ごとに異なる)と考える哲学者はいるだろう。そのように考えるならば、後の段落でも触れるように、傾向的性質を外在的性質と考える余地が出てくる(cf. Lewis[1997], pp. 147-8; あるいはLangton & Lewis[1998], p. 339)。また、自然法則の偶然性とは無関係に、しかし外在的であるようにすくなくとも見える傾向性の事例が、McKitrick[2003]において提起されている。

(26) この概念はしかしマーティンの哲学においてはより基礎的で重要な説明役割を担っている。Martin[1997]; Martin & Heil[1998]; [1999]などを参照されたい。

(27) ある種の傾向性のトリガーや顕在化は、特定の他の種類の物体を含んだり巻き込んだりしないと考えられる。熱を加えられれば柔らかくなるといった性質が、その種の傾向性であるように見える。また、ある種の傾向性はトリガーがそもそも見あたらない。原子の崩壊などがそれである(Martin & Heil[1999], p. 58, n. 17)。後者の例については、〔62〕に適合するかどうかがまず問題となりうるだろう。

(28) ただし〔64〕から〔67〕の表現には曖昧なところがある。たとえば問題のタマネギが、タマの赤血球をタマが猫であるがゆえにではなく破壊する傾向をもつとしても、〔65〕は成り立つと解釈できなくはないだろう。その場合〔64〕は成り立たないかもしれない。つまり〔64〕と〔65〕が同値でないと読むこともできる。〔65〕は、より注意深く「このタマネギは猫に対する毒性をもち、かつタマは猫である」ということが伝わるよう書かれるべきなのかもしれない（いまの［65］でも自然にはそう読めると私は感じるが）。いずれにしても、日常言語では、ここで区別しようとしている傾向的性質と関係的性質とのいずれもが、「毒である」と「毒をもつ」などと単純かつ自然に言い表せてしまうだろう。「毒性をもつ」と「毒物である」の語を用いて前者と後者の性質を語り分けたい気もするが、やはり完全には曖昧さを免れえない。

（29）Gibson［1979］, p. 129〔邦訳書 p. 139〕. 訳文は邦訳書に従う。

（30）Cf. *ibid.*, p. 127〔邦訳書 p. 137〕.

（31）三角形であるといった形に関する性質が関係的でないという直観は、ある種の帰謬法的論証にも使われる。たとえば、三角であった何かが形を変えいまは三角でなくなったとしよう。そのとき、三角だったかつてのものと三角でなくなったいまのものとが文字通りに同一の何かである（ありつづける）とすると、三角形であることが、その何かと時点とのあいだの関係になってしまうように思われる。三角形性が関係でありえないとすれば、異なる時間に文字通り同一の何かが存在するという考え方のどこかに不都合があることになる、というわけである（Lewis［1986b］, pp. 203-4〔邦訳書 pp. 232-3〕）。

（32）長滝［1999］, pp. 168-9.

（33）目下の文脈ではもちろん［69］は、環境を構成する対象の性質に関するものであると考えられるだろう。ただ、［69］は一般性の高い定式化であり、たとえば主体 s 自身を当該の性質 F の帰属対象 x とするような特殊形を考えてもかまわない。「主体の幸福」を「自分が幸福だと主体が感じること」として単純に定義するような主観主義的な「幸福」の理論なども、そのように、［69］の一例と見なすことができる（ただし、そのときの「自分」は主体に対して一人称的な現れ方をしていなければならないので、定式化にあたり多少の追加配慮が必要である）。

（34）ある人物を好みのタイプと思うという態度は判断の一種である。それは、知覚や感覚と異なり、当の人物について関連する思いを浮かべていないあいだも態度主体に帰属する。判断は、信念や思想と同様、主体の傾向的な性質だからである。主観的な態度のなかにはそうしたあり方をするものもある。

（35）前者のおいしさは、味わわれなくても対象が持ちつづけるような性質である。後者のおいしさはそうではない。

なお、前者のような傾向的性質をも含めて「主観的」とする定義の仕方もある（たとえばMoore[1922a], p. 254〔邦訳書pp. 372〕）。また、〔65〕に相当するような「おいしさ」の性質も定義可能であろう。その関係的性質は、特定の人物の「好物」と呼ばれるものを定義するはずである。私の好物であるという性質は、関係的な性質として定義されるかぎり、私が存在しない世界では何ものにも帰属しない性質である。だがそれは、適切な状況下で口にしたとき私に味覚的快楽を生じさせるという傾向性に基づいて定義される。したがってこの世界の私の好物が、たとえば鼻が詰まっていてたまたまおいしく感じられなかったとしても、それだけで好物でなくなるということはない。

(36) これは大発見でも何でもない。今日の傾向性概念の標準的な特徴づけに準拠するなら、議論の余地のない、あたりまえの結論である。明白なはずのこの論点がこれまであまり正しく指摘されてこなかったのは（もっと言うとギブソンの信奉者たちによってひどく混乱した形で議論されてきたのは）、生態学的心理学と現代形而上学という分野間の距離によるところが大きいと私は考える。両者を結ぶ例外はScarantino[2003]であり、そこでは詳細かつ明快にアフォーダンスが傾向性の一種として分析されている。

(37) 長滝やあるいはジョージ・レイコフのようなタイプの批判に対する、ギブソンの言ったことにより即したギブソン擁護としては、染谷〔2017〕, pp. 93-4を参照されたい。

(38) Moore[1922a], p. 255〔邦訳書pp. 373〕.

(39) *Ibid.*, pp. 255-6〔邦訳書pp. 373-4〕.

(40) 長滝〔1999〕, p. 171.

(41) それでもいくつかの種類の外在的な価値の帰属においては、言語の力が中心的役割を果たすだろう。たとえば、ある一連の出来事がアウトであることは、第一に審判の「アウト」の宣言によって付される価値である。足がホームベースに着いていたかどうか、捕手のタッチよりそれが早かったかどうかといった出来事の内部構造は、アウトであるかどうかとは論理的に独立である。そうした内在的性質はせいぜい「アウト」の宣言の正確さを左右するにすぎない。審判の言葉は創造的である。それは、哲学者や芸術家の言葉とはまた違う仕方で、世界の生成に携わっている。もっとも、審判の言葉に力を与えているもの――先行する取り決めやルールの制定、それを維持する制度等々――を含めて考えるなら、アウトであるという性質も、典型的に時間外在的な性質の一つになる。

（42）Gibson［1979］. p. 139〔邦訳書 p. 152〕. 訳文は邦訳書に従う。

（43）長滝自身のコメントをここに付記すれば、彼が神の猫の例を案出した趣旨も、まさにこの点を指摘するためである。だとすれば、長滝と私との重要な相違点は、もっぱら、神の猫の例において（そしてひょっとすると郵便ポストの例において）「言語の力」の果たす役割をどのように評価するかに関するものになる。

（44）ギブソンは先の引用箇所に続けて「6歳以上の人ならだれでも郵便ポストは何のためにあり、また一番近くの郵便ポストはどこにあるかを知っている」と述べる（*ibid.*）。なお、本節と前節で展開した主要な論点は、柏端［2008］: ［2013］においてすでに（一部はより詳細に）主張したものである。

（45）たとえば（これはほんとうに極端な例であるが）デイヴィドソンは次のように述べている。「価値について、それが「そこに」存在するとか、しないとか言うのは奇妙なことである。われわれが価値を付与する事物や出来事は〔……〕たしかにそこに存在する。しかし、そのような事物についてわれわれが述定する性質は、ここにもそこにも存在しない。というのも、性質は位置を持たないからである。価値について語るとき、われわれは何らかの奇妙な種類の実体を指示しているように思われるということさえない。それゆえ、分別のある人ならば、価値にかんする客観性ないし実在論の問題を存在論的な問題として理解することはできない。」（Davidson［1995］. pp. 43-4〔邦訳書 p. 81〕. 強調は原文に、訳文は邦訳書に従う。）

（46）Moore［1922a］. pp. 260-2〔邦訳書 pp. 377-9〕. 注13で注意を促したように、内在的性質はムーアの用語では「内在的本性」と呼ばれる。

（47）Lewis［1989］を参照。ルイスの論文の初出時の前後では、マイケル・スミスとマーク・ジョンストンがそれぞれ価値の傾向性説について検討している。

（48）「無価値な多幸感」は語義矛盾であるどころか、われわれがしばしば浸る感覚である。しばしばというのは言いすぎかもしれないが、そのような感覚を自分や他人のなかに作為的に生じさせることは容易である。「価値」の概念は、主体にとっての良し悪しに関わるおそらく最も一般的な概念であり、幸福感や、ましてや快楽などに還元できるものではない。私の考えでは、「幸福」の概念すら幸福感や快楽には還元できない広がりをもつと見なすべきである（すくなくとも一旦はそう見なさなければ幸不幸の問題は興味深いものにならないだろう）。幸福をめぐる議論は柏端［2011］を、あるいは青山［2016］を参照されたい。

（49）Lewis[1989], pp. 114-6. 二階の欲求を「善」の定義に用いるのはもともとはムーアのアイデアであり、ムーアはそれに否定的な脈略で言及している（Moore[1903], chap. 1, sec. 13）。

（50）［70］の右辺は、態度そのものではなく態度をもつ傾向性を述べるものであるため、［69］の形にはあてはまらない。よって［70］は、価値を、本書の言う「主観的な性質」として定義しているわけではない。

（51）可能世界の集合としてのいわゆる「命題」と、自己中心的な視点から帰属させられる主体の「性質」との違いについては、Lewis[1979] で論じられている。

（52）Lewis[1989], p. 126.

（53）*Ibid.*, pp. 126-9.

（54）*Ibid.*, p. 132.

（55）*Ibid.*, pp. 133ff. 他方、われわれにとって船酔いに価値がないのは、「価値」という語の指示がわれわれの現実の用法に基づいて固定されているからであるという考えを、ルイスは退けている（*ibid.*, pp. 132-3）。たとえば「水」の語は、特定の分子構造をもつ物体を固定的に指示している。指示対象に関するわれわれの知識は、水の本質の自然科学的な探究によって得られたものである。そのような仕方で指示が特定の物質に固定されたならば、本質が解明されたその物質が「水」なのかどうかをさらに問う余地はない。またかりに、われわれが突きとめたものとは本質的に異なる分子構造XYZをもつ物質を「水」と呼んでいる人たちがいたとしても、彼らとわれわれとのあいだの「水」の語の指示をめぐる食い違いは、単なる言葉づかいの問題として平和裏に対応できるだろう。しかし、船酔いに「価値」があるとする人々とわれわれとのあいだの対立は、「価値」の語の同音異義性として説明できるような種類の食い違いではないと考えられる。「価値」の語によって、われわれも彼らもやはりある意味同じものを定義しようとしていると思われるのである。

（56）*Ibid.*, p. 137.

（57）染谷［2017］, p. 154.

（58）アフォーダンスと有益性、有害性との関係を論じる文脈において、環境が生物にアフォードするものの例として、ギブソンが生物の主観的な態度を中心に置かなかったのは賢明だと思う。彼はむしろ生物学的効果に注目する。摂取可能対象の栄養や毒性を例にあげたあと、彼は次のように述べている。「これらの事実は食べることの楽しみや不快をアフォードすることとは全く別である。というのは、その経験は生物学的効果とは必ずしも関係がないからである。」（Gibson［1979］, p. 137〔邦訳書 p. 149〕. 訳文は邦訳書に従う。）

第五章　フィクションと架空物の問題——形而上学の境界——

1　架空物をめぐる二通りの語り方

「クリスマスの日、サンタが街にやって来る」という発言を否定するのには二通りの仕方がある。一つは、おなじみの「いや、そもそもサンタクロースなどいないし、トナカイが空飛ぶわけないだろ」といったものであり、サンタクロースの話をいわば外側から否定する仕方である。そしてもう一つは、「いや、イブに来るのだから、来るのはクリスマスの日じゃなくてその前日だ」といったものであり、サンタクロースの話の内側で話者に反論しようとするものである。「外側」と「内側」という比喩が適切かどうかはともかく[1]、こうした語り分けを、われわれはおそらく任意の架空物に関して行なえる。たとえば「シャーロック・ホームズは名探偵だ」という発言に対しても、同様に二種類のモードで応答しうるだろう（ただしホームズをめぐるその発言については、一方は否定的、もう一方は肯定的な反応になると思われるが）。

こうした二面的な対応は、架空物に対するわれわれの本質的な態度を構成するものである。むしろ、そのような二重の扱いを受けうるものをわれわれは「架空物」と呼ぶ、と言うべきなのかもしれない。架空物は、フィクションや単なる伝説、社会的な嘘などに登場し、固有名詞や普通名詞を使って表されるように見える。しかし、「サンタクロース」や「シャーロック・ホームズ」の名を口にするとき、われわれは正確には何をしているのだろうか。

何をしているのかという問いに対しては、ある意味明確な答えを与えられる。サンタクロースの話をするとき、大人たちは嘘をついているのである。目的は、その嘘で子供たちの想像力を喚起し、信じこむことによってはじめて得られるような種類の楽しみを彼らに与えることかもしれない。あるいは、さらにその先に何らかの教育効果が期待されているのかもしれない。いずれにせよ、サンタクロースの話は嘘なので、トナカイの飛行能力を疑いはじめた子供の存在は話を続けるうえでの障害となりうる。他方、ホームズの話をするときは事情が異なる。話者はそのときフィクションを語っているのである。嘘の場合と異なり、フィクションの語り手は、語り手自身が偽だと思っている命題を聞き手に信じさせようとしていない。コナン・ドイルは執筆活動を通じて自分のことを元軍医だと思いこませようとしたわけではない。フィクションにおいて、上述の二面的な態度は通常聞き手にも共有されている。二重の態度の可能性が聞き手にも開かれているということが、話し手と聞き手のあいだの共通の前提にさえ通常はなっている。

嘘をつくこととフィクションを語ることは異なる種類の行為である。そしてそれらは、より一般的な行為のクラス、すなわち言葉を使って何かをすることという行為のクラスに属している。もちろん変則的な事例、中間的な事例、混在的な事例はいくらでも思いつけるだろう。分類にそうした事例が存在することは特筆すべき点ではない。むしろそれは平凡な光景である。ただし、フィクションの内側について語り手が嘘を言っているようにも見える次のケースは、少々複雑で興味深いものかもしれない。つまりそれは、読者が別の潜在的読者に対し、たとえば最新号に載ったある物語の最終回について「嘘」を教えるといったケースである。まだ最終回を読んでいない人に、死んでもいない主人公が死んだなどと告げるケースである。そうしたケースについて、すくなくとも左記のような複数の仕方で説明が可能だと思う。

第一に、最終回の話をする問題の人物は新たなフィクションを語っているのだと解釈されるかもしれない。この場合もしその人物が嘘をついているとしたら、それは、登場人物名等が紛らわしい別のフィクションを、当該の物語と偽って提示していることに関してである。状況は、ベストセラー本を偽装するケースに似ている。ベストセラーのいわゆる類似本の内部で、嘘が語られているわけではない。それは通常のフィクションでありうる。ただ、その出版や販売の行為において買い手へのミスリードがなされているのである。これらはいずれにせよフィクションの外側でつかれる嘘にすぎない。

第二に、問題の人物は自分が目にした最新号の一冊に関して偽りの報告をしていると理解されるかもしれない。その人物は、実際には存在しない文字列を、さも見たかのように偽っているというわけである。これはたしかに嘘をつくことであろう。ただそれは、最新号の価格や表紙の色について嘘をつくのに似ている。そしてもしこのようにしか考えられないのであれば、フィクションの読み手や聞き手は作者に代わってフィクションを語ることができなくなると思われる。正しくであれ、偽ってであれ、たかだか彼らは目にした文の報告しかしていないことになるからである。作者だけがフィクションの語り手になれるわけではないと私は考えるので、この理解の仕方のみでは具合が悪い。

第三の見方として、問題の人物は、当のフィクションの主人公に起こったことに関して嘘をついているとは言えないだろうか。見かけに反して別のフィクションを語っているのだとするわけでも、文字列について偽りの報告をしているのだとするわけでもないため、これは比較的素直な見方だと言える。見てのとおり、問題の人物は、実際には死んでいない主人公を最終回で死んだと偽っていると考えるとしよう。しかしそのときには、「実際」や「死ぬ」といった言葉づかいが気になるにちがいない。フィクションの登場人物でしかないものが「実際には死んでいない」とはどういうことなのか。そうした疑問は、結局のところ、第一段落に示した第二のモードにおいてわれわれが正確に何を認めているのかという問いに帰着する。

2　パラフレーズによる否定

単なる伝説の存在やフィクションの登場人物、イマジナリーフレンドなどを、本書では「架空物」と総称している。架空物は、前節に示した二重の語り方を許容するものとして、常識的には特徴づけられる。前節の二通りの語りの例はいずれもちょっと理屈っぽいものだが、その対比は、日常的な言語実践の範囲内で十分把握可能であると思う。本書の「架空物」の総称は、第一に常識レベルのものである。

もちろん総称したからといって哲学的な問題が解決するわけではない。第一章で概観したとおり、「架空物」は、他の不在者たちとともに存在論的な騒動をひき起こしてきた。そして、それらを系統的に扱う仕方——標準的なパラフレーズの方法——も第一章において見た。

そこで見たパラフレーズの仕方は、本章冒頭の第一の否定の内実をうまく捉えるものであると私は考える。すなわちそれは、

［71］シャーロック・ホームズは名探偵である。

ならば、教科書的に、

［72］∃x（シャーロック・ホームズする（x）＆∀y（シャーロック・ホームズする（y）→y=x）＆名探偵である（x））

のようにパラフレーズされるというものであった。シャーロック・ホームズなる人物は実際には存在しないので、［72］は偽である。つまり［71］は（［72］をそのパラフレーズとするかぎり）否定されるわけである。そうした否定はまさに冒頭の第一のモードにおいてなされていることである。たとえば、ホームズの物語にあまりにも心酔する友人に対してあなたはこう言うかもしれない。「ホームズなんていないんだ。名探偵かどうか知らないがそんな人物はどこにもいないんだよ。」さらに言えば、その発言の「名探偵かどうか知らないが」の部分のニュアンスも、

［73］シャーロック・ホームズは名探偵ではない。

が類比的な仕方でパラフレーズでき、そしてやはり偽になるという事実によって、適切に拾うことができるだろう。[2]［72］はホームズというヘボ探偵が存在するから偽となるわけではない。［71］と［73］をパラフレーズすることで得られる式の連言は、名探偵であろうがなかろうがホームズは存在しないということの自然な正準表記と見なせるはずである。

ところで上記のパラフレーズにおいて、シャーロック・ホームズであることは、「シャーロック・

ホームズする（…）」という単純かつ人工的な述語によって表現されている。そのため［71］や［73］に見られる固有名詞「シャーロック・ホームズ」は消失することになる。私はここで、固有名をめぐる哲学的な論争に参入しようとは思っていない。(3) クワインの言葉を借りれば、ただ「論理学の理論のなめらかさ」を重視しただけである。(4) とはいえ、その単純な扱いによって、クワインが言うようにある種の認識論的な問題は回避できるだろう。(5) また、原理的には複数のものにあてはまる普通の述語によって表現することで、ある種の技術的な問題や、なにより、第一章で見た「意味の問題」を回避できているように見える。つまり〝存在しない対象〟のようなものを措定しない点で、形而上学的に無難であると考えられる。(6)

第一章では、同様の趣旨の説明を普通名詞「ユニコーン」を含む一般命題に関して行なった。そこでは「ユニコーンは空を飛べない」という文（［4］）も、「飛べる」という文（［6］）も、ともに、真であるような式へとパラフレーズされた。ひょっとするとそれらは、［71］や［73］のパラフレーズがもつ真理条件に比べて、不自然さを感じさせるものだったかもしれない。(7) だがそれらの連言（［8］と［9］の連言）は、「空を飛ぼうが飛ぶまいがユニコーンなんてものはいない」という日常文（［10］）に無理なく対応させられるため、結局のところ、本章の説明と同じ教訓をもつことになる。

第1節冒頭の第一のモードにおいては架空物の存在が否定されている。右にあげたパラフレーズによる消去の手続きは、そのことを系統的に適切に表現しうるであろう。実際、［71］や［73］や「現在のフランス国王は禿である」を存在量化文と見なす古典的な――ラッセル流と呼んでよいであろう――解釈は、言われるほど不自然でも反直観的でもない。それはむしろ、ここで見たように、架空物をめぐるわれわれの語りの重要な一局面を捉えたものとして評価できる。その解釈が不自然に見える文脈があるのは、言葉を使うわれわれの営みがあまりに多種多様で多面的であることによる。単一の視点からそのすべてを汲みつくせないとしても、それはむしろあたりまえである。

物語の外側から否定されるのは架空物の存在だけではない。すでに例で触れているように、架空物が登場していないように見える

［74］トナカイは空を飛べる。

などの文も、第一のモードでは偽とされる。ここで言う「トナカイ」がわれわれの知るトナカイを意味すると考えるのは自然である。誰かがもし、そりを引く生物の四枚の翅や外骨格について話しはじめたなら、聞き手は「それはトナカイじゃない」と（第二のモードで）反論する権利をもつだろう。サンタクロースの話に出てくるトナカイはまずはあのシカ科の哺乳動物だと考えられる。だからこそ、トナカイはほんとうは空を飛べないのだと言えるわけである。

ラッセル流の解釈はとても良いものであるが、それによって、架空物に対する常識的な語り方の第一のモード（と前節で記述したもの）のすべてが説明されるわけではない。というのも、サンタクロースやホームズについてわれわれが言葉を使って外側から行なうことは、否定することだけではないからだ。

たとえばわれわれは次のようにも言う。

［75］シャーロック・ホームズはコナン・ドイルによって生み出された今日でも人気のキャラクターだ。

ホームズの物語の内部ではもちろんホームズはドイルによって生み出されていない（ホームズの両親が登場するシーンを私は知らないが、いずれにしてもドイルはそこにいないだろう）。それゆえ［75］は、あくまで物語の外側から何かを述べる文である。しかも［75］は、ホームズの何かを否定する文ではない。むしろホームズへの述定を肯定的に行なっているように見える。われわれは、第一のモードにおけるこの種の発言も説明したいと思うにちがいない。とりわけ［75］は何についての発言なのか。何に性質を帰属させている発言なのだろうか。

第二のモードに切り替えて語るなら、シャーロック・ホームズの話において正しいのは［73］ではなく［71］ということになろう。それがわれわれの知るホームズの物語である。第一章でも、［6］より［4］が正しく思える理由は「説明されずに残っている」とした。これらの明白な非対称性は、問題の文をただ一階の量化言語にパラフレーズするのでは見えてこない。

ようするにパラフレーズの手法は、架空物をめぐる語りに関して、冒頭に述べた第一の局面のうち、さらに一部分に対して適用できるにすぎない。もっともそれは非常に重要な部分であり、くりかえし述べれば、パラフレーズの手法はそれを適切に扱えるものなのだが。

3　問題の剪定

最終章で私が大きすぎる問題領域に足を踏み入れつつあることに当惑する読者がきっといると思う。私もすこし心配になってきたので、ここで本章の目的を確認しておきたい。

架空物にまつわる問題領域の広がりはたしかに人を当惑させるものである。どこまで広がっていくのかが見通せないし、内部で問題群がどのように関係しあっているのかも見えてこない。むしろ、問題間のつながりが見えたときが、特定の答えを与えられるときであるように感じられる。個々の問いも、地下茎のように土中に埋まっていて、切りとって掘り出すまでは形さえはっきりしないのが普通である。これらの特徴はじつは哲学の問題全般にあてはまるのかもしれない。ただ、こうした扱いにくさは過大評価されるべきでないというのが私の意見であり、また、とりわけ架空物の問題に関しては、絡めとられるべきではない他の問題群が近くに根を張っている気がする。そのため、架空物にまつわる問題の構図を多少強引にでも描いておくことは有益だと考える。

本章の目的は、どのような問題をだいたいどのように解いていくのがよさそうかについて、おおまかな見取り図を与えることである。もちろんそれは、ほかにもありうるいくつかの描き方のうちの一つであろうし、また私の好む解答へ向けての誘導をすでにいくらか含むものであろう。さらに、特定の答えが与えられてはじめて明確になるような細部も多くもつにちがいない。だが、それくらいであれば、この短い章のなかで企てることも無茶ではないと思う。

問題の構図の描写は、すでに第1節で始めている。私はそのつもりでいた。架空物に対する二面的な態度は、問題の生じる前提を描こうとする過程で見いだされるものである。それは架空物の問題に対する理論的解答を構成するものではない（たとえば私は存在論的なカテゴリーとしての架空物が二つの側面をもつといった学説を唱えているわけではない）。二種類の語り方は常識的な言葉のやりとりのなかに明白に見られるものであり、そこから、さまざまな独立の哲学的問題が生じていくのである。[8] 語り方の一つのモードのある部分は、パラフレーズの手法が説明を与えるであろう。それを見たのが第2節であり、第2節はすでに一つの問題に対する理論的解答の提案になっている。

第1節の話を続けよう。日常においてわれわれが架空物に対して二通りの語り方をなしうる三つの場面があると思う。一つは伝説や伝承を利用して嘘をつく場面である。その多くは慣習的なものである。サンタクロースの話を子供に語るようなケースがそれである。自国がいかに偉大な神々によって創られたかを後代に伝える営みもこの種のものであろう。もう一つはフィクションを語る場面である。フィクションは作者が知られている作品であっても作者不詳の伝説や伝承であってもよい。サンタクロースはこちらにも登場しうる（サンタクロースが裁判にかけられるJ・T・ウォルシュが出てくる映画を見た記憶がある）。三つめの場面は、誰かが自らのイマジナリーフレンドについて他者に語るようなケースに含まれる。ここで言うイマジナリーフレンドは、本節の第一文において私が一般的な形で想定した「読者」のようなものではない。イマジナリーフレンドは典型的には特定の何かであり、しばしば固有の名前をもつ。また、いくつかの極端な事例では、その声が聞こえたり姿が見えたりするものとして語られる。「嘘」、「フィクション」、「イマジナリーフレンド」は、ここで私が抽出しようとしている標準例のためのレッテルである。実際にはそれらの語はより広い適用をもつであろう。他の分野や領域における自然な用法を否定するつもりは私にはない。

フィクションについて考えたいのであれば、残りの二つは分けておくのがよい。嘘とイマジナリーフレンドのケースではそれぞれ固有の難問が生じうるからである。二面性の観点からすれば、それら二つの典型例においては、語り手と聞き手のあいだに非対称性が見られる。すでに述べたように、嘘をつく場合二面性は語り手のみのものでなければ具合が悪い。ほんとうはサンタなどいないと言えるようになった子供は、聞き手を卒業しなければならない。他方、自らのイマジナリーフレンドを語るときには、反対の構図がある。われわれの標準例では語り手はイマジナリーフレンドの存在を確信している。しかし聞き手は、語られたそれに対し二面的な態度をとりうるだろう。以上のような非対称性はフィクションのケースでは通常見られない。フィクションにおいては、語り手と聞き手のいずれの側でも二重の態度が可能であることが期待されている（むしろ、最初に言うべきだったのかもしれないが、こうした観点に基づいて私は三つを分類したのである）。したがって、語り手と聞き手のあいだの認識の違いは特有の興味深い問題を生じさせるかもしれないが、フィクションを考えるさいにはとりあえずそれらを脇に置くことが正当化されるだろう。たとえば、イマジナリーフレンドのケースにおいて幻覚や妄想の役割はおそらく本質的なものとなりうるが、フィクションにおける想像力はそうしたものと切り離して論じうるはずである。

いまフィクションにおける想像力の話を引き合いに出した。しかし想像力は、隣接する別の分野で扱うべき側面にむしろより深く関わっているかもしれない。すなわちフィクションの芸術作品としての側面である。精神の働きにもし特筆すべき「想像力」というものがあるならば、それは、とりわけ作品の創作や美的理解において活躍すると思われる。もちろん、メンタルイメージを操作できるという程度の意味でなら、「想像力」は、頭の中で正十二面体を菱形三十面体へと連続的に変形させるのにも使われるだろう。その操作は美的である必要はなく、フィクションとも無関係でありうる。また、たとえば友人が控え室でいかに緊張していたかの報告を、笑いながら、報告者の巧みな表現力に感動すら覚えつつ、聞くこともできる。このとき語り手は、現実に起こったことの報告をしているのであって、フィクションを語っているのではない。しかし、報告内容を理解できるかどうかとは別に、報告の仕方を楽しめるかどうかという次元があり、想像力はおそらくそこで必要となる。それゆえ、想像力はかならず美的性質に関わるわけではなく、美的性質もフィクションのみに関わるわけではない。そのため、想像力と美的な価値とフィクションとは、それぞれ切り離して論じることが可能だと思われる。そして他方で、作品としての側面がフィクションの主要な側面であるように見えるという点を考慮すれば、それらを切り離して論じることは、生じうる混乱を避けるのに役立つであろう。

一例をあげよう。架空物を語る上述の二つのモードの区別は明白だと私は考えている。それに対する

「反例」として、メタフィクショナルな作品の事例が持ち出されるかもしれない。その種の事例は誰でも容易に思いつくだろう。作品のなかで作者が作者として登場したり、登場人物に自らの架空性を語らせたりすることは、今日では平凡な手法だからである。だが、メタフィクションという越境的な事例が、問題の区別の明白さの反例となることはない。それらは、本章の第一節から述べている二種類の語り方の区別が概念的に不明確であることを示す証拠ではない。そうではなく、逆に、その区別が自明なものとして扱われていることを示す証拠である。そのことは、フィクションの芸術作品としての側面と、メタフィクションにおいて意図されている効果とを考えてみれば分かる。そこにおいて意図されているのはある種の作品的な面白さを伴った逸脱である。逸脱はもちろん、逸脱する規範や標準を前提にしてはじめて可能となる。しかもこのケースでは、その規範や標準が——つまり二つの語りのモードの区別が——読者にも明白でなければ、意図した作品的効果は期待できないであろう。意図的な逸脱は、フィクションが芸術作品だからこそ意味や効果をもつ。その側面を分離しないままでいると、メタフィクションがまるで前述の区別の反例であるかのように見えてしまうかもしれない。

フィクションのもつ芸術作品としての側面、美的な価値、美的性質などの問題は、できるだけ分けて論じたほうがよさそうである。私は、フィクションを考えるにあたり、美学理論や個々の作品論が無関係だとか不必要だとかいったことを主張したいわけではない。むしろ、それらの扱う問題が重要で魅力的だからこそ、その他の問題が隠れてしまわないようにうまく切り分ける必要があるということを確認したいのである。

4　フィクションの言語性

本節ではフィクションの論じ方に関する制約をあと一つ提案したい。それは言語的なフィクションへの限定である。私はその限定を本質的なものと考えている。言語への限定を動機づける背景思想は、清塚邦彦が次のような簡潔な形で言い表している。

> 基本的にフィクションとは、言葉の慣例として、言語的な作品について語られるのが自然であり、絵画・彫刻や映画・演劇は、言語的な作品とのつながりに応じて、あくまで派生的な意味でフィクションと呼ばれるのにすぎない。すなわち、絵や彫刻が虚構的なのは、それが虚構的な物語――それは言葉で語られる――のさまざまな場面を図解している場合である。また、映画や演劇が虚構的なのは、それらが虚構的な物語を台本・脚本としている場合である。そのような言語作品とのつながりなしには、視覚的な諸作品はフィクションの資格を持ちえない〔……〕[9]。

私はこの考え方に賛成したい。もちろん異論はあるだろう。なにより清塚自身がこの考えに反対しているのだから。だが、フィクションに対する右のような言語中心主義的な特徴づけは、清塚の表現の巧さも手伝って、十分に自然で、また実際かなり強力なものであると私には感じられる。

以下で私は言語中心的なフィクション観を十全に擁護することはしない。それは、紙幅制限のためではなく、例外がありうると考えるからである。例外とは、純粋に非言語的なフィクションのことである。私は言語中心的なフィクション観が例外を概念的に封じているとは思わない。ただ、本節と次節で強調したいことは、純粋に非言語的なフィクションというものが、最初思われるほどありふれてはいないということである。そのようなものは意外に成立しにくい。以上を指摘することで、言語的なフィクションを中心に据えることの重要性を強調しよう。

一見すると非言語的なフィクションはありふれたものに思われるかもしれない。たとえば、ユニコーンの銅像はその明白な事例ではないのか。その銅像はたしかに現実世界に棲む何者をも指示していないではないか。

だが、私の考えでは、ユニコーンの銅像はすくなくともそれだけでフィクションとなるような何かではない。それは、架空物を指示しているわけではなく、何かを虚構的に指示しているわけでも、指示しているふりをしているわけでもない。なぜなら馬の銅像もまた、それだけでは現実の馬を指示してはいないからだ。そもそも何も指示しないのなら、虚構的にも偽装的にも指示するわけがない。もちろん、銅像は「意味する」の最も広い意味において何も意味しないわけではない。その制作の経緯を考えればむしろ銅像はそれ自身でさまざまな「意味」をもつと予想される。だが、それらはすべて、続く四つの段落で述べる二つの特徴によって十分説明できるだろうと私は考えている。

馬の銅像の重要な特徴の一つは、馬と形が似ていることである。形状の類似性を軽視すべきではない。

馬と形が似ていなければ馬の銅像にはならない。馬そっくりの臭いがする銅の球体は「馬の銅像」とは言えないだろう。たとえそれが馬の臭いの実現を意識して作られた物体だったとしてもである。形状の類似性は、馬型性という性質の例化として捉えることができる。馬の銅像は馬型性を「例示」しているのである。[10] 同様にユニコーンの銅像には、ユニコーン型性が例化、そして例示されている。もちろん銅像は、デフォルメされていたり抽象化されていたりしても、馬の銅像であったりユニコーンの銅像であったりしうる。それゆえ、馬型性やユニコーン型性はそれぞれがより単純な諸性質の連言的結合であり、そのうちのすべてではないいくつかを所有するだけで、馬型あるいはユニコーン型と言える銅像になるのには十分なのかもしれない。ただ、ここは馬型性やユニコーン型性の正確な定義を探る場ではないので、詳細化は不要であろう。とにかく、馬の銅像は馬の何らかの形状的特徴を反映している。

　ユニコーン型性は、現実世界では銅像や折り紙やぬいぐるみといった無機物においてしかたぶん例化されない。[11] 馬型性はそうではなく有機体において例化される。しかしそれらの違いは、二つの性質のリアリティに――「性質」をどのようなものと考えるにせよ――差を生み出さないであろう。ユニコーンの銅像は、ユニコーン型性というとりわけ架空の性質を例示しているわけでも、それをとりわけ虚構的に例示しているわけでもない。馬の銅像による馬型性の例示とそれは変わらない。[12] したがって、例示に関して、ユニコーンの銅像自体にフィクションになるような要素はない。

　馬の銅像であるために必要なもう一つの（おそらくより重要な）特徴は、それが馬という動物の存在によってひき起こされていることである。溶けた銅が落下のさいの偶然でたまたま馬のような形に固まったとしてもそれを「馬の銅像」と呼ぶことはできない。それはせいぜい馬型の銅片である。他方、ユニコーンの銅像は、ユニコーンという動物の存在によってはひき起こされていない。しかしそれらももちろん特定の種類の原因をもつ。つまりそれらは、ユニコーンの伝説やユニコーンの挿し絵や他のユニコーンの像などをきっかけに作られたものである。[13] ユニコーンの銅像は、その伝説を知らない者に、そのような動物が実在すると誤認させる効果をもつだろう。だが、そこにもフィクショナルな作用は見てとれない。事情は、チョウチンアンコウやハナカマキリの外形的特徴が、捕食対象による誤認を誘発するのと同じだからである。

馬の存在が馬の銅像の存在の原因である。とりわけ、馬の（場合によっては特定の馬個体の）形状が、馬の銅像の形状の原因となっている。もちろん、原因だからといって馬の形状のすべてが正確に銅像に反映されている必要はない。デフォルメや抽象化は普通のことである。ただ、像のこの部分がこの形なのは実際の馬がこうなっているからだといった形の主張は、いくらも可能でなければならない。原因であるというのはそういうことである。また、「原因である」ということは、より正確には「原因の一部である」や「因果的に関与する」と言うべきなのかもしれない。銅像の形状を因果的に決定するもののなかには、とうぜん作者の意向なども含まれるはずだからである。それゆえに、銅像は馬型性だけでなくたとえば力強さや躍動性をも例示——よりグッドマン風に言えば「表出」——しうるのである。[14] ともあれ、銅像のいくつかの特徴から、馬の形に関して知りうることはあるだろう。それは、後者が前者をひき起こしている、もしくは因果的に関与しているからである。このときたしかに、銅像のある特徴が馬の何かを意味していると述べてかまわない。ちょうど、写真に見てとれる黒い点が被写体にホクロがあることを意味していると言えるようにである。しかしそれらはポール・グライスの言う「自然的な意味」の一種にほかならない。したがって要点はこうである。銅像の特徴や写真の黒い点が、馬の何かや被写体のホクロを誤って意味することはありえない。もしも被写体の当該部分にホクロがなかったとすれば、写真の黒い点は、ホクロの存在を誤って意味していたのではなく、ホクロの存在を意味してはいなかったのである。[15] 銅像が自然的に意味しうることについて述べるなら、ユニコーンの銅像は、実際には存在しない動物やその特徴を、偽なる仕方で意味しているわけではない。

銅像はそれ単独で、諸性質を例示（表出）し、また、何ごとかを自然的に意味しうる。それゆえ、銅像自体を非常に広い意味での「記号」と呼ぶことに問題はないだろう。だが、その意味での「記号」は、架空物と関わるようなバリエーションをもちえない。以上が結論である。[16]

非言語的なフィクションを考えたくなるもう一つの場面にも注意を向けておこう。われわれは、フィクションを語るさいの非言語的な〝小道具〟につい目が行ってしまう。そしてそれをフィクションに特徴的な何かだと考えたくなる。たとえば手の甲を上に向け、親指と小指をいっぱいに開いて、宙を滑るように動かして、飛行機が飛ぶさまを表現することができる。飛行機が登場する物語を語るときそうした動作はきっと効果的だろう。フィクションを語るさいにそうした小道具が突出して見えるのにも理由はある。私は、フィクションを語るということを、広い意味での「作品」の展示の一種だと考えている。さらに、多くの場合、その目的は聞き手に楽しんでもらうことであろうと思っている。それゆえ、語られる内容だけでなくそれをどのように語るかも、その営みにおいては重要であるにちがいない。どのような仕草を添えてどのような装置を使って物語るかは「作品」を個別化する構成要素となるだろう。

しかし重要な点は、そうした非言語的小道具が、フィクションを語るときにのみ使われるわけではないという点である。実際に目撃した飛行機のコースを説明するさいにも前述の手の動きは使うことができる。それはきっと説明を補強するだろう。さらに、起こったことの報告や記述や説明という目的と、聞き手を楽しませるという目的とは並存可能である。控え室での友人の緊張ぐあいを面白おかしく報告する前節の例が、まさにそのケースにあたる。前節の例で語り手は、友人の様子を報告することを第一の目的としているが、同時に、その報告を面白いものにしようともしている。語り手の口調や仕草が例示するさまざまな魅力的特徴は、もっぱらその第二の目的に由来するものである。しかしいずれにしてもこれはフィクションの例ではない。（いわゆる「ノンフィクション」作品が、多くの場合、この例よりもさらに報告や記述から遠い点に注意されたい。それらは文字通り「作品」なのであり、事実の見せ方にいっそうの重きが置かれている。「歴史小説」ともなればさらに報告の側面が希薄だろう。）

手のひらや俳優とそれらが代表するものとのあいだの思わせぶりな類似性が人々を惑わす。たしかに聞き手や観客は、手のひらによって飛行機を想像したり、一人の俳優をほんとうの王様と見立てたりすることが要求されていると思うかもしれない。手や俳優は、動きを見せ、音を出し、場合によっては触れることを許したりもする。形状的な類似性や「ぶぅーんんっ」といった擬音の補助、それらしい衣装や仕草などのおかげで、想像の作業は容易になるし、愉快なものにもなるだろう。またそのとき、聞き手や観衆は、手のひらが飛行機でないことも俳優が王様でないことも十分承知している。ところが、以上の特徴にもかかわらず、たとえば手のひらを「架空の飛行機」と呼んではならない。手の動きを「架空の飛行」と呼んではならない。いや、呼ぶのはかまわないのだが、そこで言われる「架空」を本書が論じる架空物の「架空」と混同してはならない。それらはほとんど関係がない。さらに、手のひらを見つめる聞き手が実際にはそこに存在しない「架空の飛行機」を想像しているなどとも言うべきではない。聞き手はそこに存在しない「架空の飛行機」を自分が見ていると信じようとしているわけでもないだろう（すくなくとも私はそんなことをしようとした覚えはない）。何かを想像するのは自由だが、それによってフィクショナルな作品の世界が生成されるというわけではない。たしかにその手の動きは架空の飛行機（架空物）を語るさいに使用できる。しかしその場合であっても、当の飛行機が架空のものであるのは、手のひらのある場所にそれが存在しないからではない。手のひらがそれと似て非なるものであるからでもない。手のひらはもちろん飛行機ではない。それは三文字から成る日本語の「飛行機」が飛行機でないのと同じである。手のひらであれ「飛行機」の文字であれ、それらが存在する場所には、実在の飛行機も架空の飛行機も存在しない。手のひらや「飛行機」の文字を見てそこに何を想像するかは、飛行機の存在／非存在とは無関係である。[17]

フィクションといわゆる想像力とのつながりは、私の考えでは、概略以下のようなものである。フィクショナルな物語作品は多い。物語作品を展示する目的は多くの場合受け手にそれで楽しんでもらうことである。受け手が作品を楽しむさいにはどのようであれ想像力が重要であろう。フィクションと想像力のつながりはだいたいこの程度のものだと思われる（というよりこれはこれでなかなかの関連性だと思うが[18]）。フィクションという概念そのものの輪郭づけに、想像力の概念が関与することはない。

5　非言語的なフィクションの可能性

非言語的なフィクションの存在を自明視してしまうことのほうが、言語中心的なフィクション観よりも、私にとっては突出した奇妙な傾向に思える。人はなぜ、像や絵や写真が無条件にあるいは一様に外部の何かを指示していると考えたくなるのだろうか。像や絵や写真は人工物であり、たしかにそのかぎりでそれ自体がグッドマン的な意味で「記号」である。そしておそらく作品でもある。それらが記号としてさまざまな性質を例示し表出していることはまちがいない。またそれらは、その原因となったものに多かれ少なかれ似ているであろう。すくなくとも、それらの重要な特徴のいくつかは、その原因となったものの諸特徴に対して因果的な依存関係にあるはずである。それゆえ、像や絵や写真は、外部の何かに関する何ごとかを自然的に（グライスの言う意味で「自然的」に）意味することにはなる。

以上に加えて、しばしば像や絵や写真が記号として外部の何かを指示するということも、私は否定しない。作戦会議室の机上の戦艦のミニチュアは実在する特定の戦艦をもちろん表す。模型を使って説明するとはそもそもそういうことである。しかし、模型を使った説明がいかにありふれていようと、ミニチュア戦艦による指示というこの作用は、作戦会議という特殊な文脈のもとではじめて生じるものである。そしてその文脈はすぐれて言語的であり、高度に慣習的である。

そのように適当な文脈を設定すれば、像や絵や写真が真にフィクショナルな指示を行なうことも可能と思える。一例として、二人のＦＢＩ捜査官が地下の秘密の資料室で宇宙人の解剖写真を見つけるという筋書きを考えよう。もとよりそれはフィクションである。そのフィクションは実写化できる。ドラマに小道具として登場する写真は、架空的に墜落したＵＦＯから回収されエリア51に運ばれ解剖されつつある宇宙人の亡骸を、記号として表現しようとしていると言ってよいだろう。その写真自体はゴム人形の写真でしかないとしてもである[19]。これが、写真によって架空物が指示されるケースの有力候補であることはまちがいない。

右のケースは、しかし、前節の冒頭に描かれたような言語中心主義者——私もその一人だが——からすれば、あまりに言語に依存したものに映るだろう。ドラマにおける写真の意味も、ＦＢＩ捜査官を演じる俳優の台詞や、グレイに関する都市伝説についての予備知識なしでは理解しがたいものであると言われるにちがいない。またそもそも、その写真が文書《ファイル》の一部として登場しているのを見てとることも、その理解には必要である[20]。

言語的な文脈からもっと独立した事例は考えられないだろうか。自然的な意味を考えるかぎり架空性には到達しえない。真偽を問う余地がそこにはないからだ。かといって、記号が何かを指示する慣習的な仕方を考えると、どうしても言語的な要素が絡んでくるように思われる。

やはりまずいちど芸術作品から離れる必要がある。ここではひきつづきグライスの知見に頼りたい。

グライスが気づかせてくれるところによれば、われわれが非慣習的な仕方で非自然的に何かを意味することはしばしばである。たとえばW氏が絵を描いてX氏に見せたとする。その絵は、X氏の夫人に対して妙に親しげな態度をとるY氏を描いた絵であった。[21] グライスによれば、その行為は、二人がただならぬ関係にあることをX氏に告げる行為である。それは単に、X夫人とY氏の現場写真をX氏の視界に入れ、そのようなことになっているという信念をX氏に抱かせようとする行為とは違う。写真のようにただX氏の目に触れさせればよいというわけではない（写真はそれだけで十分に明確な自然的意味をもつ）。二人の良からぬ関係を伝えるためにW氏は、絵を描いて見せる意図をも、すなわちそれによる伝達が目的であること自体をも、X氏に理解してもらう必要がある。絵を単なるいたずら描きや芸術作品と解されてしまっては困るのである。まず必要なのは、絵を見せる行為に特別な意図があるということに気づかせることである。さらに、絵を見せるタイミングやそのときの表情、目線、仕草などもW氏は工夫しなければならない。そのときの状況（たとえばY氏が近くにいるので言葉で伝えるのは危険だといったこと）をX氏が把握しているかどうかもまた、W氏にとっては気になるところである。うまくいけばX氏は絵に込められた意味に気づき、W氏はかなり複雑な事情をX氏に伝えられる。そしてそこで伝わる絵の意味は、自然的なものでも慣習的なものでもない。

以上はグライスの例である。非言語的なフィクションのケースを考えるにあたり、ここで私はすこし追加をしたい。驚愕しているX氏に対し、W氏は続けて、Y氏が巨大なワニに食べられている絵を描いて見せたとする。そのワニの顔はなんとなくX氏に似ていなくもない。おそらくX氏は混乱するだろう。

しかしながらX氏が十分に忍耐強ければ、X氏は、W氏がある種の悪ふざけをしているのだという結論に達するかもしれない。そして、全体としてこれは作り話だと理解して、ほっとするかもしれない。もしくは趣味の悪い作り話に怒り出すかもしれないが。いずれにせよ、もしX氏の解釈が正しいならば、すくなくとも二枚目の絵は「フィクション」的なものと言ってよいと私は思う[22]。

W氏は、巨大なワニを構図に含む迫力のある絵をただ描きたかったわけではない。そうではなく、存在しないワニを含む一連のストーリーを、絵のみによって表現しようとしたのである。このケースでは、フィクションを提示するさいの言語への依存度は低く、あったとしても非常に迂遠的である。しかし他方で、このケースを実現するためには高度な配慮がW氏に要求される。それは指示の文脈を作り上げる能力と言ってよいだろう。また、そもそもW氏がもつ動機も特殊なものである[23]。よって、すくなくとも言えることは、ユニコーンの形をした何かを作ればあとはそれが自動的に架空物を指示してくれるといった話ではないということである。世の中そんなに甘くはないのである。

6　架空物の問題にはどのように対応すべきか

非言語的なフィクションは一見してそう思われるよりずっと例外的なものである。前節においてそのような稀少例の構成を試みることで示された教訓は、「フィクション」がある特定の種類の行為のもとではじめて生じるということである。そしてそれは、私が第1節から断片的にほのめかしてきた論点でもある。

第1節冒頭で、架空物に対して二通りの態度をとることが常識的に可能であるのを見た。フィクションをフィクションたらしめる特定の種類の行為とは、その二通りのうちの第二の態度において聞き手が容認しているタイプの（あるいは第一の態度において聞き手が蔑ろにしているタイプの）行為である。それはフィクションを語ることにほかならない。フィクションを語ることは、嘘をつくこととは区別されるが[24]、ともに、語り手自身が真実でないと思っていることを意図的に口にすることという行為のタイプに属している[25]。そしてそのタイプはさらに、言葉を使って何かをすることという行為の大きなクラスに属している。以上の特徴づけは、非言語的なフィクションを排除してしまうように見えるかもしれないが、「口にする」をやや広く比喩的に「表現する」といった意味にとり、「言葉」も同じく広く「記号」のような意味に解釈することによって、既述した真に非言語的なケースは包摂できるだろう。

ここまでに述べたように、フィクションを語ることは、広い意味における「作品」を聞き手の前に展示することの一種である。そしてその目的は多くの場合その「作品」でもって聞き手に楽しんでもらうことである。前節の議論が示唆しているのは、フィクションを語ることが、通常の報告や記述、説明、主張、陳述といった行為をするふりをすることだという点である。報告（または記述、説明……以下では「報告」に代表させよう）というのは、語り手が真実だと思っている事柄を聞き手に信じさせようとすることである。あるいは、語り手がこれこれのことを真実だと思っているということを聞き手に信じてもらおうとすることである。報告するふりをすることだからといって、フィクションを語ることが、特殊な報告になるわけではない。フィクションを語ることは報告ではまったくない。すくなくとも、語り手が行なおうと意図しているのは、報告とはまるで異なるタイプの行為である。語り手が口にする事柄は、語り手がむしろ真実ではないと思っている事柄である。ただ、ここまでなら嘘をつくことと変わりはない。嘘をつくこともまた、報告するふりをすることの一種である。しかしフィクションの語り手は、通常、ふりをすることに関して聞き手の協力を期待している。聞き手との結託を望んでいる。つまり聞き手もまた、ある意味で報告を聞くふりをすることが期待されているのである。(26) 逆に、嘘をつく場合は、ふりをしていることを聞き手に悟られてはならない。

ふりをするという行為が正確にどのように定義されるかについては、ここでは深入りしないでおこう。きっとそれはそれなりに難しい問題である。ただ、すくなくとも、別のタイプの行為の典型的な身体動作を擬態するだけでは、ふりをすることにならないと思われる。たとえばパントマイムをする人は何かのふりをしているわけではない。(27) それは、ハープシコードに対してまるでピアノのような弾き方をすることがピアノを弾くふりをすることでないのと同じくらい、何かのふりをすることではない。演者は目の前に壁があるときと同じ（ような）動きをしているだけである。観衆や演者自身がそこに「見えない壁」を想像していようがいまいが、そんなことは関係ない。(28)

以上では、フィクションを語るということがどのような行為のクラスに属するかを詳細化しようとした。それは定義にはほど遠いものである。しかし、私は、どのように規定されるにせよ「ふりをすること（pretending）」が、フィクショナルな語りを特徴づける中心的概念になることはまちがいないと考えている。その概念抜きでフィクションを語ることを論じるのは不可能であるとさえ感じる。[29] それはさすがに偏った言い方かもしれないが、とにかく、偽装説（pretense theory）が、フィクションを説明する有力な学説の一つであることはたしかである。この学説の古典的な文献としては、ジョン・サールによるものがよく知られているだろう。[30] 今日、偽装説にはさまざまなバリエーションがある。そのうちのどれがもっともらしいかに関する吟味は本書では行なわない。[31] ただし、私が前々段落で述べたことは、サールの基本方針とは噛み合わない部分があるとだけ言っておこう。[32]

注釈的に一点だけ述べておきたい。フィクションを語るということの規定にとって、聞き手の反応は外在的なものである。フィクションによって楽しんでもらうことが多くの場合フィクションを語ることの目的であると私は述べたが、前者の行為のクラスを、後者のそれと混同すべきではない。「フィクションを語ることによって楽しんでもらうこと」は「フィクションを語ること」の部分クラスにすぎない。たとえばかりに、聞き手がそもそもフィクションだと気づかなかったとしても（事実の報告だと誤解したとしても）、語り手はフィクションを語ることには成功しうるだろう。そのケースはすなわち、フィクションを語れなかったケースではなく、フィクションを語ったけれども気づいてもらえなかったケースである。「フィクションを語る」という動詞句の使用は、誰かがそのフィクションを一つの作品として受容するということを含意しない。以上のことが意味しているのは、聞き手の実際の反応に注目してフィクションを定義することが誤りだということである（もちろんどう聞き手に反応してもらおうと語り手が意図しているかは定義にとって本質的でありうるが[33]）。

報告するふりをするということがもつ本質的な二面性、つまり、真実でないと知りつつ真実であるかのように語るという二面性が、冒頭から私が掲げている二つの語り方のそれぞれをまさに構成していることは、明白であると思う。あのような架空物に対する二通りの語り方や態度は根源的なものであり、その観点はもちろんサールに由来するものでもない（彼の仕事はその観点の一部を明示的に言語行為論へと結びつけた点で画期的であったと言える）。たとえばもっと古い論文においてクワインは、存在論的コミットメントの規準が第一には人ではなく言語や言説、談話に適用されるべきものであることを確認したあと、フィクショナルな語りについて短く次のように述べている。

ひとが自身の談話のもつ存在論的コミットメントを共有しないひとつの仕方として、真剣さの欠如があることは、明らかである。シンデレラの物語を語って聞かせる親が、魔法使いのおばあさんやかぼちゃの馬車を自身の存在論のなかに数え入れているのでないことは、かれがその物語を真であるとみなさないのと同じことである。(34)

このあとクワインは、人が自分の用いる言語の存在論的コミットメントから自由であるようなもう一つの場面をあげている。それは、パラフレーズによって消去可能なことが分かっている見かけの量化を含む文を、あえて使用する場面である。(35) より前の章の話題に一瞬だけ戻ると、唯名論者や現在主義者といった還元的な存在論を好む人々がおなじみの言葉づかいを平時においてできるのは、この後者の事情による。第二章の結論にもかかわらず私が依然として「穴」について語れるのもこの事情による。ともあれ、右の箇所でクワインが提示しているのは行為論的な観点である。すなわち彼は、人が言葉を用いて特定の（種類の）対象の存在にコミットしたりしなかったりする仕方を問題にしている。こうした観点と、言語がもつ形式的な特徴としての存在論的コミットメントの話とを区別することは重要である。

「ふりをする」という概念は、フィクションに関するソール・クリプキの理論においても、中核的要素の一つになっている。彼のフィクションについての考えは、一九七三年前後に複数の箇所で発表され、長く未刊行であった有名な講義記録とともに、断片的に知られてきた。二〇一一年にようやく論文集に収録されたその時期の発表原稿（ちなみに講義記録のほうは二〇一三年に刊行されている）を見ると次のようにある。(36)

フィクションの作品は、もちろん一般的に言ってだが、その物語のなかで起こっていることをあたかも実際に生じているかのごとく偽装したものである。フィクションを書くということは〔……〕シャーロック・ホームズが現実にいるところを想像することであり、また、その物語で使われる名前「シャーロック・ホームズ」が、ある男シャーロック・ホームズをほんとうに指示している……等々のことを想像することにほかならない。それゆえ、「シャーロック・ホームズ」という名前が、ほんとうに一つの名前であって、名前のもつ通常の意味論的機能を真に備えているということも、おそらく物語による偽装の一部なのである。(37)

クリプキの偽装説では、「ふりをしているもの」の範囲が行為者に限らず語や命題にまで広がっているように見える。つまり右の箇所のすこしあとでクリプキは次のように述べるのである。

〔……〕その名前は、もちろん、ほんとうは何の指示対象ももっていないことになる。それは、指示対象をもつふりをさせられているのだ。そして、もしミルのような見方が正しく、名付けるということの意味論的な機能が指示することであるなら、ようするに、われわれはある特定の人物をただ指示しているふりをしているのであって、彼について何ごとかを語っているふりをしているにすぎないという結論になるだろう。物語のなかに現れる命題は、そうなると、ある個別的な人物について何ごとかを述べる真正の命題ではない。そうではなく、単に偽装された命題なのである。(38)

字面上のことにすぎないかもしれないが、この方向は、行為論の観点を超えた意味論的な示唆をわれわれに与える。

偽装された命題は理解不可能な無意味な命題ではない。クリプキが言うように、それがどのような（真正の）命題を偽装したものであるのかを、われわれは現に知ることができるからである。一つの指針がここに示唆されている。すなわち、フィクションとして語られた文を理解するとき、われわれは通常の断定文、陳述文の意味論をそのまま利用できるのではないか。ようするにわれわれは、通常の意味論による値の割り当ての全体を〝偽装〟という括弧でくくればよいのである。あるいは、何であれ手持ちの意味論的述語のすべてに「〜するふりをしている」を添えることで、フィクションの文を解釈するための装置が手に入るように思われるのである。偽装命題に対したときに聞き手に期待されていることは、あたかも、それが偽装している命題を真にする諸条件が成立しているかのようにふるまうことなのだから。

フィクションを語るにさいしてそのような諸条件が真に成立しているかどうかは問題ではない。だとすれば、フィクションに関して内側から反論をするような人々（第1節の冒頭にあげた第二の反論者）は、いったい何を問題視しているのだろうか。フィクションを語ることが事実報告の偽装であるとすれば、彼らは、偽装としての適切さを問題にしているのである。

最終回について「間違った」ことを言う語り手と、それに対する「訂正」を例に考えてみよう。第1節の最後の例をすこし変えて、ここでは、語り手はかならずしも聞き手を騙そうとしていないとする（反道徳性という不適切さをいまは区別しておきたい）。また聞き手もすでに最終回を知っているとする。そうすると、聞き手は語り手に対して文句を言うにちがいない。「主人公を勝手に殺すな」と。私の考えではこれは、見かけに反して、事実関係についての訂正ではない。そうではなく、ふりをする仕方の拙さに対する注意である。例の語り手の偽装は非常に広い意味で「不適切」なものであった。その不適切さは、言語行為論的なものというよりはおそらく、より広い、フィクションの語りを一つの行為として見たときその目的の達成にとって阻害要因となりうるという意味での、いわば道具的な不適切さである。

類比を使って述べればこうなる。もしあなたが風邪を引いているふりをしたいのなら、あまりにわざとらしく咳きこむべきではない。そのような咳きこみ方では誰も騙せない。またもし、あなたとあなたの相棒が結託して風邪を引いていることにする段取りになっているのだとして、相棒の咳があまりにも不自然だったとすれば、あなたは相棒に注意をする権利をもつ。なぜならあなたとあなたの相棒は一つの共同行為主体だからである。フィクションを語る場合も同じである。もしあるフィクションの語り手が、それを物語るさいに成立していることが装われる手筈になっている事柄から逸脱したことを話しはじめたとしたら、その逸脱を注意する権利が聞き手にはある。すでに述べたように、フィクションにおいて語り手と聞き手は、多くの場合、ふりをすることに関して協調的であること（結託すること）が期待されている。[39] 最終回において主人公を死んだことにしたがる語り手に対しても、最終回を知っている聞き手は、それが当のフィクションを語るさいに求められる偽装として適切でないことを指摘できるだろう。たとえば「それではわれわれが何の話をしているのか分からなくなる」などと。[40]

もしも以上の方向で進んでよいなら、冒頭から見てきた架空物に対する態度の二面性に対し、われわれは簡潔でうまい説明を手にすることになると思われる。すなわち第二のモードにおいて語り手は、真実を報告するふりをし、それが容認されている。報告はそこではなされていない。よって発言の評価は、真実を述べたものであるかどうかより、適切であるかどうかをめぐってなされることになる。［4］や［71］の正しさはこの観点のもとで説明できるだろう。他方、聞き手からすれば、語り手が偽装する報告の内容を、聞き手は手持ちの道具立てによって理解している。つまり聞き手は、フィクションを語られるにあたり、語り手の発言を真にするどのような条件が成り立っているふりをしなければならないかについて、通常の意味論に基づいて知ることができるのである。

こうした説明を精確化する作業は形而上学という分野の課題を越えたものに感じられるだろう。形而上学者は、第二のモードの詳述という仕事の主要部分を、行為の哲学や言語の哲学の専門家に任せられるかもしれない。分野の境界線がはっきりすれば、肩の荷を降ろすタイミングと理由がより明確に与えられる。

フィクションと架空物の問題に対して形而上学者は何をすればよいのだろうか。一つには、この世界の実際のあり方に照らして、フィクションを語る文がどのようなものであるかを述べる役目があるだろう。その役目は、思うに、虚構性を示す文がいずれも偽であることをそっけなく指摘すればすむ。あるいは、第2節で行なったように、それらの文がどのような事情で偽になるのかを説明するのもよい。第2節の説明は非常に古いスタイルに基づくものであるが、それでもそこそこの（というより課題にとってむしろ十分な）系統性を有している。

以上はもちろん架空物に対する第一の態度のもとでなされることである。しかしもう一つ、説明すべき重要な側面がその第一のモードには残っていた。[75]のような文の真理性の説明である。ホームズはたしかに、コナン・ドイルが生み出した今日でも人気のキャラクターだと思われる。これをどう理解したらよいのか。ここでもおそらく形而上学者の出番がある。第三章の第4節で、たとえばベートーヴェンの第五交響曲とは何かといった問いが存在論の問題になりうることを指摘した。それは実際、純粋な唯名論者の頭を多かれ少なかれ悩ませることになる。フィクションのキャラクターとは何かという問いも、それと同種の問いである。その問いに対して「そのようなものは存在しない」と返すのは非常識に見える。コナン・ドイルはたしかにその一つを生み出したのだから。かといって、印刷された「シャーロック・ホームズ」の文字列といった具体物へと還元するのも前途多難な企てに思える。たとえばそれが'Sherlock Holmes'と同じキャラクターであることをどうやって示せばよいのか。

何人かの哲学者は、この問題に関連して、フィクションのキャラクターを現実の抽象的な存在者だと考えるにいたった。彼らの強調するところによれば、ホームズというキャラクターは現実的な存在である。それはまさしく、[75]にあるとおり一人の小説家が現に生み出した実際に人気のキャラクターなのである。だがもちろんそれは人物のような具体的存在者ではない(41)。

じつは、ここまで偽装説の代表的な論者として取りあげてきたクリプキが、この説の重要な唱道者でもある。彼は同じ(一九七三年の発表に基づく)論文で次のように述べる。

〔……〕フィクションのキャラクターは、この世にはいない幽霊のような存在というわけでも、単に可能的な存在者というわけでもない。それらは現実世界に存在するある種の実体である。「ハムレットであるようなフィクションのキャラクターが存在した」と述べるとき、われわれはそれらに対して存在量化を行なっているように見える。〔……〕そのこと〔フィクションのキャラクターが存在するかどうか〕は、ある特定の作品が現実に書かれたかどうか、フィクションにおける特定のストーリーが実際に語られているかどうかによって決まる。フィクションのキャラクターは、人間の活動のおかげで存在する抽象的な実体と見なすことができる。ちょうど国家が、人間の諸活動と相互関係のおかげで存在する抽象的実体であるのと同じように[42]。

適切な文脈（たとえば［75］のような）に現われた「シャーロック・ホームズ」は、実在する抽象者の名前である。そして同様の文脈における 'Sherlock Holmes' はそれと同一の存在者を指示する。他方、小説のなかに現われる「シャーロック・ホームズ」はそのようなキャラクターの名前ではない。それはあたかも人物名であるかのようなふりをさせられている文字列である。小説のなかの「ホームズ」は実際には何も指示しない。ホームズなる人物が存在しないからである。そのような人物は、クリプキによれば、可能世界にも存在しない[43]。

ピーター・ヴァン・インワーゲンもクリプキにすこし遅れて類似の考え方を提案している。ヴァン・インワーゲンによれば、フィクションのキャラクターは「文芸批評の理論的な存在者」である[44]。プロットやエピソード、結末、ジャンル、音韻形式なども同じ存在のカテゴリーである。キャラクターの存在の根拠を、クリプキがどちらかといえば創作活動のなかに見るのに対し、ヴァン・インワーゲンは批評活動のなかに見る。つまり作品への分析的な接し方のなかにである。理論的により重要な違いはヴァン・インワーゲンが偽装説をとらないことであるが、それについてはすぐあとでまた触れる。

もちろん、こうした存在者を措定するにあたっては対応すべきさまざまな課題があるだろう。たとえばそれらの同一性規準はどのようなものになるのか。われわれは、現にさまざまなキャラクターを区別している。そしてまた同一のキャラクターが複数の作品に登場することにもなじんでいる。おそらくキャラクターを個別化するさいには、それらを生み出した具体的活動のもつ諸性質が、重要な目印となるはずだ。しかし抽象者を生み出すとは正確にはどのようなことなのか。抽象者そのものが因果関係の項になりうるとは考えにくい……等々(45)。

とはいえ、いずれにしてもクリプキの論文が啓発的であるのは、そこにおいて彼が、[71] のような種類の文の扱いと [75] のような種類の文の扱いとで、まったく異なる理論的アプローチをとっている点である。そしてそれらを並走させている点である。前者のアプローチはもちろん偽装説であり、後者は抽象的存在者の説である。冒頭からずっと私が依拠してきた二つの態度は、それぞれがまったく異なる言語的営みを背景にしていると思われるので、このクリプキの姿勢こそ最も自然なものだと私には感じられる。教訓は、フィクションと架空物の問題発生領域のすみからすみまでを、形而上学者たちが存在に関する彼らの一つの理論でもって区画整理しなければならないわけでもないだろうというものである。その広い領域は、そもそも、単一の理論で仕事をすることが求められている種類のものではないし、形而上学の管轄外であるような区域を含まないともかぎらない。架空物なら形而上学者の出番だと決まっているわけでもないのである。

本章の議論はそうしたクリプキ風の姿勢をふまえたものになっているはずである。しかし最後に他の（ひょっとするとむしろそれが普通だと感じられるかもしれない）傾向に目を向けておきたい。

何人かの哲学者は、とうぜんのごとく、内側でフィクションを語るモードの分析にも、外側からフィクションについて語るさいに措定される存在論を用いることを考える。それゆえ［71］と［75］なども統一的な仕方で説明しようとする。その説明はたとえば、存在（exist）しない対象の導入によって、すなわち、ただ有るようなもの（being）のクラスを考えることによって、与えられるかもしれない。量化や述定の対象を「存在」の述語があてあまる範囲の外側にまで拡張するその立場は、マイノングの名前にしばしば結びつけられる今日でも支持者の多い伝統的立場である。(46) 一方、前述のヴァン・インワーゲンもまた、［71］と［75］を統一的な存在論で扱おうとしている。彼は［71］のような文も抽象的なキャラクターと性質とのあいだの関係を述べるものと見なす。ただし、名探偵であるという性質をホームズが所有（have）しているという話になるわけではない。ホームズはキャラクターであって人間ではないからだ。生身の人間しか名探偵性という性質はもてない。ヴァン・インワーゲンによれば、ホームズというキャラクターは名探偵性を帯同（hold）しているのである。性質を帯同する仕方が排中的でない点は重要である。マクベス夫人は、子供がいるという性質も、子供がいないという性質も帯同していない（他方、生身の人間でないがゆえに、子供がいないという性質は所有している）。(47) ともかく、「存在」と「有」との区別であれ、性質の「所有」と「帯同」の区別であれ、こうした統一的アプローチにはそれなりに大がかりな仕掛けの導入が必要になると思われる。

もう一つのとうぜんなされるであろう指摘は、デイヴィド・ルイスが論じた「フィクションにおける真理」の問題に関わるものである。現実に主張される（つまり偽装ではない）さまざまな真理が、フィクションを内側で語る仕方の「正しさ」に影響を与えるように思われる。本章の冒頭にあげた反論の仕方もじつはその一例である。冒頭の第二の反論者は、イブをクリスマスの日に含めるのかどうかという現実的な期間設定問題に依拠して、サンタクロースの言説に介入しようとしているように見えるのである。

さらに、ルイスは次のようなことも論じている。かりに現実のベーカー街221Bの場所に銀行があったとしても、われわれは「ホームズは銀行に住んでいる」とは言いたくない。それに対し、現実のベーカー街221Bの場所がもしウォータールー駅よりパディントン駅に近かったなら、われわれは、作中にそれらの駅への言及がまったくなかったとしても、「ホームズはウォータールー駅よりパディントン駅の近くに住んでいる」と言いたくなるだろう[48]。つまり、現実の真理のどれがフィクションに干渉しうるのかに関して、規準を明確化する必要があると考えられるのである[49]。

だが（可能世界概念を使ったルイス自身の解答の是非はさておき）この問題を文字通り「真理」の問題として扱わなければならないかどうかについては、やはり再考の余地が残されているだろう。つまり、いわゆる「フィクションにおける真理」の問題が、フィクションを構成する文やフィクションをその内側で語るさまざまな文の真理とそれらを真にするものとのあいだの関係の問題なのかどうかについては、なお議論があってよいと思われる[50]。たとえばその問題すら、最終的には、フィクションを語ることの非常に広い意味での適切性に関わる問題であるかもしれない。

形而上学や論理学のきっちりと整備された統一的道具立てで諸問題が捌かれていくのを見るのは気持ちのよいものである。しかし、フィクションをめぐる問題領域においてそうしたことがどれだけ可能であるかについては、あまり明らかではないと思う。

注

（1）たとえばある作品全体について「物語として退屈すぎて聞いているのがつらい」と評したりするのが、最も外側から語る仕方であろう（cf. van Inwagen[1983], p. 72）。それに比べると、ここにあげた二つの語り方は、いずれも「サンタクロース」や「トナカイ」、「クリスマスの日」といった話の構成要素に言及している点で、より内部に関わる語り方ではある。

（2）日本語においては［73］を、第一章の注19に掲げた「シャーロック・ホームズが名探偵であることはない」という文と、ニュアンスの点で区別することができる。すでに述べたとおり、後者の文については、真であるような式にパラフレーズするのも自然である。

（3）その論争は、言語哲学における非常に重要な争点となっているが、それをここで評価する準備は私にはない。重要な古典として Kripke[1972] を、また最近の議論をカバーするまとまった日本語文献として、藤川［2014］、和泉［2016］をあげておきたい。

（4）Quine[1950], pp. 218-9〔邦訳書 pp. 246-7〕. Quine[1948], p. 27〔邦訳書 p. 11〕も参照されたい。

（5）［72］をもし「∃x(x＝シャーロック・ホームズ＆名探偵である(x))」とパラフレーズするなら、標準的な論理学の扱いのもとでは不都合が生じる。というのも、ここで、見てのとおり「シャーロック・ホームズ」が個体の名前（個体定項）だとすれば、名前は議論領域に含まれる個体に割り当てる形で導入されるため、「∃x(x＝シャーロック・ホームズ)」が偽に（真以外のものに）なりえなくなるからである。「シャーロック・ホームズ」の指示対象の存在が論理的な真理になってしまうのである。

（6）さらに述べれば、存在を文字通り否定できること、「そんなものはどこにもいない」と強く否定できることは、否定を含む第一の語り方の理論的な記述にとっては重要であると私は考える。そのモードにおいてたとえばわれわれが「サンタクロースという対象は存在しないけれども有る」といった微妙なことを言おうとしているわけでないのは明らかだと思う。理論によるそのような微妙な言い換えは、第一の語り方と第二の語り方のあいだの（私が保存的に説明したいと思っている）明白な区別を曖昧化するものである。

（7）日常文として［4］を「ユニコーンというものが一頭以上存在し、かつそのいずれもが空を飛べない」という趣旨の主張と解釈しても、そう不自然ではないからである。普通名詞を含むあるタイプの日常文における存在措定はけっして根拠のないものではない（［5］の全称量化式へとパラフレーズすればそのような存在措定は削ぎ落とされるが）。第一章の注19で述べたように、自然言語の文をどのように解釈しどの程度系統的に正準表記へとパラフレーズするかという問いは、存在論の問いとは別建てで考慮すべき問いだと思う。そしてまた、存在措定から自由であることの技術的な利便性も別の問題である。したがって、とうぜん、普通名詞だけでなく固有名に対応する個体の存在措定からも体系的に自由になる選択肢は開かれていると考えられるだろう（cf. Lambert[1981]; [2003a]）。そうした方向への第一歩は、たとえばわれわれの日常や科学における言語使用を根拠に、あるいは、存在論的もしくは哲学史的な考察を経て、または論理学における技術的な理由から、選択されるかもしれない。空名を額面通り空名として正式に扱えるようにすれば（それはちょっとした工夫で可能になるが）、われわれは「¬∃x(x＝シャーロック・ホームズ)」などを有意味かつ真な式として手にしうる（注5の話を思い出されたい）。さらにまた、「シャーロック・ホームズ＝シャーロック・ホームズ」といった空名を含む肯定形の主張をも真とする余地が得られるだろう。

（8）理論化のために、架空物に対する語り方のさらにこまかな分類が必要になるかもしれないが（たとえばThomasson[2003]）、それによって直観的に明白なこの対比が不鮮明化されることがあってはならない。

（9）清塚［2009］, p. 165.

（10）「例示（exemplification）」はネルソン・グッドマンの用語であり、記号作用の一種である（Goodman[1968], chap. 2, sec. 3）。それは記号が自身のもつある性質を指し示す作用である（本書では「指示」の語をおもに記号とその外部にある何かとの関係を表すのに使うが）。ただし、グッドマンに従えば、記号が例示するものは厳密には性質そのものではなく、性質の述語やラベルである。この点でグッドマンは首尾一貫しており、芸術記号論を語るさいにもその唯名論的な姿勢を崩すことがない（彼の最も極端な唯名論については本書第三章の第2節を見られたい）。例示対象として述語やラベルを考えるのは、唯名論的なアプローチが直面しうる一般的な問題――本書第三章の第5節や注65で触れた共外延性の問題等――を回避するためである（Goodman[1968], pp. 64-5〔邦訳書 pp. 67-8〕）。しかしここでわれわれは、かならずしも彼の形而上学に付き合う必要はない。ラベルの代わりに馬型性という普遍者を考えても、馬型性トロープを考えても、例示の概念をめぐるグッドマンの議論の啓発性は失われないからである。

(11) 馬の額に角状の物体を取り付けるといったことはきっと誰かがやっているだろうが、それは、大部分が有機体であり、かつユニコーン型をしていると言ってよい。そしてもし、それの銅像を作ったとすれば（制作記念か何かの理由で）、その銅像はユニコーンの形をしているがユニコーンの銅像ではないことになろう。それは額に角を付けた特定の馬の銅像である。われわれはユニコーン型性とユニコーン像性を区別することができる。後者の性質は問題の銅像に備わっていないし、そこに例示されてもいない。

(12) ユニコーン型性でもユニコーン像性でもないユニコーン性については、さまざまに意見が分かれるだろう。その性質はすくなくとも現実世界では何ものによっても例化されない。したがって、ユニコーン性のリアリティについては、内属的実在論者と超越的実在論者とのあいだで意見の分かれる余地が生じる。また、別の問題として、可能世界にはたしてユニコーン性の事例が存在するのかどうかについても、意見が分かれうるだろう。後者の形而上学的問題については、Kripke[1972], p. 24, pp. 156-8〔邦訳書 pp. 26-7, pp. 185-8〕の否定的な議論が有名である（さらに詳細な議論として Kripke[2011a]; [2013] を参照されたい）。

(13) それが、ユニコーンの銅像がユニコーン型性をもつ理由である。ちなみに架空物の像や絵に関するグッドマンの見解（Goodman[1968], chap. 1, sec. 5; pp. 66-7〔邦訳書 pp. 79-80〕）は、例示に関わる部分については、思うに非常にまっとうなものである。ユニコーンの銅像の例示に関するここでの私の説明は、グッドマンの説明よりかなり踏み込んでしまっているが、基本的には大きく衝突しないものと考えている。

(14)「表出（expression）」は隠喩的な例示である。銅像についてわれわれは、「この像のなかに作者は馬の躍動感を表現しようとした」などと述べることができる。しかし銅製の像は実際には躍動しない。それゆえ、グッドマンによれば、銅像による躍動性の例示は隠喩的である（Goodman[1968], chap. 2, sec. 2）。

（15）Grice[1957], p. 213〔邦訳書 pp. 223-4〕. 写真の黒い点が被写体のホクロの存在を意味すると言えるのは、後者が前者の典型的な原因だからである。少数のケースで、写真の黒い点は被写体のホクロ以外によってひき起こされるだろう。それらは黒い点がホクロの存在を意味していない珍しいケースである。

（16）くりかえせば私は、銅像がそれだけで記号として外部の何かを――特定の何か一つであれ、あるクラスに属する各個体であれ――指示するとは考えない。そのような指示の概念は第一には不要である。そして、ユニコーンの銅像が作品それ自体としてユニコーンなるものを指示しないのも、もっぱらそうした事情による。それは馬の銅像にも共通した事情である。念のために述べると、以上の考えはグッドマンのものと大きく異なるので注意してほしい（cf. Goodman[1968], p. 21〔邦訳書 pp. 22-3〕）。

（17）清塚［2009］, chap. 5 あるいは Walton[1990] と比較されたい。対して、Currie[1991] の分析は、私には非常に正しいものに思われる（とりわけ *ibid.*, pp. 141ff.）。

（18）フィクションを語る目的は聞き手に楽しんでもらうことだけではないだろう。たとえば前章で提示したウミサソリのフェルディナンドの例は、読者の理解の促進を意図したものであり、それで私は笑いをとろうとしたわけではない。具体例を吟味するのにもたしかに想像力は必要かもしれない。しかし、「想像力」を「理解力」の同義語とでもしないかぎり、あらゆるフィクションの理解に想像力が必要かどうかは、私には分からない（多くの場合重要だとは思う）。フィクションを受けいれるために聞き手に要求されることは、私の考えでは、事実の報告や記述を聞いているふりを、聞いている大部分の時間にわたってすることである。ここで「ふりをする」というのは、前述の第一のモードで語り手に接しないという程度のことでよい。

（19）その写真が被写体のゴム人形を単独で記号として表現するかという点に関して、やはり私は否定的である。写真自体はゴム人形によって光学的、化学的にひき起こされた表面をもつ紙にすぎないと私は考える。

（20）像や絵や写真が確実にもつであろう例示や表出の記号作用に関して、純粋に非言語的なフィクションがありえないかどうかも検討しておきたい。とはいえ、グッドマンの例に出てきたような架空物の絵や像（本章注13を参照）を検討したいわけではない。実在の独裁者の肖像画を考えよう。その肖像画は、どう見ても実物（その絵の原因）より若々しく、男前に、かつかなりスマートに描かれている。これはフィクションではないのか。たしかに、フィクションになるかもしれない。しかしそれは、一人の国民がその肖像画を見て「××様だ」と言い、「でも本物はもっと太ってるよな」とつぶやき、そして処刑されたあとの話である。つまり、その絵が独裁者の代わりとして崇拝の対象となることを意図して描かれたものであることが認められ、その絵が表出するものと実物のもつ性質との齟齬が問題視され、かつその齟齬が隠蔽されたときである。そのとき問題の肖像画はフィクションになるだろう。肖像画の人物はしばしば実際にはありえない背景や皮膚の色で描かれるが、それだけでフィクショナルな何かを構成することはない（ただそういう作品だというだけのことである）。

(21) Grice[1957], p. 218〔邦訳書 p. 232〕.

(22) もちろん他の解釈の余地は残るだろう。X氏は、やはり一枚目の絵は真実を告げるもので、二枚目の絵は今後起こるとW氏が予想することを比喩的に表現したものだと解釈するかもしれない。ただ、もしそれがW氏の意図でないなら、そのように解釈されないためにW氏が追加でなしうることはいくらでもある。私はそれらを描写していないだけだ。

(23) ただし同時に、W氏の行なっていることは（すくなくともその前半部分は）、われわれのコミュニケーションにおける記号の使い方の、ある意味原型を成すものだとも言える。そのことはグライスの強調点でもある。この論点については柏端［2016］, chap. 3で解説した。

(24) もちろんすでに例としてあげてきているように、嘘をつくこともまた、とりわけそれがサンタクロースの話のように体系的で、かつ社会的に共有されたものであるなら、架空物と明確に関わる傾向をもつ。他方、自らのイマジナリーフレンドについて語る行為は、行為のタイプとしては、誤った報告の一種である。ただしそこにはおそらく、知覚や認知における系統的な機能的不全や不合理な信念形成などを見てとる余地があるという点で、単なる単発的な誤りとは区別されよう。

(25) 嘘をつくつもりで真実を語ってしまうケース（偽であると誤って思っている事柄を口にするケース）を広義の「嘘」に含めるかどうかは、一般的な呼称の問題になるだろう。しかし興味深いことに、フィクションを語る場合には、そうしたケースがそもそも可能なのかどうかが問題になりうる。かりに、まったくの偶然の一致から、「ホームズ」の名をもち、コナン・ドイルの小説のとおりの人生を送った人物が人知れず実在していたとしても、その人物があのホームズと同一であるかどうかについて、もっともな異論をはさめるからである（cf. Kripke[1972], pp. 157-8〔邦訳書 p. 187〕; Lewis[1978], p. 39〔邦訳 p. 167〕）。だとすると、フィクションがじつは真実であると判明するケースというのは、いったいどのようなケースだろうか。

(26) フィクションを語ることにおける聞き手との結託に関して、ここで私は「通常」や「期待」という表現を使い、弱い特徴づけにとどめている。フィクションを語るさいに、ふりをすることに関して語り手が聞き手の協力をかならず意図しているかというと、そうではないと私には思われるからである。すくなくともそのようなことをすこしも意図せずにフィクションを語ることは可能ではあると思う。もっとも、フィクションとして語られることを受けいれるためには、聞き手は報告を聞くふりをしなければならないだろう（本章の注18を見られたい）。

(27) パントマイムの話は、パントマイムと実在しないロープに関する吉沢文武の未刊行の発表資料と、彼との議論に由来している。ただしここでの私の見解は吉沢のそれとはまったく異なるものであり、吉沢の見解も私がここで否定しようとしている考えと同じではない。

(28) 私の考えでは、「ふりをする」という行為であるためには、その行為と環境の複製——内在的性質を共有する行為とその環境——が人を騙すためにも使えるものでなければならない。どう聴いてもハープシコードを弾いており、どう見ても壁など存在しないならば、誰も勘違いすることはない。ただし、この必要条件は「不可能な語り手」によるフィクションなどをも排除しかねない。不可能な語り手は、たしかに内在的にその語りが実際の報告でないことを示しているように見える。多少の調整と配慮が必要であろう。（関連して、舞台の上で王様を演じる俳優が王様のふりをしているわけではないという点も、いまいちど確認しておこう。舞台の上の俳優は、記号として、王様のもつ典型的な性質のいくつかを例示しているにすぎない。観客ももちろん、俳優に対して、王様に接するのにふさわしい態度で接してはいない。衣装や仕草における俳優と王様との類似性を「ふり」という語で表現するのは自由だが、それは、第4節で論じたとおり、フィクション性を説明するものではない。モデルによく似た銅像は、モデルのふりをしているわけではなく、そこにフィクション性があるわけでもない。俳優がいま問題にしている意味で何かのふりをしうるとすれば、それは、フィクションの作品の舞台の上で、あたかも実在の王が史実として行なったことを再現しているかのように演じていると記述できるかぎりにおいてである。）

（29）「ふりをする」という概念が不要であるとする反論にはどのようなものがありうるだろうか。非言語的なフィクションの単純なケースを自明でありふれたものと思ってしまうと、それらが反例を構成するように見えるかもしれない。たとえばケンダル・ウォルトンは、「ピエール・オーギュスト・ルノワールの絵画『水浴する女たち』やジャック・リプシッツの彫刻『ギター弾き』は、確実に虚構というカテゴリーに入る」と述べている（Walton[1990], p. 82〔邦訳書 p. 83〕：強調は引用者）。そして、「絵を描いたり彫刻を制作したりすることは、陳述文を発話することに比べると、何かを断定するやり方として標準的ではないし、明瞭なものでもない」がゆえに、「これらの作品を作るときにルノワールやリプシッツが断定を行なうふりをしていたかどうか」非常に疑わしいと論じる。『水浴する女たち』や『ギター弾き』が虚構のカテゴリーに入るかどうかは私がすこしも確実だと思わないことなので、ウォルトンの「論証」は私には説得的でない。むしろ前提と帰結を逆にして、絵画や彫刻の制作があきらかに断定の行為でない以上、ただ作られただけでそれらが虚構性を帯びることはない、と論じるべきだと思われる。（絵画や彫刻がフィクションになるのは、前節の「宇宙人の解剖写真」の例のように、それらを報告や記録に使う文脈が装われる場合である。）

（30）Searle[1975].

（31）サールとそれに続く、あるいはそれと比較可能な諸説のバリエーションの理解と整理には、清塚［2009］, chap. 4が役に立つ。

（32）すなわち前々段落で述べたように、私は、フィクションを語ることを単なる特殊な報告とは見なしたくない。それは不適切な報告ではないし、違反的な仕方でなされた報告でもない。報告という発語内行為にまつわる諸慣習からの逸脱という観点で、理論的に、ふりをするという行為、ひいてはフィクションを語るという行為を説明しきれるかどうかについては疑問がある。

(33) 同様に、「フィクションによってメッセージを伝えること」と呼ぶべき行為のクラスも「フィクションを語ること」と区別されたい。ストーリー全体や登場人物の台詞から、読み手はたとえば作者の反戦的なメッセージを受けとるかもしれない。そしてそれは作者が意図したことでありうる。そのとき、フィクションの作品が「主張」を含んでいると述べるのはかまわないだろう。だがその場合でも、フィクションを語ることを、発語内行為としての主張行為と混同すべきではない。作品のもついわばメタ的なメッセージを伝えることに失敗しても、フィクションを語ることに成功することはもちろんありうる。

(34) Quine[1953a], p. 103〔邦訳書 p. 157〕. 訳文は邦訳書に従う(次の注35の引用も)。強調は引用者による。

(35) クワインによれば、コミットメントをもたない別の言語へとパラフレーズできることが示せる場合には、「〔その人物によって〕前提されていると思われた対象は、便利な虚構〔convenient fiction〕、単なる言い回しのうえだけのこととして、説明によって除去されたと言ってよい」(pp. 103-4〔邦訳書 pp. 157-8〕)。この論点に関しては第三章の注24も参照されたい。

(36) Kripke[2011a]; [2013]. クリプキの見解は三つの要素から成るように読める。一つは偽装説、もう一つはフィクションのキャラクターに関する抽象的存在者の説、あと一つは、注12で触れたような、架空物の存在可能性に関する独特の形而上学的立場である。なお、Davies[2007] によれば、Kripke[2011a] とよく似た副題をもつ一九七二年の発表草稿があり、クリプキはそこですでにほぼ同じ論点を述べているようである(Davies[2007], pp. 114ff.)。ルイスは Lewis[1978], n. 5 においてこの時期のクリプキの仕事からの影響を口にしている。一方、Kripke[2013] は比較的よく知られており、フィクション論の文脈ではたとえば Thomasson[1999], p. 46 に簡単な要点のまとめがある。

(37) Kripke[2011a], p. 58. クリプキは、こうした考えをゴットロープ・フレーゲがすでに明示していたことにあとで気づいたと述べている(*ibid.*, n. 11)。なおクリプキのこの考えについては、一九七三年から七四年にまたがるジョン・ロック講義の記録(Kripke[2013])の第一講義、第二講義も参照されたい。

(38) Kripke[2011a], p. 59. 強調は原文。

(39) つまりこれが意味するのは、フィクションを語りそして聞くというのが、多くのケースで、語り手と聞き手の共同行為だということである。それは、同様に語り手と聞き手の共同行為である事実報告や情報伝達とはまったく異なる種類の共同行為である。

(40) 偽装の不適切さにはこの段落であげたもの以外にも種類がある。たとえば第1節で述べた第一のモードに頻繁に移行することは、フィクションの語りとして一般に適切でないだろう。境目なく移行するのも拙い語り方である。もちろんこうした「不適切さ」は道徳的なものではない。ある種の作品的な効果を狙ってその種のメタフィクショナルな語り方をすることに対して、道徳的な批判をする者はいない。

(41) 〔75〕が真であることと〔72〕が偽であることのつじつま合わせはちょっとした練習問題になるだろう。本書の扱いのもとでそれを解くなら、〔72〕の中核的な述語「シャーロック・ホームズする(…)」を人間についてのみ（あるいはより慎重に考えるなら具体者についてのみ）真となりうる述語と解釈するのが、無難なやり方であると思う。おそらく、その述語は小説に登場するホームズの本質に関わるような述語であり、そこにおいて、人間であること（または具体者であること）はホームズにとって本質の一部とされているのである。他方、ホームズというキャラクターには、「シャーロック・ホームズキャラクターする(…)」という別の述語があてはまる。

(42) Kripke[2011a], pp. 62-3. 強調は原文。

(43) こうした区別はもちろん重層化可能である。たとえばわれわれが目にする「惑星バニヤルト」は、フィクションの舞台という抽象的存在者を名指すふりをさせられている文字列である。というのもバニヤルトは、現実の小説に登場する架空の小説家キルゴア・トラウトが書いた架空のフィクションの舞台だからである。

(44) van Inwagen[1977], pp. 302-3; [1983], p. 75. 本書であげた文献では、Thomasson[1999] もこの立場の考えを展開したものである。

(45) 関連して、キャラクターが作者によって生み出される前から存在したとは言いにくいところがある。またそれは人類が滅んだあとも存在しつづけるのだろうか。時空間に位置づけられないという、「抽象者」の本書における第一の特徴づけに照らしてこれはどうだろうか（空間的位置はもたないと思えるが）。

（46）架空物に対するいわゆるマイノング主義の現代的なアプローチについては、藤川［2014］の第6章を参照されたい。同じ章で藤川直也は、フィクションのキャラクターに関する抽象的存在者の説（彼の表現では「文化的人工物説」）も丁寧に検討している。ちなみに、マイノング主義的アプローチは、ヴァン・インワーゲンが示唆するようにさまざまな点でクワイン的ではない（cf. van Inwagen[1983], pp. 68ff.）。とはいえ、クワインのスローガン「存在するとは変項の値であることだ（To be is to be the value of a variable）」は、すくなくとも字面上はマイノング主義にもあてはまる。'To be is...' であって 'To exist is...' ではないからだ。（そしてそれは量化表現を用いて「存在する（E!(...)）」の述語を定義する自由論理にもあてはまる。）

（47）van Inwagen[1983], pp. 75-6.［75］はもちろんキャラクターによる性質の所有を述べる文である。なお van Inwagen[1977] では、「帯同」ではなく「帰属（ascription）」という三項関係が考えられている。その三つの項は、「キャラクター」と、「性質」と、キャラクターが登場する「箇所」である（*ibid.*, pp. 305ff.）。

（48）Lewis[1978], p. 37, p. 41〔邦訳 p. 164, p. 170〕.

（49）関連して、フィクションを構成する文の真理性にもやはり説明が必要だと言われるかもしれない。探偵小説のエピソードのなかで「地球が太陽の周りを回っている」といった文を目にしたとき、それらは単に真であるふりをしているのではなく、まさに真なのだと言いたくなる。小説の著者は、依然として、記述文や事実報告文を書くふりをしているだけだと言えたとしてもである。現実に意味をもつ「トナカイ」などの名辞の登場についても、同様の問題点が指摘できる。偽装説をとるにしても、文や名辞が何らかの意味論的役割を果たすふりをする仕方をめぐっては、より詳細な説明が望まれるということであろう。

（50）第一章の例文［17］と比較されたい。私の考えでは、ビデオゲームの進行を語ることは、フィクションを語ることではまったくない。それはあくまで事実報告の一種である。

あとがき

ここのところつづけて「入門」を題名に含む本を書いている気がする。まえがきやあとがきで自著がいかに入門書的であるかを説明するために頭をひねるのもある種の恒例行事になっている。ただし今回は、その縛りが与えられることによって、逆にはじめから自由を手にすることができたように思う。「はしがき」で述べたように、この本は比較的独立したいくつかのテーマの議論から構成されている。それらのテーマは、今日なら「形而上学的」と呼ばれるであろう側面をもつという点でのみ、一つに括られる。もしも、たった一つの哲学の問いをめぐって統一的に議論が進められていく専門書を書こうと考えていたなら、本書のような構成にすることはできなかっただろう。入門書の体裁をとった多面的な構成のおかげで、読者に対しては具体的な問題への取り組み方を複数例示するとともに、自分にとっては関心のあるテーマの論文や短評を書く感覚で、いくつかの章や章の部分を仕上げることができた。

これも「はしがき」で書いたことだが、本書はまったくの初級入門書ではない。たとえば、何らかの哲学的な問題関心をもつ読者が、その問題に対して現代の形而上学者ならどのような接近法をとるのかを見るのにも、本書は使っていただけると思う。初級の入門書にならなかったのには理由がある。その理由はまた、本書の刊行がこうも遅れてしまった理由の一つでもある。どういうことか以下で説明しよう。

十年ほど前に、私と青山拓央、谷川卓の三人で、当時まだまとまった形で紹介されていなかった分析哲学系の形而上学の翻訳論文集を編んだことがある（『現代形而上学論文集』）。そのとき勁草書房の土井美智子さんにお世話になった流れで、本書の企画はスタートした。土井さんからの発案と示唆を受けて、私のほうでもいくつかの可能性を、例によってゆっくりと考えているあいだに、状況の変化があった。分析的な形而上学の入門書と見なせる良書が続々と翻訳されはじめたのである（本書本文で言及しなかったものとして、E・コニーとT・サイダーの『形而上学レッスン』、小山虎訳、春秋社、二〇〇九年をあげておく）。しかもそれだけでなくこの分野が、現代哲学のサブジャンルとして、私が予想していたより早くわが国で認知され、ついにははじめから日本語で書かれた本格的な入門書までもが登場するにいたったのである（それが本書の冒頭でも触れた『ワードマップ現代形而上学』である）。この流れはおそらくいまも続いている。講談社から二〇一一年を皮切りに数年おきに刊行された八木沢敬の三冊の『分析哲学入門』は、今日の形而上学的な議論についても多くのことを教えてくれるものであった。後半の章の注においていそいで言及した倉田剛の新刊『現代存在論講義』も、まだ先に続きそうである。ということで、既刊の分析形而上学の入門書の〝次に読むべきもの〟として、企画を一から組みなおすことで、本書はようやく刊行にこぎつけたわけである。（刊行が遅れたもう一つの理由は、お決まりの、より外的なものであり、知ったところで面白くないだろうから詳細に書かないでおく。ようするに体力と気力が低下しはじめたころ人生は忙しくなるという、例のあれである。）

八木沢の三冊本は、無印のものと「中級編」と「上級編」からなる。ひるがえって本書の場合、専門度は中級といったところだろうか。ただ、議論のこまかさの点で、本書は注において専門度を上昇させる傾向にあるが。いずれにしても、それなりの紙幅を使いある程度専門的な記述をする必要があったため、当初思い描いていたけれども書けなかったというテーマがいくつか存在している。「世界そのもの」はその一つであり、第一章のいくつかの注に、それについて書こうとしていた痕跡が残っている。「時間」や「可能世界」についてもあいかわらず書けなかった。ただし可能世界に関しては、形而上学的なトピックを含む充実した解説書がすでにあるのでそちらを参照してほしい（飯田隆の『言語哲学大全Ⅲ——意味と様相（下）』、勁草書房、一九九五年）。また、時間と可能世界の両方について独自の考察を展開した最近の著作として、青山拓央の『時間と自由意志——自由は存在するか』（筑摩書房、二〇一六年）をあげておく。ただし、青山の本はいつものとおり非常に「読ませる」文体で書かれているものの、入門書というのとはちょっと違う気がする。しかしお勧めである。

本書で論じられていないその他のトピックに「メタ形而上学」や「メタ存在論」がある。それらは近年流行の話題であり、すくなくとも流行している程度に応じては重要なのだろう。とはいえ、本書で私は、最も基礎的な立場や方法論の部分に関しては、他の可能性《オルタナティヴ》との周到な比較やそれらに対抗するための擁護をすることなく、静かに、つまり自分の家に玄関マットを敷くような仕方で、ただ気に入ったものを採用するにとどめた。メタ形而上学の話をしないのは、私がそれを十分にできるほど形而上学に詳しくないのと、それから、打ちあけると、その種の議論自体にあまり興味がないからである。（上層レベルで規範的なことを言ったり提言をしたりすることの意味がよく分からないというのもある。メタ形而上学について論じることは、メタメタ形而上学を実践することである。）もちろん、誤解されないうちに言っておけば、ここでそのように述べるからといって、私は誰かの研究プログラムを抑制したいなどとは思っていない。実際まったく抑制されないだろう。というのも、哲学者は総じて「メタ」好きであり、放っておくとエレベーターでどんどん上階に行ってしまうような人ばかりだからである。同時に、「理由」や「根拠」を問うのが大好きな集団であり、やはり放っておくと、たとえばなぜ根拠を問うべきかの理由について議論を始めたりする人ばかりだからである。それゆえ、形而上学方法論や形而上学基礎論についていずれ、はっとするような面白い話が彼らの口から聞けるにちがいない。ただ、私自身はそうした上下運動より、どちらかといえば、黴のように表面に拡がっていく動きのほうが好きだと（小声で）言いたいのである。

三つ前の段落で説明したように本書は難産であった。最初の段階から企画に関わっていただいている勁草書房の土井さんには感謝の言葉しかない。彼女の信じられない忍耐力と適切な誘導のおかげで、本書は実在する本になることができた。鈴木生郎、谷川卓、吉沢文武の三氏には本書の草稿を読んでもらい、専門的な観点から重要なコメントをいただいた。体力と知力に溢れる彼らは、つねに驚くべき速さで返信してくれた。本書の誤りは三氏のおかげで少なくなっているはずである。お礼を申しあげたい。あとはこの本が適切な読者のもとに届くことを祈るばかりである。

二〇一七年六月

柏端達也

本書を、考えることの楽しさを人生で最初に教えてくれた父に捧げる

索　引

あ　行

か　行

さ　行

た　行

な 行

は 行

ま　行

や　行

ら　行

文　献

秋葉剛史 [2010],「ブラッドリー的無限後退は事態の存在論にとって無害なのか」,『哲学』No. 61, 149-64.

―― [2014],『真理から存在へ――〈真にするもの〉の形而上学』, 春秋社.

Alston, W. [1958], "Ontological Commitments," *Philosophical Studies* 9, 8-17.

青山拓央 [2016],『幸福はなぜ哲学の問題になるのか』, 太田出版.

Aristotle, *Peri Hermeneias*.（山本光雄（訳),『命題論』,『アリストテレス全集 1』, 岩波書店, 1971 年.）

――, *Metaphysics*.（出隆（訳),『形而上学（上)』, 岩波書店, 1959 年.）

Armstrong, D. M. [1968], *A Materialist Theory of The Mind*, Routledge & Kegan Paul.（鈴木登（訳),『心の唯物論』, 勁草書房, 1996 年.）

―― [1975], "Towards a Theory of Properties: Work in Progress on the Problem of Universals, "*Philosophy* 50, 144-55.

―― [1978a], *Nominalism and Realism: Universals and Scientific Realism, Vol.1*, Cambridge University Press.

―― [1978b], *A Theory of Universals: Universals and Scientific Realism, Vol.2*, Cambridge University Press.

―― [1980], Against "Ostrich" Nominalism, "*Pacific Philosophical Quarterly* 61, 440-9.

―― [1983], *What is a Law of Nature?*, Cambridge University Press.

―― [1989], *Universals: An Opinionated Introduction*, Westview Press.（秋葉剛史（訳),『現代普遍論争入門』, 春秋社, 2013 年.）

―― [1997], *A World of States of Affairs*, Cambridge University Press.

Austin, J. L. [1962], *How to Do Things with Words*, Ed. by J. O. Urmson, Oxford University Press.（坂本百大（訳），『言語と行為』，大修館書店，1978 年.）

Bacon, J., K. Campbell & L. Reinhardt（eds.）[1993], *Ontology, Causality, and Mind: Essays in Honour of D. M. Armstrong*, Cambridge University Press.

Beck, R. L. [1931], "John Cook Wilson's Doctrine of the Universal," *Monist* 41, 552-82.

Bird, A. [1998], "Disposition and Antidotes, "*Philosophical Quarterly* 48, 227-34.

—— [2007], *Nature's Metaphysics: Laws and Properties*, Oxford University Press.

Black, M. [1952], "The Identity of Indiscernibles, "*Mind* 61, 152-64.

Burke, M. [1994], "Dion and Theon: An Essentialist Solution to an Ancient Puzzle, "*Journal of Philosophy* 91, 129-39.

Campbell, K. [1981], "The Metaphysic of Abstract Particulars, "*Midwest Studies in Philosophy* 6, 477-88.

—— [1990], *Abstract Particulars*, Basil Blackwell.

Casati, R. [2004], *Shadows: Unlocking Their Secrets, from Plato to Our Time*, Vintage Books.

Casati, R., & A. C. Varzi [1994], *Holes and Other Superficialities*, MIT Press.

—— [1999], *Parts and Places: The Structures of Spatial Representation*, MIT Press.

Casullo, A. [1984], "Conjunctive Properties Revisited, "*Australasian Journal of Philosophy* 62, 289-91.

Chalmers, D., D. Manley & R. Wasserman（eds.）[2009], *Metametaphysics: New Essays on the Foundations of Ontology*, Oxford University Press.

Chisholm, R. M. [1976], *Person and Object: A Metaphysical Study*, Open Court.（中堀誠二（訳），『人と対象』，みすず書房，1991 年.）

Churchland, P. M. [1981], "Eliminative Materialism and the Propositional Attitudes, "*Journal of Philosophy* 78, 67-90.（関森隆史（訳），信原幸

弘（編），『シリーズ心の哲学 III 翻訳篇』，勁草書房，2004 年に所収.）
Crane, T. [2012], "Existence and Quantification Reconsidered," in Tahko (ed.) [2012], 44-65.
Currie, G. [1991], "Visual Fictions, "*Philosophical Quarterly* 41, 129-43.
Czerniawski, J. [1998], "On What There Is Not: A Vindication of Reism," in Kijania-Placek & Woleński (eds.) [1998], 313-7.
Davidson, D. [1967a], "Truth and Meaning," in Davidson [2001b], 17-36.
—— [1967b], "The Logical Form of Action Sentences," in Davidson [2001a], 105-22.
—— [1969], "The Individuation of Events," in Davidson [2001a], 163-80.
—— [1970], "Mental Events," in Davidson [2001a], 207-225.
—— [1995], "The Objectivity of Values," in Davidson [2004], 39-52.
—— [2001a], *Essays on Actions and Events*, 2nd Ed., Oxford University Press.（服部裕幸・柴田正良（訳），『行為と出来事』，勁草書房，1990 年；原著第一版の抄訳.）
—— [2001b], *Inquiries into Truth and Interpretation,* 2nd Ed., Oxford University Press.（野本和幸・金子洋之・植木哲也・高橋要（訳），『真理と解釈』，勁草書房，1991 年；原著第一版の抄訳.）
—— [2004], *Problems of Rationality*, Oxford University Press.（金杉武司・塩野直之・鈴木貴之・信原幸弘（訳），『合理性の諸問題』，春秋社，2007 年.）
Davidson, D., & G. Harman (eds.) [1972], *Semantics of Natural Language*, 2nd Ed., D. Reidel Publishing Company.
Davies, D. [2007], *Aesthetics and Literature*, Continuum.
Dretske, F. [1977], "Laws of Nature, "*Philosophy of Science* 44, 248-68.
Eco, U. [1993], *La ricerca della lingua perfetta nella cultura europea*, Editori Laterza.（上村忠男・廣石正和（訳），『完全言語の探求』，平凡社，1995 年.）
Ehring, D. [1999], "Tropeless in Seattle, "*Analysis* 59, 19-24.
—— [2015], "The Trope Coextension Problem," in Guigon & Rodriguez-Pereyra (eds.) [2015], 121-34.
Epikouros, *Epistula ad Menoeceum*.（出隆・岩崎允胤（訳），『エピクロス

――教説と手紙』，岩波書店，1959 年.）

Fine, K. [2005], "Our Knowledge of Mathematical Objects," in Gendler & Hawthorne (eds.) [2005], 89-110.

Forrest, P. [1984], "Is Motion Change of Location?" *Analysis* 44, 177-8.

―― [1993], "Just Like Quarks?: The Status of Repeatables," in Bacon *et al.* (eds.) [1993], 45-65.

―― [2016], "The Mereology of Structural Universals, "*Logic and Logical Philosophy* 25, 259-83.

Francescotti, R. M. (ed.) [2014], *Companion to Intrinsic Properties*, Walter de Gruyter.

藤川直也 [2014],『名前に何の意味があるのか――固有名の哲学』，勁草書房.

Geach, P. T. [1980], *Reference and Generality: An Examination of Some Medieval and Modern Theories*, 3rd Ed., Cornell University Press.

Gendler, S. T., & J. Hawthorne (eds.) [2005], *Oxford Studies in Epistemology, Vol. 1*, Oxford University Press.

源河亨 [2017],『知覚と判断の境界線――「知覚の哲学」基本と応用』，慶應義塾大学出版会.

Gibson, J. J. [1979], *The Ecological Approach to Visual Perception*, Houghton Mifflin.（古崎敬・古崎愛子・辻敬一郎・村瀬旻（訳），『生態学的視覚論――ヒトの知覚世界を探る』，サイエンス社，1986 年.）

Goodman, N. [1951], *The Structure of Appearance*, Harvard University Press.

―― [1968], *Languages of Art: An Approach to a Theory of Symbols*, Bobbs-Merrill Company.（戸澤義夫・松永伸司（訳），『芸術の言語』，慶應義塾大学出版会，2017 年.）

Goodman, N., & W. V. Quine [1947], "Steps Toward a Constructive Nominalism, "*Journal of Symbolic Logic* 12, 105-22.

Grice, H. P. [1957], "Meaning," in Grice [1989], 213-23.

―― [1989], *Studies in the Way of Words*, Harvard University Press.（清塚邦彦（訳），『論理と会話』，勁草書房，1998 年.）

Guigon, G., & G. Rodriguez-Pereyra (eds.) [2015], *Nominalism about*

Properties: New Essays, Routledge.

Heathcote, A., & D. M. Armstrong [1991], "Causes and Laws, "*Noûs* 25, 63-73.

Heil, J., & D. Robb [2003], "Mental Properties, "*American Philosophical Quarterly* 40, 175-96.

Hoffman, J., & G. Rosenkrantz [1994], *Substance among Other Categories*, Cambridge University Press.

Hofweber, T. [2009], "Ambitious, Yet Modest, Metaphysics," in Chalmers *et al.* (eds.) [2009], 260-89.

Horgan, T. [1986], "Psychologism, Semantics, and Ontology, "*Noûs* 20, 21-31.

Horgan, T. & M. Potrč [2000], "Blobjectivism and Indirect Correspondence," *Facta Philosophica* 2, 249-70.

—— [2008], *Austere Realism: Contextual Semantics Meets Minimal Ontology*, MIT Press.

Husserl, E. [1901], *Logische Untersuchungen, Zweiter Theil: Untersuchungen zur Phänomenologie und Theorie der Erkenntnis*, Max Niemeyer Verlag.（立松弘孝・松井良和（訳），『論理学研究３』，みすず書房，1974 年；原書 1928 年版の翻訳.）

飯田隆 [1987],『言語哲学大全Ｉ——論理と言語』，勁草書房.

—— [2011],「虹と空の存在論」，『精神科学』49, 1-14.

和泉悠 [2016],『名前と対象——固有名と裸名詞の意味論』，勁草書房.

Jackson, F. [1977], "Statements about Universals," *Mind* 86, 89-92.

Johnson, W. E. [1921], *Logic, Part I*, Cambridge University Press.

加地大介 [2008],『穴と境界——存在論的探究』，春秋社 .

柏端達也 [1993],「"単なるケンブリッジ変化" と出来事の記述」，『科学哲学』26, 107-19.

—— [2002],「クワインの唯名論について」，『科学哲学』35-2, 41-54.

—— [2006],「編訳者解説」，柏端・青山・谷川（編訳）[2006], 303-32.

—— [2007],「トロープと心的性質」，『現象学年報』23, 41-8.

—— [2008],「環境の性質——性質のオントロジーに向けて」，河野哲也他（編）[2008], 213-38.

―― [2010],「継承と拡散――「形而上学」は再興するか」,『哲学』61, 53-67.
―― [2011],「幸福の形式」, 戸田山・出口 (編) [2011], 71-83.
―― [2012],「一元論をめぐる現代の議論における若干の「カント的」な観念について」,『日本カント研究』13, 37-51.
―― [2013],「アフォーダンスから制度的価値まで――人間的な環境の存在論」, 河野 (編) [2013], 183-208.
―― [2016],『コミュニケーションの哲学入門』, 慶應義塾大学出版会.
柏端達也・青山拓央・谷川卓 (編訳) [2006],『現代形而上学論文集』, 勁草書房.
Kijania-Placek, K., & J. Woleński (eds.) [1998], *The Lvov-Warsaw School and Contemporary Philosophy*, Kluwer Academic Publishers.
Kim, J. [1982], "Psychophysical Supervenience, "*Philosophical Studies* 41, 51-70.
―― [1992], "Multiple Realization and the Metaphysics of Reduction, "*Philosophy and Phenomenological Research* 52, 1-26.
北村直彰 [2014],「存在論の方法としての Truthmaker 理論」,『科学哲学』47-1, 1-17.
清塚邦彦 [2009],『フィクションの哲学』, 勁草書房. (同じ題名の「改訂版」が 2017 年に出版されたが, 本書で言及しているのはこの 2009 年版である. 2017 年版はとくに後半部分が新しく書きなおされ, 別の著作になっているように見える.)
Knowlson, J. [1975], *Universal Language Schemes in England and France 1600-1800,* University of Toronto Press. (浜口稔 (訳),『英仏普遍言語計画』, 工作舎, 1993 年.)
河野哲也 (編) [2013],『知の生態学的転回 3 倫理――人類のアフォーダンス』, 東京大学出版会 .
河野哲也・染谷昌義・齋藤暢人 (編) [2008],『環境のオントロジー』, 春秋社.
Kotarbiński, T. [1929], *Gnosiology: The Scientific Approach to the Theory of Knowledge,* Eng. trans. by O. Wojtasiewicz, Pergamon Press, 1966.

—— [1935], "The Fundamental Ideas of Pansomatism," Eng. trans. by A. Tarski & D. Rynin, *Mind* 64 (1955), 488-500.

—— [1968], "Reism: Issues and Prospects," *Logique et Analyse* 11, 441-58.

Kraemer, E. R. [1977], "Conjunctive Properties and Scientific Realism," *Analysis* 37, 85-6.

Kriegel, U. [2012], "Kantian Monism," *Philosophical Papers* 41, 23-56.

Kripke, S. A. [1972], "Naming and Necessity," in Davidson & Harman (eds.) [1972], 253-355, 763-9; reprinted as *Naming and Necessity*, Harvard University Press, 1980.（八木沢敬・野家啓一（訳），『名指しと必然性』，産業図書，1985 年.）

—— [2011a], "Vacuous Names and Fictional Entities," in Kripke [2011b], 52-74.

—— [2011b], *Philosophical Troubles: Collected Papers, Volume 1*, Oxford University Press.

—— [2013], *Reference and Existence: The John Locke Lectures*, Oxford University Press.

Künne, W. [2006], "Properties in Abundance," in Strawson & Chakrabarti (eds.) [2006], 249-300.

倉田剛 [2017],『現代存在論講義 I ——ファンダメンタルズ』，新曜社.

Lambert, K. [1981], "On the Philosophical Foundations of Free Logic," in *Inquiry* 24, 147-203; reprinted in Lambert [2003], 122-75.

—— [2003a], "Existential Import, 'E!' and 'The'," in Lambert [2003b], 16-32.

—— [2003b], *Free Logic: Selected Essays*, Cambridge University Press.

Langton, R., & D. Lewis [1998], "Defining 'Intrinsic'," *Philosophy and Phenomenological Research* 58, 333-45.

Leonard, H. S., & N. Goodman, [1940], "The Calculus of Individuals and Its Uses," *Journal of Symbolic Logic* 5, 45-55.

Lewis, D. [1978], "Truth in Fiction," *American Philosophical Quarterly* 15, 37-46.（樋口えり子（訳），「フィクションの真理」，『現代思想』23-4, 1995 年 .）

—— [1979], "Attitudes *De Dicto* and *De Se*," *Philosophical Review* 88, 513-

43（野矢茂樹（訳），「言表についての態度と自己についての態度」，『現代思想』17-7, 1989 年.）
—— [1983a], "New Work for a Theory of Universals," *Australasian Journal of Philosophy* 61, 343-77.（柏端・青山・谷川（編訳）[2006] に所収.）
—— [1983b], "Extrinsic Properties," *Philosophical Studies* 44, 197-200.
—— [1986a], "Against Structural Universals," *Australasian Journal of Philosophy* 64, 25-46.
—— [1986b], *On the Plurality of Worlds*, Basil Blackwell.（出口康夫（監訳），佐金武・小山虎・海田大輔・山口尚（訳），『世界の複数性について』，名古屋大学出版会，2016 年.）
—— [1989], "Dispositional Theories of Value," *Proceedings of the Aristotelian Society*, Suppl. Vol. 63, 113-37.
—— [1991], *Parts of Classes*, Basil Blackwell.
—— [1993], "Many, but Almost One," in Bacon *et al.* (eds.) [1993], 23-38.（柏端・青山・谷川（編訳）[2006] に所収.）
—— [1997], "Finkish Dispositions," *Philosophical Quarterly* 47, 143-58.
—— [2001], "Redefining 'Intrinsic'," *Philosophy and Phenomenological Research* 63, 381-98.
Lewis D., & S. Lewis [1970], "Holes," *Australasian Journal of Philosophy* 48, 206-12.
Lovejoy, A. O. [1936], *The Great Chain of Being: A Study of the History of an Idea*, University Press.（内藤健二（訳），『存在の大いなる連鎖』，晶文社，1975 年.）
Lowe, E. J. [1995], "The Metaphysics of Abstract Objects," *Journal of Philosophy* 92, 509-24.
Martin, C. B. [1980], "Substance Substantiated," *Australasian Journal of Philosophy* 58, 3-10.
—— [1994], "Dispositions and Conditionals," *Philosophical Quarterly* 44, 1-8.
—— [1997], "On the Need for Properties: The Road to Pythagoreanism and Back," *Synthese* 112, 193-231.
Martin, C. B., & J. Heil [1998], "Rules and Powers," *Philosophical*

Perspectives 12, 283-312.
—— [1999], "The Ontological Turn," *Midwest Studies in Philosophy* 23, 34-60.
McKitrick, J. [2003], "A Case for Extrinsic Dispositions," *Australasian Journal of Philosophy* 81, 155-74.
Mellor, D. H. [1974], "In Defence of Dispositions," *Philosophical Review* 83, 157-81.
—— [1991a], "Properties and Predicates," in Mellor [1991b], 170-82.
—— [1991b], *Matters of Metaphysics*, Cambridge University Press.
—— [1992], "There Are No Conjunctive Universals," *Analysis* 52, 97-103.
Mertz, D. W. [1996], *Moderate Realism and Its Logic*, Yale University Press.
Moore, G. E. [1903], *Principia Ethica*, Cambridge University Press.（泉谷周三郎・寺中平治・星野勉（訳),『倫理学原理』, 三和書籍, 2010年；Moore[1922a] の邦訳を付録として含む.）
—— [1922a], "The Conception of Intrinsic Value," in Moore [1922b], 253-75.
—— [1922b], *Philosophical Studies*, Kegan Paul.
長滝祥司 [1999],『知覚とことば——現象学とエコロジカル・リアリズムへの誘い』, ナカニシヤ出版.
Noordhof, P. [1998], "Do Tropes Resolve the Problem of Mental Causation?" *Philosophical Quarterly* 48, 221-6.
Oliver, A. [1992], "Could There Be Conjunctive Universals?" *Analysis* 52, 88-97.
Olson, E. [1995], "Why I Have No Hands," *Theoria* 61, 182-97.
太田雅子 [2010],『心のありか——心身問題の哲学入門』, 勁草書房.
Pap, A. [1959], "Nominalism, Empiricism and Universals: 1, "*Philosophical Quarterly* 9, 330-40.
Papineau, D. [1993], *Philosophical Naturalism*, Basil Blackwell.
Plato, *Phaedrus*.（藤沢令夫（訳),『パイドロス』, 岩波書店, 1967 年.）
——, *Parmenides*.（田中美知太郎（訳),『プラトン全集 4 パルメニデス ピレボス』, 岩波書店, 1975 年.）

Plotinus, *Enneades VI.*（田中美知太郎・水地宗明・田之頭安彦（訳），『プロティノス全集 第四巻』，中央公論社，1987 年.）

Prior, E. [1985], *Dispositions*, Aberdeen University Press.

Prior, E., R. Pargetter, & F. Jackson [1982], "Three Theses about Dispositions," *American Philosophical Quarterly* 19, 251-57.（柏端・青山・谷川（編訳）[2006] に所収．）

Quine, W. V. [1939], "Designation and Existence," *Journal of Philosophy* 36, 701-9.

—— [1948], "On What There Is," *Review of Metaphysics* 2, 21-38; in Quine [1953b], 1-19.（本書では頁数は初出時のものを記した.）

—— [1950], *Methods of Logic*, Henry Holt & Company.（中村秀吉・大森荘蔵・藤村龍雄（訳），『論理学の方法』，岩波書店，1978 年 ; 原書第三版の翻訳.）

—— [1953a], "Logic and the Reification of Universals," in Quine [1953b], 102-29.

—— [1953b], *From a Logical Point of View*, Harvard University Press.（飯田隆（訳），『論理的観点から』，勁草書房，1992 年.）

—— [1960], *Word and Object*, MIT Press.（大出晁・宮館恵（訳），『ことばと対象』，勁草書房，1984 年.）

—— [1980], "Soft Impeachment Disowned," *Pacific Philosophical Quarterly* 61, 450-1.

Quinton, A. [1957], "Properties and Classes," *Proceedings of the Aristotelian Society* 48, 33-58.

Reichenbach, H. [1947], *Elements of Symbolic Logic*, Macmillan Company.（石本新（訳），『記号論理学の原理』，大修館書店，1982 年.）

Robb, D. [1997], "The Properties of Mental Causation," *Philosophical Quarterly* 47, 178-94.

—— [2001], "Reply to Noordhof on Mental Causation," *Philosophical Quarterly* 51, 90-4.

Rossi, P. [1960], *Clavis universalis: Arti mnemoniche e logica combinatoria da Lullo a Leibniz*, R. Ricciardi.（清瀬卓（訳），『普遍の鍵』，国書刊行会，1984 年.）

Russell, B. [1905], "On Denoting," *Mind* 14, 479-93.（清水義夫（訳），坂本百大（編），『現代哲学基本論文集 I』，勁草書房，1986 年に所収.）

Ryle, G. [1949], *The Concept of Mind*, Hutchinson's University Library.（坂本百大・宮下治子・服部裕幸（訳），『心の概念』，みすず書房，1987 年.）

Sayan, E. [1996], "A Mereological Look at Motion," *Philosophical Studies* 84, 75-89.

Scarantino, A. [2003], "Affordances Explained," *Philosophy of Science* 70, 949-61.

Schaffer, J. [2001], "The Individuation of Tropes," *Australasian Journal of Philosophy* 79, 247-57.

—— [2007], "From Nihilism to Monism," *Australasian Journal of Philosophy* 85, 175-91.

—— [2009], "On What Grounds What Metametaphysics," in Chalmers *et al.* (eds.) [2009], 347-83.

—— [2010], "Monism: The Priority of the Whole," *Philosophical Review* 119, 31-76.

Searle, J. [1975], "Logical Status of Fictional Discourse," *New Literary History* 6, 319-32.（山田友幸（監訳），『表現と意味——言語行為論研究』，誠信書房，2006 年に所収.）

Sellars, W. [1962], "Philosophy and the Scientific Image of Man," in Sellars [1963], 1-40.（神野慧一郎・土屋純一・中才敏郎（訳），『経験論と心の哲学』，勁草書房，2006 年に所収.）

—— [1963], *Science, Perception and Reality*, Humanities Press.

清水義夫 [1984],『記号論理学』，東京大学出版会.

Sider, T. [2001], *Four-Dimensionalism: An Ontology of Persistence and Time*, Oxford University Press.（中山康雄（監訳），小山虎・齋藤暢人・鈴木生郎（訳），『四次元主義の哲学——持続と時間の存在論』，春秋社，2007 年.）

Simons, P. [1987], *Parts: A Study in Ontology*, Clarendon Press.

—— [1994], "Particulars in Particular Clothing," *Philosophy and Phenomenological Research* 54, 553-75.（柏端・青山・谷川（編訳）[2006] に

所収.)

Smart, J. J. C. [1959], "Sensations and Brain Processes," *Philosophical Review* 68, 141-56.

Smith, A. D. [1977], "Dispositional Properties," *Mind* 86, 439-45.

染谷昌義 [2017],『知覚経験の生態学——哲学へのエコロジカル・アプローチ』, 勁草書房.

Sorensen, R. [2008], *Seeing Dark Things: The Philosophy of Shadows*, Oxford University Press.

Stout, G. F. [1921], "The Nature of Universals and Propositions," *Proceedings of the British Academy* 10, 157-72.

—— [1923], "Are the Characteristics of Particular Things Universal or Particular?" *Proceedings of the Aristotelian Society*, Suppl. Vol. 3, 114-22.

Strawson, P. F. [1950], "On Referring," *Mind* 59, 320-44.

Strawson, P. F., & A. Chakrabarti (eds.) [2006], *Universals, Concepts And Qualities: New Essays on the Meaning of Predicates*, Ashgate Publishing.

菅沼聡 [2000],「世界全体は存在するか」,『哲学』51, 278-88.

—— [2011],「〈最も形而上学的な実在〉の存在について」,『哲学』62, 283-98.

鈴木生郎 [2008],「一致のパラドクスと種概念」,『科学哲学』41-1, 15-28.

鈴木生郎・秋葉剛史・谷川卓・倉田剛 [2014],『ワードマップ現代形而上学——分析哲学が問う、人・因果・存在の謎』, 新曜社.

Tahko, T. E. (ed.) [2012], *Contemporary Aristotelian Metaphysics*, Cambridge University Press.(加地大介・鈴木生郎・秋葉剛史・谷川卓・植村玄輝・北村直彰(訳),『アリストテレス的現代形而上学』, 春秋社, 2015 年.)

谷川卓 [2010],「書評:加地大介著『穴と境界——存在論的探究』」,『科学哲学』43-1, 102-6.

Tarski, A. [1941], *Introduction to Logic and to the Methodology of Deductive Sciences*, Oxford University Press.

Thomasson, A. [1999], *Fiction and Metaphysics*, Cambridge University

Press.
—— [2003], "Speaking of Fictional Characters," *Dialectica* 57, 205-23.
戸田山和久 [2000],『論理学をつくる』, 名古屋大学出版会.
戸田山和久・出口康夫（編）[2011],『応用哲学を学ぶ人のために』, 世界思想社.
Tooley, M. [1977], "The Nature of Laws," *Canadian Journal of Philosophy* 7, 667-98.
Tooley, M. (ed.) [1999], *The Nature of Properties: Nominalism, Realism, and Trope Theory*, Garland Publishing.
Unger, P. [1979], "There Are No Ordinary Things," *Synthese* 41, 117-54.
—— [1980], "The Problem of the Many," *Midwest Studies in Philosophy* 5, 411-67.
van Inwagen, P. [1977], "Creatures of Fiction," *American Philosophical Quarterly* 14, 299-308.
—— [1981], "The Doctrine of Arbitrary Undetached Parts," *Pacific Philosophical Quarterly* 62, 123-37.
—— [1983], "Fiction and Metaphysics," *Philosophy and Literature* 7, 67-77.
—— [1990], *Material Beings*, Cornell University Press.
Walton, K. [1990], *Mimesis as Make-Believe: On the Foundations of the Representational Arts*, Harvard University Press.（田村均（訳),『フィクションとは何か』, 名古屋大学出版会, 2016 年.）
Whitehead, A. N., & B. Russell [1910], *Principia Mathematica*, Vol. I, Cambridge University Press.
Williams, D. C. [1931], "The Nature of Universals and of Abstractions," *Monist* 41, 583-93.
—— [1953], "The Elements of Being," *Review of Metaphysics* 7, 3-18, 171-92.
Wilson, J. C. [1926], *Statement and Inference, with Other Philosophical Papers*, 2 vols., Clarendon Press.
Yourgrau, P. [1987], "The Dead," *Journal of Philosophy* 86, 84-101.（村上祐子（訳),「死者」,『現代思想』23-4, 1995 年.）

—— [2000], "Can the Dead Really Be Buried?," *Midwest Studies in Philosophy* 24, 46-68.

Zimmerman, D. [1997], "Distinct Indiscernibles and the Bundle Theory," *Mind* 106, 305-9.

著者略歴

1965年　名古屋市に生まれる
1994年　大阪大学大学院人間科学研究科博士課程単位修得退学
博士（人間科学）
現　在　慶應義塾大学教授
著　書　『コミュニケーションの哲学入門』（慶應義塾大学出版会、2016年）
『自己欺瞞と自己犠牲』（勁草書房、2007年）
『行為と出来事の存在論』（勁草書房、1997年）ほか
訳　書　『現代形而上学論文集』（共編訳、勁草書房、2006年）
アンスコム『インテンション』（岩波書店、2022年）ほか

現代形而上学入門

2017年9月20日　第1版第1刷発行
2023年3月20日　第1版第2刷発行

著　者　柏《かしわ》端《ばた》達《たつ》也《や》

発行者　井村寿人

発行所　株式会社　勁《けい》草《そう》書房

112-0005 東京都文京区水道2-1-1　振替 00150-2-175253
（編集）電話 03-3815-5277／FAX03-3814-6968
（営業）電話 03-3814-6861／FAX03-3814-6854
日本フィニッシュ・松岳社

© KASHIWABATA Tatsuya　2017

ISBN978-4-326-15449-4　　Printed in Japan

JCOPY ＜出版者著作権管理機構 委託出版物＞
本書の無断複製は著作権法上での例外を除き禁じられています。
複製される場合は、そのつど事前に、出版者著作権管理機構
（電話 03-5244-5088、FAX 03-5244-5089、e-mail: info@jcopy.or.jp）
の許諾を得てください。

＊落丁本・乱丁本はお取替いたします。
ご感想・お問い合わせは小社ホームページから
お願いいたします。

https://www.keisoshobo.co.jp

柏端達也・青山拓央・谷川卓編訳　現代形而上学論文集　四六判　三七四〇円

柏端達也　自己欺瞞と自己犠牲　非合理性の哲学入門　四六判　三三〇〇円

清塚邦彦　フィクションの哲学〔改訂版〕　四六判　三三〇〇円

藤川直也　名前に何の意味があるのか　固有名の哲学　A5判　★四九五〇円

G・プリースト　存在しないものに向かって　志向性の論理と形而上学　久木田・藤川訳　四一八〇円

染谷昌義　知覚経験の生態学　哲学へのエコロジカル・アプローチ　A5判　五七二〇円

三木那由他　グライス理性の哲学　コミュニケーションから形而上学まで　A5判　三八五〇円

飯田隆　分析哲学　これからとこれまで　四六判　二七五〇円

＊表示価格は二〇二三年三月現在。消費税10%が含まれております。
＊★印はオンデマンド出版です。